“十四五”普通高等教育规划教材
全国应用型本科院校通用教材

国际贸易理论与实务

主　编　张峰华
副主编　周志斌　李君鸿

中国财经出版传媒集团
中国财政经济出版社

图书在版编目（CIP）数据

国际贸易理论与实务／张峰华主编；周志斌，李君鸿副主编. --北京：中国财政经济出版社，2022.8

“十四五”普通高等教育规划教材　全国应用型本科院校通用教材

ISBN 978-7-5223-1571-3

Ⅰ.①国…　Ⅱ.①张…②周…③李…　Ⅲ.①国际贸易理论-高等学校-教材②国际贸易-贸易实务-高等学校-教材　Ⅳ.①F740

中国版本图书馆CIP数据核字（2022）第126041号

责任编辑：田明晖　　　　责任校对：张　凡

封面设计：陈宇琰　　　　责任印制：史大鹏

国际贸易理论与实务

GUOJI MAOYI LILUN YU SHIWU

中国财政经济出版社 出版

URL：http：//www.cfeph.cn

E-mail：tianmh@cfemg.cn

（版权所有　翻印必究）

社址：北京市海淀区阜成路甲28号　邮政编码：100142

营销中心电话：010-88191522　编辑部门电话：010-88190670

天猫网店：中国财政经济出版社旗舰店

网址：https：//zgczjjcbs.tmall.com

北京财经印刷厂印刷　各地新华书店经销

成品尺寸：185mm×260mm　16开　14.25印张　342 000字

2022年8月第1版　2022年8月北京第1次印刷

定价：46.00元

ISBN 978-7-5223-1571-3

（图书出现印装问题，本社负责调换，电话：010-88190548）

本社质量投诉电话：010-88190744

打击盗版举报热线：010-88191661　QQ：2242791300

前　言

应用型大学教育是近年来高等教育发展的一个重要领域，其根本任务是培养高级技能型人才。教材的编写必须服务于人才培养目标，因此，应用型教育经济管理类专业《国际贸易理论与实务》教科书的编写必须适应培养高级技能型人才的需要，突出其针对性和适用性。

“国际贸易理论与实务”以国际经济学的理论、原则为指导，着重研究国际商品交换的有关理论和实际业务，是一门理论性和实践性都较强的课程，是主要面向非国际经济与贸易专业开设的专业基础课。本课程的目的是帮助学生系统地掌握国际贸易的基本理论和原理原则，掌握从事国际贸易实际业务的方法、技能和技巧，具备分析和处理国际贸易实际业务问题的能力。学生在学习本课程后，应具备较为系统的国际贸易理论和实务知识，为今后从事对外经贸研究与管理工作打好基础。

本教材由 14 章组成，第一章为导论，着重介绍国际贸易的基本概念、产生和发展，国际贸易所适用的法律法规。第二章至第六章为国际贸易理论部分，着重阐述了国际贸易基本理论与政策、国际贸易政策与措施、区域经济一体化理论与实践、国际服务贸易与国际技术贸易、世界贸易组织等内容。第七章至第十四章为国际贸易实务部分，实务部分可操作性强，以国际贸易业务程序为主线，介绍了国际贸易合同各项交易条款（如：品名条款，品质条款，数量条款，包装条款，价格条款，运输条款，保险条款，支付条款，检验、索赔、不可抗力及仲裁条款）、国际贸易合同的磋商与签订、进出口合同的履行等内容。本教材由沈阳大学张峰华担任主编，负责设计总体框架、制订写作大纲、主要章节的编写及最后定稿，江西财经大学周志斌撰写第一章、第十四章；沈阳大学李君鸿撰写第二章。本书可作为应用型本科院校经济管理类专业学生的学习教材，也可供与国际贸易工作相关人员的参考用书。

在本书的编写过程中，我们参考了许多国际贸易教材和大量国内外其他文献资料，由于篇幅有限，个别文献没有注明，在此深表歉意。同时，我们对所有文献的原作者表示诚挚的谢意！

在教材的出版过程中，中国财政经济出版社给予了大力支持，在此我们深表谢意！

由于时间十分仓促，更由于编者水平有限，书中难免存在不足和遗漏之处，恳请广大读者不吝赐教，以便今后进一步修改和完善。

编者

2022 年 6 月

目录

第一章　国际贸易基础知识

学习目标

- 掌握国际贸易的基本概念；
- 了解国际贸易的产生、发展历程以及各阶段的特征；
- 熟悉国际贸易适用的法律法规；
- 明确国际贸易理论与实务课程的性质、研究对象及基本内容。

第一节　国际贸易基本概念

一、对外贸易、国际贸易与世界贸易

（一）对外贸易

对外贸易（Foreign Trade），是指一定的国家（地区）与其他国家（地区）之间的商品和劳务的交换活动，又称国外贸易（External Trade）、进出口贸易（Import and Export Trade）。在某些海岛国家（地区）以及对外贸易活动主要依靠海洋运输的国家（地区），如英国、日本和我国的台湾地区等，也把对外贸易称为海外贸易（Oversea Trade）。

（二）国际贸易

国际贸易（International Trade）是指世界各国（地区）之间的商品和劳务的交换活动，是各国（地区）经济在国际分工基础上相互联系的主要表现形式。

（三）世界贸易

世界贸易（World Trade）泛指世界所有国家和地区的贸易活动。从这个意义上说，世界贸易与国际贸易是同一个概念。若世界贸易泛指国际贸易和国内贸易的总和，则世界贸易与国际贸易不是同一概念。本书所指的世界贸易与国际贸易是同一个概念。

二、对外贸易额与国际贸易额

（一）对外贸易额

对外贸易额（Value of Foreign Trade），又称对外贸易值或进出口贸易总额，是以金额表示的一国对外贸易总量，是反映一国对外贸易规模的重要指标之一。

对外贸易额分为对外贸易出口额和对外贸易进口额，对外贸易出口额是指一定时期内一国向国外出口商品的全部价值；对外贸易进口额是指一定时期内一国从国外进口商品的全部

价值。对外贸易额可用公式表示为：

对外贸易额 = 对外贸易出口额 + 对外贸易进口额

（二）国际贸易额

国际贸易额（Value of International Trade），又称国际贸易值，是以金额表示的世界各国和地区的贸易总量，是反映世界贸易规范的重要指标之一。

国际贸易额分为国际贸易出口总额和国际贸易进口总额。国际贸易出口总额等于各国（地区）的出口总额之和，国际贸易进口总额等于各国（地区）的进口总额之和。由于一国的出口就是另一国的进口，因此国际贸易出口总额应该等于国际贸易进口总额。但是，由于一般都按 FOB 价计算对外贸易出口额，按 CIF 价计算对外贸易进口额，因此，国际贸易出口总额往往小于国际贸易进口总额。另外，保险费和运输费用应该计入服务贸易收入，因此，国际贸易额通常是指国际贸易出口总额。

三、对外贸易量与国际贸易量

对外贸易指的是一个国家或地区与其他国家或地区进行的商品和劳务的交换活动，也称“海外贸易”“国外贸易”或“进出口贸易”。

对外贸易量（Quantum of Foreign Trade），是指按不变价格计算的对外贸易额，它是反映一国对外贸易规模的重要指标。

国际贸易是由各国的对外贸易构成的，它是世界各国对外贸易的总和，也称为世界贸易。国际贸易与对外贸易同属一类活动，若从全世界范围看时，称其为国际贸易，而从一个国家或地区的角度看时，则称其国际贸易量（Quantum of International Trade），是指按不变价格计算的国际贸易额，它是反映国际贸易规模的指标。

由于国际市场价格和各国货币币值的经常波动，对外贸易额或国际贸易额并不能准确地反映一国对外贸易或国际贸易的实际规模，不同时期的对外贸易额和国际贸易额不具有可比性。因此，在实际工作中往往以某一固定年份为基期计算的价格指数除当时的贸易额的方法，得到按不变价格计算的贸易额（也称贸易量），这样就消除了价格变动的影响，单纯反映贸易量的变化，使不同时期的贸易额可以直接进行比较，所以称为对外贸易量和国际贸易量。

四、净出口、净进口与贸易差额

（一）净出口、净进口

一国（地区）在同类产品上通常既有出口又有进口。在一定时期内（通常为 1 年）内，如果某种商品的出口大于进口，称为净出口（Net Export）；反之，则称为净进口（Net Import）这两个净值反映了一国（地区）某类商品在国际贸易中所处的地位。

（二）贸易差额

贸易差额（Balance of Trade）是指一国（地区）在一定时期内（通常为 1 年）出口贸易总额与进口贸易总额的差额。当出口总额大于进口总额时，称为贸易顺差、贸易盈余或出超；当出口总额小于进口总额时，称为贸易逆差、贸易赤字或入超；当出口总额与进口总额相等时，则称为贸易平衡。贸易差额是衡量一国（地区）对外贸易状况、经济状况和国际收支状况的重要指标。

五、贸易结构

对外贸易货物结构是指一定时期内一国进出口贸易中各种商品的构成，即某大类或某种商品的进出口贸易与整个进出口贸易额之比，以百分比计。国际贸易货物结构，是指一定时期内各大类商品或某种商品在整个国际贸易中的比重，即各大类商品或某种商品贸易额与整个世界出口贸易额相比。

一国的对外贸易货物结构能反映该国的经济发展水平、产业结构状况、科技发展水平等；而国际贸易货物结构能反映世界经济发展水平、产业结构状况和科技发展水平等。

六、贸易地理方向

对外贸易地理方向，也称对外贸易地区分布或国别结构，是指一定时期内各个国家或国家集团在一国对外贸易中所占有的地位，通常以它们在该国的进出口总额中的比重来表示。对外贸易地理方向能指明一国进出口商品的来龙去脉，从而反映一国同其他国家（地区）或国家集团之间经济贸易联系的程度。

国际贸易地理方向亦称“国际贸易地区分布”，用以表明世界各洲、各国或各个国家集团在国际贸易中所处的地位。

七、直接贸易、间接贸易与转口贸易

按是否有第三国参加来划分，国际贸易可分为三种：直接贸易、间接贸易与转口贸易。

所谓直接贸易，是指商品生产国与商品消费国不通过第三国进行的贸易。贸易双方直接洽谈、直接结算，交易货物由出口国直接运到进口国。直接贸易从出口方面称直接出口，从进口方面称直接进口。

所谓间接贸易，是指商品生产国与商品消费国通过第三国进行的贸易，也可以说是商品进出口两国通过第三国的商人达成贸易。贸易货物既可由出口国经由第三国转运到进口国，也可由出口国直接运到进口国。

商品生产国与商品消费国通过第三国进行的贸易，对第三国来说，是转口贸易。即使商品直接从生产国运到消费国去，只要两者之间并未直接发生贸易关系，而是由第三国的转口商分别同生产国与消费国发生交易关系，仍属于转口贸易。

转口贸易与过境贸易的区别在于：前者有第三国的贸易商参与，而不论货物是否经由第三国运送；后者则无第三国贸易商的参与，它也不列入本国的进出口统计内。

八、贸易条件

贸易条件是指一国在一定时期内的出口商品价格与进口商品价格之间的比率。由于一个国家的进出口商品种类繁多，很难直接用进出口商品的价格进行比较。所以，一般用一国在一定时期内的出口商品价格指数同进口商品价格指数对比进行计算。其公式为：

贸易条件 =（出口商品价格指数/进口商品价格指数）×100%

如果贸易条件大于 100，说明该国的贸易条件得到改善；如果贸易条件等于 100，说明贸易条件不变；如果贸易条件小于 100，说明贸易条件恶化。

九、对外贸易依存

对外贸易依存度又称对外贸易系数（Ratio of Dependence on Foreign Trade）是指两国的对外贸易额占其国民生产总值（GNP）或国内生产总值（GDP）的比重，它是反映外贸在一国国民经济中所处地位的重要指标。其计算公式为：

对外贸易依存度＝对外贸易额/GNP（或 GDP）

第二节　国际贸易的产生和发展

一、国际贸易的成因

为什么各国之间要进行贸易？一个人与另一个人交易的主要原因是，其中一个人拥有的产品多于他的消费，而另一个人对相同的产品有需求。结果，产品交换得以实现，贸易得以形成。同样，当一个国家拥有超过其国内需求的产品时，它可能会考虑与另一个国家交换这些产品。跨越国界的商品交换导致了国际贸易的形成。然而，当国际贸易发展到目前阶段时，各国之间进行贸易的原因远远超出了剩余产品。资源原因、经济原因、政治原因等诸多原因都是国际贸易繁荣的原因。

（一）资源原因

没有一个国家能够完全自给自足。自然资源在世界各地的分布有些随意：一些国家拥有超过其自身需求的自然资源，而其他国家则没有。例如，哥伦比亚和巴西有种植咖啡豆的理想气候。美国是咖啡的主要消费国，但它没有自己种植咖啡的气候。这导致哥伦比亚和巴西成为咖啡出口大国，美国成为咖啡进口国。在本国境内没有自然资源或原材料的国家必须从拥有自然资源或原材料的国家进口，而那些拥有超过本国消费量的自然资源或原材料的国家将向没有自然资源或原材。

（二）经济原因

随着制造业和技术的发展，出现了国家间贸易的另一个动机，即经济利益。人们发现，一个国家专门从事某些活动并生产它最有优势的商品，并将这些商品换成在不同领域有优势的其他国家的产品，这在经济上是有意义的。为什么日本主要出口制成品？为什么美国的农业部门与荷兰如此不同？但最重要的是，各国从与其他国家的贸易中获益还是受损？

这些问题的关键很大程度上在于大卫·李嘉图发展的比较优势理论。根据李嘉图，国际贸易是互利的，即使一个国家在生产所有商品方面更有效率，只要两个潜在国家生产各种商品的相对成本存在差异。例如，中国是一个劳动密集型经济体，拥有悠久的纺织生产历史。因此，它能够以比其他一些国家低得多的成本生产大量的纺织品。换句话说，它在纺织产品的生产中具有比较优势，因此将通过出口这些产品或将这些产品换成其他国家的产品而使其经济受益。总之，交易的达成主要是为了经济利益。当国内市场不能帮助交易者产生更多的利润时，或者当他们对国内市场的收益不满意时，他们往往会在其他国家开拓新的市场。

（三）其他原因

政治目标是促进国家间贸易的另一个因素。一个国家可能会与另一个国家进行贸易，以支持一个坚持相同政治原则的政府，或者它这样做可能是为了在政治事务中获得支持。

为什么一个国家仍然需要从其他国家进口相同的物品，即使它有足够的特定物品来满足其需求？这很大程度上是因为需要满足的口味、偏好和消费模式的不同。这主要适用于消费品、服装和食品。

二、国际贸易的发展

（一）奴隶社会的国际贸易

在奴隶社会，自然经济占主导地位，其特点是自给自足，生产目的主要是为了消费，而不是为了交换。奴隶社会虽然出现了手工业和商品生产，但在一国整个社会生产中显得微不足道，进入流通的商品数量很少。同时，由于社会生产力水平低下和生产技术落后，交通工具简陋，道路条件恶劣，严重阻碍了人及物的交流，对外贸易局限在很小的范围内，其规模和内容都受到很大的限制。

奴隶社会是奴隶主占有生产资料和奴隶的社会，奴隶社会的对外贸易是为了奴隶主阶级服务的。当时，奴隶主拥有财富的重要标志是其占有多少奴隶，因此奴隶社会国际贸易中的主要商品是奴隶。据记载，希腊的雅典就曾经是一个贩卖奴隶的中心。此外，粮食、酒及其他专供奴隶主阶级享用的奢侈品，如宝石、香料和各种织物等也都是当时国际贸易中的重要商品。

奴隶社会时期从事国际贸易的国家主要有古希腊、古罗马等，这些国家在地中海东部和黑海沿岸地区主要从事贩运贸易。我国在夏商时代进入奴隶社会，贸易集中在黄河流域沿岸各国。

（二）封建社会的国际贸易

在封建社会，国际贸易的范围明显扩大。亚洲各国之间的贸易由近海逐渐扩展到远洋。早在西汉时期，中国就开辟了从长安经中亚通往西亚和欧洲的陆路商——丝绸之路，把中国的丝绸、茶叶等商品输往西方各国，换回良马、种子、药材和饰品等。到了唐朝，除了陆路贸易外，还开辟了通往波斯湾以及朝鲜和日本等地的海上贸易。在宋、元时期，由于造船技术的进步，海上贸易进一步发展。在明朝永乐年间，郑和曾率领商船队七次下“西洋”，经东南亚、印度洋到达非洲东岸，先后访问了 30 多个国家，用中国的丝绸、瓷器、茶叶、铜铁器等商品同所到的国家进行贸易，换回各国的香料、珠宝、象牙和药材等。

在欧洲，封建社会的早期阶段，国际贸易主要集中在地中海东部。在东罗马帝国时期，君士坦丁堡是当时最大的国际贸易中心。公元 7—8 世纪，阿拉伯人控制了地中海的贸易，通过贩运非洲的象牙、中国的丝绸、远东的香料和宝石，成为欧、亚、非三大洲的贸易中间商。11 世纪以后，随着意大利北部和波罗的海沿岸城市的兴起，国际贸易的范围逐步扩大到整个地中海以及北海、波罗的海和黑海的沿岸地区。

随着社会生产力的提高以及社会分工和商品生产的发展，国际贸易不断扩大。但是，由于受到生产方式和交通条件的限制，商品生产和流通的主要目的是为了满足剥削阶级奢侈生活的需要，贸易主要局限于各洲之内和欧亚大陆之间，国际贸易在奴隶社会和封建社会经济中都不占有重要的地位，贸易的范围和商品品种都有很大的局限性，贸易活动也不经常发生。

（三）资本主义时期的国际贸易

15 世纪末期至 16 世纪初，哥伦布发现新大陆、瓦斯科·达·伽马从欧洲经由好望角到达亚洲、麦哲伦完成环球航行，这些地理大发现对西欧国家经济发展和全球国际贸易产生了十分深远的影响。大批欧洲冒险家前往非洲和美洲进行掠夺性贸易，运回大量金银财富，甚至进行买卖黑人奴隶的罪恶勾当，同时还将这些地区沦为本国的殖民地，妄图长久地保持本国霸权。这样，既加速了资本原始积累，又大大推动了国际贸易的发展。这一时期，西班牙、荷兰、英国之间长期战火不断，目的就是为了争夺海上霸权，说到底，就是要争夺殖民地和国际贸易的控制权。可见，国际贸易是资本主义生产方式的基础，同争夺海运和国际贸易的霸权相呼应，这些欧洲国家的外贸活动常常具有一定的垄断性质，甚至还建立了垄断性外贸公司（如英国的东印度公司）。

17 世纪中期英国资产阶级革命的胜利，标志着资本主义生产方式的正式确立。随后英国夺得海上霸权，意味着它在世界贸易中占据主导地位，这就为它向外掠夺扩张铺平了道路。

18 世纪中期开始的产业革命又为国际贸易的空前发展提供了十分坚实而又广阔物质基础：一方面，蒸汽机的发明使用开创了机器大工业时代，生产力迅速提高，物质产品大为丰富，从而真正的国际分工开始形成；另一方面，交通运输和通信联络的技术和工具都有突飞猛进的发展，各国之间的距离似乎骤然变短，这就使世界市场真正得以建立。正是在这种情况下，国际贸易有了惊人的巨大发展，并且从原先局部的、地区性的交易活动转变为全球性的国际贸易。这个时期的国际贸易，不仅贸易数量和种类有长足增长，而且贸易方式和机构职能也有创新发展。显然，国际贸易的巨大发展是资本主义生产方式发展的必然结果。

19 世纪 70 年代后，资本主义进入垄断阶段，此时的国际贸易不可避免地带有“垄断”的特点。主要资本主义国家的对外贸易被为数不多的垄断组织所控制，由他们决定一国对外贸易的地理方向和商品构成。垄断组织输出巨额资本，用来扩大商品输出的范围和规模。

第二次世界大战后国际贸易领域出现了两个不同于以往的特征：服务贸易的快速发展和电子商务的广泛应用。第二次世界大战后，伴随着第三次科学技术革命的发生，世界各国，尤其是发达国家产业结构不断优化，第三产业急剧发展，加上资本国际化和国际分工的扩大和深化，国际服务贸易得到迅速发展。发达国家服务业占其国内生产总值比重达 2/3，其中美国已达 3/4，而发展中国家服务业所占比重也达 1/2。发达国家服务业就业人数占其总就业人数比重达 2/3，而发展中国家的这一比重达 1/3。随着服务业的发展，其专业化程度日益提高，经济规模不断扩大，从而效率不断提高，为国际服务贸易打下了坚实的基础。在国际贸易商品结构不断软化的过程中，国际贸易的交易手段也发生着变化。特别 20 世纪 90 年代，随着信息技术的发展，信息、计算机等高科技手段在国际贸易上的应用，出现了电子商务这种新型的贸易手段，无纸贸易和网上贸易市场的发展方兴未艾。已经引起了全球范围的结构性商业革命，有人声称，没有电子数据交换（EDI），就没有订单。据统计，EDI 使商务文件传递速度提高 81%，文件成本降低 44%，文件处理成本降低 38%，由于错误造成的商贸损失减少 40%，市场竞争能力则提高 34%。利用国际互联网的网上交易量也呈逐年上扬的势头。

随着历史的演进，科学技术的发展，国际贸易无论是其总量、规模，还是结构、形式都将逐步改变。

第三节　国际贸易适用的法律与惯例

为了保证国际贸易的顺利进行，使国际贸易得到法律的承认与保护，买卖双方订立、履行合同和处理合同争议时，都应遵循相关的法律和惯例。但由于国际贸易的当事人一般身处不同的国家或地区，具有不同的法律和制度，因此，国际贸易所适用的法律法规有较大的不同。

一、适用合同当事人所在国国内的有关法律

在国际货物贸易中，合同当事人都要分别遵守各自所在国国内的有关法律。例如，《中华人民共和国民法典》（以下简称《民法典》）规定："当事人订立合同，可以采用书面形式、口头形式或其他形式。"为了维护合同的严肃性和确保依法成立的合同能够切实贯彻执行，我国《民法典》还规定："依法成立的合同，仅对当事人具有法律约束力，受法律保护。"这些规定，不仅适用于国内货物贸易合同，也适用于我国对外订立的进出口合同。由此可见，在国际贸易中，合同当事人都必须遵守所在国的有关法律规定。

在这里，需要说明的是，由于进出口合同双方当事人所在国的法律制度不同，因此，对同一问题可能出现不同的法律规定，从而在法律上会做出不同的解释，并得出不同的结论。为了解决这种法律冲突，一般在国内法中规定了冲突规范的办法。例如，"涉外合同当事人可以选择处理合同争议所适用的法律，但法律另有规定的除外。涉外合同当事人没有选择的，适用与合同有密切联系的国家的法律。"根据这项法律规定，在我国进出口合同中，交易双方可以协商约定处理合同争议所适用的准据法，其中，既可选择适用买方或卖方所在国的法律，也可以选择适用买卖双方同意的第三国的法律或有关的国际条约或公约。若买卖双方没有在进出口合同中约定解决合同争议所适用的法律，则由受理合同争议的法院或仲裁机构，依据与合同有最密切联系的国家的法律来处理合同项下的争议。

目前，我国的国内法所涉及的有关国际贸易的主要法律有以下几个方面：

（1）适用于国际货物买卖的国内立法。主要体现在《中华人民共和国民法典》之中。

（2）适用于国际货物运输与保险的国内立法。主要体现在《中华人民共和国海商法》之中。

（3）适用于国际货款收付的国内立法。主要体现在《中华人民共和国票据法》之中。

（4）适用于对外贸易管理的国内立法。适用于对外贸易管理的国内立法涉及较广，主要体现在《中华人民共和国对外贸易法》《中华人民共和国海关法》《中华人民共和国进出口商品检验法》等法规之中。

（5）适用于国际商事仲裁的国内立法。主要体现在《中华人民共和国仲裁法》之中。

二、适用有关的国际协定、条约或公约

在国际货物贸易中，由于各国国内法的规定互不相同，有些甚至差异很大，加之各国贸易利害关系不同，如果单靠某一国家的国内法，已经不能适应要求解决各国的利害关系和国

际贸易争议的现状。因此，各国政府和一些国际组织为了消除国际贸易障碍和解决国际贸易争议，便相继缔结或参加了一些双边或多边的国际贸易方面的协定、条约或公约，其中有的条约已被大多数国家所接受，并且行之有效。由此可见，进出口合同的订立、履行以及合同争议的处理，还必须符合合同当事人所在国缔结或参加的有关国际贸易、运输、商标、专利、知识产权和仲裁等方面的协定、条约或公约。我国对外缔结或参加的双边或多边的有关国际货物贸易方面的协定、条约或公约很多，现就其主要的分别概括介绍如下。

（一）双边协定

我国同许多国家和地区分别订立了双边的贸易协定、支付协定和运输协定等，在同这些订有协定的国家进行贸易时，我们必须恪守对外所签订的协议，如果合同双方产生争议，也应根据协议精神和有关规定来处理。

（二）多边协定、条约或公约

1. WTO协定及其附件所包含的各种协议

我国加入WTO后，我们要按照WTO协定的有关规定和我国政府曾经作出的承诺行事，即要按国际游戏规则行事，要按国际规范处理有关货物贸易方面的事宜。这样做，有利于发展我国的对外经济贸易，加速我国经济同世界经济接轨。

2.《联合国国际货物销售合同公约》

《公约》是迄今为止关于国际货物买卖的一个最重要的国际公约，该公约自1988年1月1日起正式生效。

我国是最早加入《公约》的缔约国之一，我国政府派遣代表参加了1980年的维也纳会议，对《公约》的定稿和通过做出了一定的贡献。我国在核准该公约时，对《公约》提出了两点保留意见：一是关于《公约》适用范围的保留，我国只同意该公约的适用范围。限于营业地分处于不同缔约国的当事人之间所订立的买卖合同，如果合同争议双方都是该公约缔约国，则解决其争议所适用的法律，就以该公约的规定为准；二是关于合同形式的保留，我国企业对外订立、修改协议、终止合同应采用书面形式。

3.《承认及执行外国仲裁裁决公约》

1958年6月10日联合国在纽约召开的国际商事仲裁会议签订了《承认及执行外国仲裁裁决公约》（简称《纽约公约》）。该公约承认缔约国双方当事人所签订的仲裁协议有效，根据仲裁协议所作出的仲裁裁决，缔约国应承认其效力，并有义务执行。1986年12月，我国参加了该公约。因此，我们对该公约的内容必须切实了解，以便正确地执行仲裁裁决和维护自身的合法权益。

三、适用国际贸易惯例

（一）国际贸易惯例的含义

国际贸易惯例（International Trade Practice），一般是指在国际贸易业务中，经过反复实践形成的，并经过国际组织加以解释和编纂的一些行为规范和习惯做法。

构成国际贸易惯例，一般应具备以下三个条件：

（1）国际贸易惯例是在一定范围内的人们经过长期反复实践而形成的某种商业方法、通例或行为规范；

（2）国际贸易惯例的内容必须是明确肯定的，并被许多国家和地区所认可；

(3) 国际贸易惯例必须是在一定范围内众所周知的，从事该行业的人们认为是具有普遍约束力的。

(二) 国际贸易惯例的作用

随着国际经济与贸易的快速发展，国际贸易惯例的作用越来越明显。主要表现在以下4个方面：

(1) 掌握和运用国际贸易惯例，有利于买卖合同的顺利磋商和订立。因为国际贸易惯例可以简化进出口交易的相关手续，节省费用开支，缩短商务谈判的时间，从而在国际贸易的发展方面发挥着重要的作用。

(2) 掌握和运用国际贸易惯例，可以帮助解决履行合同中的争议与纠纷。在某些国际贸易合同订立时，由于考虑不严谨，法律适用不明确，使履约当中的争议与纠纷不能依照合同的规定得到很好的解决。此时，当事人可以援引国际贸易惯例来处理，争取有利的地位。

(3) 掌握和运用国际贸易惯例，有利于国际贸易中的各个环节相互衔接。解决银行、船公司、保险公司、海关、商检等机构开展业务和处理进出口业务实践中所遇到各种问题，从而有利于促进国际贸易正常有序的进行。

(4) 国际贸易惯例是国际贸易法律的重要渊源之一。国际贸易惯例是在国际贸易长期实践的基础上逐渐形成和发展起来的准则，也是国际贸易法律的一个重要渊源。

(三) 常用的国际贸易惯例

在当前国际货物贸易中，影响较大适用范围广泛的国际贸易惯例主要有以下几种：

(1) 国际商会制定的《2000年国际贸易术语解释通则》；

(2) 国际商会制定的《跟单信用证统一惯例》(简称《UCP600》)；

(3) 国际商会制定的《托收统一规则》(简称《URC522》)；

(4) 英国伦敦保险协会制定的《伦敦保险协会货物保险条款》；

(5) 国际海事委员会制定的《约克一安特卫普规则》；

(6) 联合国国际贸易法委员会制定的《联合国国际贸易法委员会仲裁规则》。

应该指出，法律与国际贸易惯例有本质上的不同。国际贸易惯例本身不是法律，其适用是以当事人的意志自治为基础的，因此，国际贸易惯例对国际贸易双方当事人来说不具有强制性的约束力。但目前采用国际贸易惯例已经成为国际上的一种趋势。

第四节 国际贸易与国内贸易的区别

使国际贸易不同于国内贸易的基本特征是，国际贸易涉及跨国界的活动。因此，当贸易超越国界时，它总是受制于其他国家的政治、社会、文化、经济和环境因素或政策。这些因素或政策鼓励或阻碍了国际贸易中的商品自由流动。在国内交易时通常不会遇到的特殊问题可能会在国际贸易中出现。特别是：

(1) 国际贸易将不同语言和文化的人聚集在一起。因此，在与其他国家进行贸易时，必须考虑到不同的语言习惯、含义和文化差异，以避免不必要的争端。

(2) 在国际贸易中，交易可能必须根据外国法律、海关和法规或国际规则进行。由于

这些规则和条例在很大程度上因国家而异，一些国家采用的国际规则可能不被其他国家接受，因此在进行具体交易之前，商人最好了解这些法律、习俗或规则，以便利贸易。

(3) 与只需要本国货币的国内交易不同，国际交易可能涉及外国货币。由于汇率波动可能非常大，这将为国际贸易带来许多问题和风险。一个明智的交易者应该对汇率的波动有很好的预测，并对其与用于定价和结算的货币的关系有很好的解释。

(4) 国外市场的风险水平可能高于国内市场。风险包括政治风险（对进口实施限制等）；业内风险（市场失败、产品对外国客户不具吸引力等）；金融风险（汇率的不利变动、高通货膨胀率降低公司营运资本的实际价值等。）；运输风险（货物在运输途中损坏或丢失等）。要成为一名优秀的交易者，一个人需要对国际贸易中的各种风险保持敏感，并学会如何将对其业务的负面影响降至最低。

与国内贸易相比，国际贸易中的经销商更难获得外国特定公司的必要信息。控制和通信系统通常对国外公司来说比国内公司更复杂。观察和监测外国的趋势和活动也要困难得多。因此，从事国际贸易的管理人员比只从事国内贸易的管理人员需要更广泛的管理技能。

本章小结

本课程以国际经济学的理论、原则为指导，着重研究国际商品交换的有关理论和实际业务，是一门理论性和实践性都较强的课程。

国际贸易是指世界各国（地区）之间的商品交换活动。社会生产力的发展和社会分工的扩大，是国际贸易产生和发展的基础。

买卖双方订立、履行合同和处理合同争议，都应遵循相关的法律和惯例。国际贸易所适用的法律法规主要有各国的国内法、国际条约和国际贸易惯例等。

思考题

1. 试分析国际贸易与对外贸易的区别与联系。
2. 简述国际贸易的作用。
3. 试述国际贸易的主要研究内容。
4. 试析当代国际贸易的新特点。
5. 说明对外贸易与国内贸易的异同。
6. 如何评价一国与他国之间的相互依赖程度？
7. 总贸易体系与专门贸易体系有什么不同？
8. 什么是贸易差额？贸易差额的作用体现在什么地方？

第二章　国际贸易基本理论及政策

学习目标

- 了解国际贸易理论发展历史，对外贸易的政策的含义、构成；
- 理解西方国际贸易理论各主要学派的主要观点、内容和评价；
- 掌握各种贸易理论政策措施；
- 学会利用国际贸易的基本理论简单分析现实中的贸易活动。

第一节　西方传统贸易理论

一、重商主义学说

（一）重商主义学说的产生及主要政策主张

重商主义学说是资本主义生产方式准备时期（15—17 世纪）建立起来的代表商业资产阶级利益的一种经济学说和政策体系。重商主义学说分为早期与晚期。早期的学说叫货币差额论，代表人物有英国的海尔斯（John Hales）和斯坦福德（William Stafford）等。晚期的学说叫贸易差额论，最重要的代表人物是英国的托马斯·孟。

货币差额论对外贸易政策的指导原则是增加国内货币积累，防止货币外流，认为国家应该采取行政手段，控制货币流动，禁止金银输出。在对外贸易上，采取少买（或不买）多卖原则，保持贸易顺差，从而使金银流入国内。

贸易差额论首先反对政府限制货币输出的做法，但其同样认为政府必须谨守进出口贸易总额保持顺差的原则。贸易差额论还认为，国内金银太多会造成物价上涨，消费下降，出口减少，出现逆差，货币自然外流，因而认为国家应准许适量货币输出国外，这不但不会造成货币的流失，而且还会像猎鹰叼回“肥鸭”一样，吸进更多的货币，使国家更加富裕。这就是贸易差额论信奉的“货币产生贸易，贸易增加货币”的思想。

重商主义提出了一系列强制性的保护贸易政策主张，大致可归纳为：货币政策；对外贸易及垄断（即国家必须干预对外贸易）政策；奖出限入政策；保护关税政策；发展本国航运业政策；发展本国工业政策。

（二）重商主义理论简评

（1）重商主义对外贸易理论和政策在历史上的进步作用表现在其促进了资本的原始积累，推动了资本主义生产方式的发展。

(2) 重商主义的理论存在明显的缺陷。此理论把经济研究局限于流通领域，认为财富和利润都产生于流通过程，虽然认为对外贸易是财富和价值增值的源泉，但没有探讨国际贸易产生的原因，也没有去分析国际贸易能否给参与国带来贸易利益。

提问：重商主义国际贸易理论认为国际贸易是一项“此得彼失”的活动，为什么各国间还会发生与日俱增的自由贸易往来呢?

二、绝对优势理论

英国古典经济学家亚当·斯密在1776年出版了著名的《国富论》。在该书中，他提出了绝对优势理论，阐明了各国为什么需要从事国际贸易以及自由贸易的可能性与必要性。

所谓绝对优势就是指一个国家生产1单位的某种商品所使用的资源少于另一个国家同类商品的生产。例如美国和英国生产小麦和布两种产品，如果英国生产1单位布需要30分钟，生产1单位小麦需要25分钟，美国生产1单位布需要60分钟，生产1单位小麦需要20分钟，那么我们可以得知英国在布的生产上有绝对优势，美国在小麦生产上有绝对优势。

亚当·斯密提出：国家间由于自然禀赋的差异或后天的差异会导致分工。分工是提高劳动生产率的关键甚至唯一因素。用于一国内部不同个人或家庭之间的分工原则也可用于各国之间。他认为，每个国家都有其适宜于生产某些特定产品的绝对有利的条件，如果每个国家都按照其绝对有利的生产条件（即生产成本绝对低）去进行专业化生产，彼此进行交换，则对交易各方都是有利的，国际贸易也因此而产生。

（一）绝对优势理论的实例说明

假设美国生产1单位布需要12小时，而英国只需要8小时；美国生产1单位小麦只需要4小时，而英国需要24小时，见表2-1。因为美国生产1单位小麦的劳动时间少于英国，所以美国具有生产小麦的绝对优势，同理英国具有生产布的绝对优势。所以国际分工的结果是美国出口小麦，进口布；英国出口布，进口小麦。

表2-1　　美国与英国生产布与小麦所需工时对比

	生产1单位布（C）	生产1单位小麦（W）
美国	12小时	4小时
英国	8小时	24小时

注：用C代表布；用W代表小麦。

如果两国不开展贸易（即封闭经济条件下）：

那么美国国内1单位的小麦，只能换到0.33单位的布，即1W=0.33C；而在英国1个单位的小麦可以换到3单位的布，即1W=3C。同时，在美国1单位的布可以换到3单位的小麦，即1C=3W；而在英国1单位的布只能换到0.33单位的小麦，即1C=0.33W。

如果两国开展贸易（即开放经济条件下）：

那么美国将1单位的小麦出口到英国就可以换回3单位的布；英国用1单位的布出口到美国则可以换回3单位的小麦，都比在国内交换要获得更多的利益。现在假定国际市场上由于供求关系决定，1单位的布可以换取1单位的小麦，即1C=1W那么在国际市场上，美国用1单位的小麦可以换到1单位的布，而在国内只能换取0.33单位的布，比在国内多获得

0.67 单位的布；同样在国际市场上，英国用 1 单位的布可以换到 1 单位的小麦，比在国内多获得 0.67 单位的小麦。所以，如果进行国际贸易，那么两个国家都可以从中获利。利益来自各自发挥生产中的绝对优势，使生产效率提高而增加的产品量。

（二）绝对优势理论简评

（1）绝对优势理论有其明显的进步性，其关于分工能够提高劳动生产率及开展国际贸易对参加国都有利的见解具有重大的现实意义。

（2）绝对优势理论也存在着明显的局限性。因为其提出国家间只有存在绝对优势时才会在两国间开展国际贸易。但是在世界上有 190 余个独立的国家，其中有发达国家也有发展中国家，有的发展中国家可以说什么绝对优势也没有，那么这些国家要不要参加国际贸易？如果说它们应该参加，那么，它们没有绝对优势，在贸易中能否获利？当然，在贸易中能够获利，否则也不会参加。那么这些国家获利的源泉何在？亚当·斯密既没有提出，也没有回答这些问题。

三、比较优势理论

英国古典经济学家大卫·李嘉图（David Ricardo）在 1817 年出版了《政治经济学和赋税原理》（*Principles, Political Economy and Taxation*）一书。在该书中，他不仅发展了亚当·斯密的劳动价值理论，而且发展了斯密的贸易理论，弥补了绝对优势理论的不足，提出了比较优势理论。在国与国之间的贸易中，绝对优势并非从贸易中获利的必要条件。这里的意思是，一个国家或者个人，在两种产品的生产上都具有绝对优势，但是在两优之中可以找到一个最优的部门；而另一个国家或者个人，在两种产品的生产上都处于劣势，但是在两劣之中可以找到次劣的部门。较强的专门生产最优的产品，较差的专门生产另一种产品，也能获得扬长避短的效果，提高劳动生产率，增加产量，降低成本。即所谓的“两利相权取其重，两害相权取其轻”。

（一）机会成本与比较优势

机会成本是指在资源一定的条件下，多生产 1 单位某种产品，就必须放弃一定数量的另一种产品的生产，所放弃的另一种产品的数量就是这一产品的机会成本。生产某种产品机会成本较少的生产者在这种产品的生产上有比较优势。

假定 A 国生产 1 单位布需要 4 小时，生产 1 单位小麦需要 2 小时。那么该国生产布的机会成本为 2 单位的小麦，即 1C = 2W；B 国生产 1 单位布需要 12 小时，生产 1 单位小麦需要 4 小时，那么该国生产布的机会成本为 3 单位小麦，即 1C = 3W。

由此可见，A 国在生产布方面有着比较优势，而 B 国在生产小麦方面有着比较优势。因此 A 国将布出口到 B 国，每 1 单位的布在 B 国可以比在国内多获得 1 单位的小麦；而 B 国 1 单位的小麦在国内只能换到 1/3 单位的布，然而，到 A 国去交换可以换到 1/2 单位的布。因此 B 国将小麦出口到 A 国，每 1 单位的小麦可以多获得 1/6 单位的布，即 1/2 - 1/3 = 1/6。贸易的双方以本国机会成本低的产品去换取本国机会成本高的产品，从而从贸易中都能获利。可见，机会成本不同是贸易发生的基础，是贸易获利的源泉。

（二）比较优势理论的实例说明

假设美国生产 1 单位布需要 6 小时，而英国需要 8 小时；美国生产 1 单位小麦需要 2 小时，而英国需要 24 小时。由此可以得知美国具有生产小麦的比较优势，英国具有生产布的比较优势。所以国际分工的结果是美国出口小麦，进口布；英国出口布，进口小麦。见表2-2。

表2-2　　　　美、英两国生产布与小麦的工时比较

	生产1单位布	生产1单位小麦
美国	6小时	2小时
英国	8小时	24小时

注：用C代表布；用W代表小麦。

如果两国不开展贸易（即在封闭经济条件下）：

如果两国不开展贸易（即在封闭经济条件下）：

在美国国内1单位的小麦只能换到0.33单位的布，即1W=0.33C；而在英国国内1单位的小麦可能换到3单位的布，即1W=3C。同时，在美国1单位的布可以换到3单位的小麦，即1C=3W；而在英国国内1单位的布只能换到0.33单位的小麦，即1C=0.33W。

如果两国开展贸易（即在开放经济条件下）：

假定国际市场上，由于供应和需求关系决定1单位的布能换取1单位的小麦，即1C=1W，那么在国际市场上美国用1单位的小麦可以换到1单位的布，比在国内多获得0.67单位的布；英国用1单位的布可以换到1单位的小麦，比在国内多获得0.67单位的小麦。总之，在国际贸易中，两个国家都可以获利。

（三）比较优势理论的简评

（1）比较优势理论的进步作用主要表现在其揭示了一个客观规律——比较利益法则。这一理论为世界各国参与国际分工和国际贸易提供了理论依据，成为国际贸易理论的一大基石。

（2）李嘉图的比较优势理论也存在一定的局限性。李嘉图认为在贸易条件下双方可以实行完全的专业化生产，但这只有在机会成本不变的条件下才能实现。可是现实世界中，常常会出现机会成本递增的现象。李嘉图假定在生产中投入的只是劳动这一种生产要素，因此认为决定一国的比较优势只有劳动生产率。然而即使是同一种产品的生产，劳动生产率也会存在差异，其原因在于技术的不同。事实上决定一国比较优势的因素还有许多，但由于受到理论的限制，李嘉图没有认识到也不可能作进一步分析。

四、要素禀赋理论

要素禀赋理论是由瑞典经济学家、史学家艾利·赫克舍尔（Heckscher EliFilip，1879-1952年）首创，后经其学生—瑞典经济学家波蒂尔·俄林（Bertil Ohlin，1899-1979年）阐发而形成的。

（一）相关概念介绍

1. 生产要素、要素价格

生产要素（factor of production）是指生产活动中必须投入和使用的主要源，通常指土地、劳动、资本和企业家才干四要素，随着“知识经济”时代的到来，也有人把技术知识、经济信息当作生产要素。要素价格（factor price）则是指生产要素的使用费用或要素的报酬。例如资本的利息、劳动力的工资、土地的租金等。

2. 要素比例、要素密集度、要素密集型产品

要素比例（factor proportion）指的是生产某特定产品所需的各种生产要素之间的比例。产品属性的差异性决定了其在生产过程中投入的各种生产要素的比例是不相同的。例如，农产品需要投入更多的土地；生产钢铁需要投入更多的资本等。

要素密集度（factor intensity）指产品生产中某种要素投入比例的大小。如果某要素投入比例大，称为该要素密集程度高。根据产品生产所投入的生产要素中所占比例最大的生产要素种类的不同，可把产品划分为不同种类的要素密集型产品（factor intentisy commodity）。例如，生产玉米投入的土地占的比例最大，便称玉米为土地密集型产品；生产纺织品劳动所占的比例最大，则称之为劳动密集型产品；生产汽车资本所占的比例最大，便称之为资本密集型产品。

3. 要素禀赋、要素丰裕、要素稀缺

要素禀赋（factor endowment）是指一国或一个地区所拥有的各种生产要素的数量。一个国家或地区由于自然条件、地理位置、经济发展程度及历史原因，其所拥有的各种生产要素的数量是存在差异，即所谓禀赋不同。要素丰裕（factor abundance）是指在一国或一地区的生产要素禀赋中某要素供给所占比例大于别国同种要素的供给比例，且相对价格低于别国同种要素的相对价格。衡量要素的丰裕程度较为科学的方法是要素相对价格衡量法，若一国某要素相对价格（某要素的价格和别的要素价格的比率）低于别国同种要素相对价格，则该国该要素相对于别国是丰裕的。要素稀缺（factor scarce）是指一国或一地区的生产要素禀赋中某要素供给所占比例小于别国同种要素的供给比例，且相对价格高于别国同种要素的相对价格。

（二）赫克—俄林定理

赫克—俄林要素禀赋理论（Heckscher - Ohlin theory），又称要素比例说（factor proportions theory）（即 H - O 理论）。

1. 定理的基本假设

要素禀赋论基于以下假设前提：

（1）假定只有两个国家，两种商品，两种生产要素（劳动和资本）。

（2）假定两国的技术水平相同，即同种产品的生产函数相同。

（3）假定两国在两种产品的生产上规模经济利益不变，即单位生产成本不随着生产的增减而变化，因而没有规模经济利益。

（4）假定两国进行的是不完全专业化分工，即尽管是自由贸易，两国仍然继续生产两种产品。

（5）假定两国的消费偏好相同，若用社会无差异曲线反映，则两国的社会无差异曲线的位置和形状相同。

（6）假定在两国的两种商品、两种要素生产市场上，竞争是完全的。

（7）假定在两国内部生产诸要素是能够自由转移的，但在国际市场上生产要素是不能自由转移的。

（8）假定没有运输费用，没有关税或其他贸易限制。

2. 定理的核心思想与逻辑推论

要素禀赋理论认为国家或地区之间，由于自然条件、历史原因、经济发展水平等各种

各样的原因，其生产要素的禀赋是不同的，即有些生产要素是丰裕的，有些生产要素是稀缺的。相对丰裕的生产要素的相对价格较低，密集使用这种生产要素所生产的产品的价格较低。反之则相反。此时国家或地区之间相同产品存在价格差，贸易因此而产生。所以一国或地区出口的是比较密集地使用在本国较为丰裕、相对价格低的生产要素所生产的产品，进口的则是那些在生产上密集使用相对稀缺因而相对价格较高的生产要素所生产的产品。

H－O 理论模型的基本结论基于如下的逻辑推论：

（1）各国要素丰裕程度即生产要素禀赋不同导致各国生产要素相对价格的差异性；

（2）生产要素的相对价格差异导致各国生产同种产品生产成本的差异；

（3）生产成本的差异性导致各国生产同种产品的价格差；

（4）各国生产同种产品时价格差导致国际贸易的发生。

3. 赫克—俄林模型（即 H－O 理论）的简评

赫克—俄林模型（即 H－O 理论）的提出是国际贸易理论发展中的一个非常重要的阶段，是国际贸易理论从古典向新古典迈进的里程碑。赫克—俄林的要素禀赋论以两种生产要素的投入为分析的前提，构造了 2×2×2 模型，克服了由斯密和李嘉图建立与发展起来的，只用单一要素的生产率差异来说明比较优势产生的原因理论的缺陷。但是要素禀赋理论也存在一些局限性：第一，该理论放弃了劳动价值论，过分突出供给的差异，过分强调生产要素供给的差异性对国际贸易格局的影响，忽视了要素禀赋的差异并不是贸易发生的充分条件这样一个重要事实。第二，该理论的基本假设过于苛刻，与事实不符，如规模报酬不变，机会成本不变。同时其假设导致了该理论注重静态分析，如技术水平不变。事实上技术是一种非常活跃的生产要素，无时无刻不在变化中且对国际贸易产生重要的影响。

（三）“里昂惕夫之谜”解释

赫克—俄林的生产要素禀赋论创立后，很快被西方经济界所接受，被认为是现代国际贸易理论的基石。但是到 20 世纪 50 年代，却受到了里昂惕夫的挑战。

1. 里昂惕夫之谜

众所周知，美国是一个资本相对丰裕、劳动力相对稀缺的国家，那么按照赫克—俄林的生产要素禀赋论，它应该出口资本密集型产品，进口劳动密集型产品。对此，美国哈佛大学教授瓦西里·里昂惕夫运用自己创立的“投入—产出法”，对美国的对外贸易商品结构进行了验证。他使用包括 200 个行业在内的投入产出表，运用 1947 年的统计资料，比较生产每百万美元的美国出口商品和与进口竞争的商品所需的资本和劳动比率，得出了令人惊讶的计算结果：美国出口商品的资本密集程度低于其进口商品的资本密集程度，这显然与 H－O 理论相悖。其他各国经济学家对加拿大、日本、印度、德国等一些发达国家进行进一步验证，也得出类同于里昂惕夫的结论。这一发现与 H－O 理论相矛盾，被人们称为“里昂惕夫之谜”。

2. 对“里昂惕夫之谜”的解释

（1）劳动力相对丰裕说（里昂惕夫自己的解释）。里昂惕夫认为美国资本和劳动力的相对生产效率不同于其他国家。也就是说，各国的劳动生产率是不同的。他认为，“美国工人的效率比其他国家高（原因是美国企业管理水平高，工人受到的教育和培训较多、较好），大概是其他国家的 3 倍。那么，如果不是简单地按人数，而是按劳动效率单位来衡量（大约是劳动数乘以3），则美国的等量工的资本供给比起其他许多国家来说就变得相对少些，而不是多一些了”。

（2）自然资源稀缺说。有的经济学家认为“谜”的症结在于里昂惕夫的计算仅局限于资本和劳动力两种生产要素，而忽视了自然资源、技术进步、人力资本、人力技能、信息等要素在决定一国比较优势上的作用。美国对许多自然资源的进口都有很强的依赖性，许多生产过程需要使用自然资源，如钢铁行业、采掘业等。考虑这些因素，就有助于解释里昂惕夫之谜。

（3）需求偏好差异。有一种解释认为美国对资本密集型产品有强烈的需求偏好，这使得美国的资本密集型产品的价格较高，因此美国就会出口劳动密集型产品。

但是，随着经济发展水平及消费者收入水平、消费水平的不断提高，各国消费者的需求偏好会呈现趋同性，“对食物、衣物、住房及其他种类的商品的收入需求弹性在各国都是很相近的”（豪萨克，Houthanker 1957），所以这一解释不怎么被认可。

（4）关税及其他贸易壁垒。H－O理论的前提是自由贸易，但现实中的国际市场上关税和非关税壁垒限制是经常存在的。美国的关税政策主要在于保护国内劳动密集型行业（克拉维斯，Kravis 1954），因而阻碍了劳动密集型产品的进口，人为地增加了资本密集型产品在进口中的比重。

第二节 西方国际贸易新理论

传统国际贸易理论都是假设市场处于完全自由竞争的状态，交易的商品都是不同质产品，而第二次世界大战后，世界经济发生了巨大的变化，各国之间经济贸易往来加强，以部门内贸易主导化为特征的国际贸易大量出现，贸易格局从垂直贸易向水平贸易转变。同时，发达国家经济结构的趋同化和贸易的高度集中化，都对传统贸易理论提出了挑战，国际市场处于不完全竞争状态，交易商品以同质产品为主。为了解释新的国际贸易格局，新的理论必然应运而生。

一、规模经济理论

规模经济是指增加一种产品或劳务供给，其总成本的增加比例小于供给数量，即成本随着产量的增加反而减少。

传统的贸易理论的一个重要假设是规模报酬不变。厂商的生产函数不随其规模的扩大而改变，也就无法通过扩大规模而影响商品价格，进而影响贸易的基础。新贸易理论则认为存在着规模经济。规模经济可分为内部规模经济（厂商水平上的规模经济）和外部规模经济（产业水平上的规模经济）。内部规模经济指的是厂商可以通过扩大其本身的规模来提高效率和降低成本。外部规模经济，又称外部经济，是指单个厂商从某种社会经济活动（主要指同行业或相关行业规模的扩大）中所获得的有利影响，不必为此付费。

规模经济理论认为，在现代社会生产中，许多产品的生产具有规模报酬递增的特点，由于大多数产品既具有相互替代性又有各自特征，使多数产品市场成为垄断竞争的市场。

在此条件下，企业的长期平均成本随着产量增加而下降，规模经济的直接利益就是因产量增加而导致产品单位成本减低，从而在市场上竞争能力加强，取得比较优势，获得国际贸易利益。

二、产业内贸易理论

产业内贸易理论的代表人物主要有格鲁贝尔（Herbert GrubL，1934）、兰卡斯特（Kelivin John Lancaster，1924）、林德（S. B. Linder）、劳爱德（P. J. Lloyd）、格雷（Gary）、戴维斯（Davies）等人。所谓产业内贸易，即：两个国家在一定时期内（一般为1年）既出口又进口同一产品，同时同一种产品的中间产品（如零部件和元件）大量参加贸易。其中，同一产业内的产品应具有差异性。产业内贸易理论的主要观点如下：

（一）产品差异化是产业内贸易发生的重要基础

实践中，即使是同一产业部门都生产同一产品，其产品间也存在差异，即“同类不同质例如，在商标、款式、包装、规格等产品本身实物形态上存在差异，或是信贷条件、交货条件、售后服务、促销方式，等营销手段方面存在差异”，如：日本的丰田汽车公司和美国的福特汽车公司都生产轿车，但丰田牌汽车和福特牌汽车在品质、性能、耗油量、外形及营销手段上都存在差别。这些差异使得同一产品呈现差异化，而我们知道不同国家的不同消费者的需求也是，有差异的，因此该产品的不同生产者可以在不同消费层次、消费心理或欲望的消费市场上形成垄断地位。产业内贸易便由此而产生。

（二）地球的南北半球存在明显的季节差异是产业内贸易产生的地理原因

这些原因而形成的产业内贸易产品主要是那些季节性强的产品，例如水果、蔬菜、花卉等。

（三）经济发展水平的不断提高和国际分工的不断深入是产业内贸易形成的重要因素

经济发展水平越高，产业部门内部分工就越发达，而且这一分工已经由工业内部的垂直分工发展为制造业内部的水平分工。分工越发达越深入，异质产品的生产规模就越大，此时就会形成异质产品的供给市场；此外，随着经济发展水平的不断提高，消费者购买能力也不断增强，对异质产品的需求也就越强烈，由此又形成了对异质产品的需求市场。这样最终导致产业内贸易的产生。

（四）跨国公司的飞速发展，进一步推动了产业内贸易的发展

跨国公司利用自己的技术优势，为了降低成本，采用直接投资（FDI）的形式在全球设立自己的子公司或分公司，分别由这些子公司或分公司生产各种不同的零部件或元件，然后在母国或其他国家统一组装。这样就会产生零部件、原件的产业内贸易。

三、技术差距理论

美国经济学家波斯纳（M. Posner）于1961年提出了技术差距论，论证了技术变化与国际贸易的关系。

（一）技术差距理论的主要内容

各国的技术发展水平是不一致的，是存在差距的技术领先的国家在一定时期内会因为拥有新技术而在某种产品的生产上占有优势并享受出口技术密集型产品的比较优势，在该产品的国际市场上暂时居于垄断地位，成为该产品的主要生产国和出口国。而此时的进口国会通

过技术转让、FDI 的技术外溢、国际贸易产品的示范效应等途径逐步掌握该先进技术，并最终使这一段由于技术差距引发的国际贸易终止。

（二）技术差距理论的图示

波斯纳将技术差距产生到由此产生的国际贸易终止之间的时间间隔称为模仿滞后。模仿滞后又分为反应滞后和掌握滞后。其中反应滞后是指技术创新国家开始生产新产品到其他国家逐渐掌控该技术并开始生产这种产品的时间间隔，其时间长短取决于企业家的创新意识、规模利益、经营成本、关税、国外市场购买力等因素。掌握滞后是指其他国家开始生产新产品到完全替代进口的时间间隔，其时间长短取决于模仿国家吸收新技术的能力。

经济学家胡弗鲍尔（G. C. Hufbauer）用图形形象地描绘了波斯纳的学说，如图 2 - 1 所示。

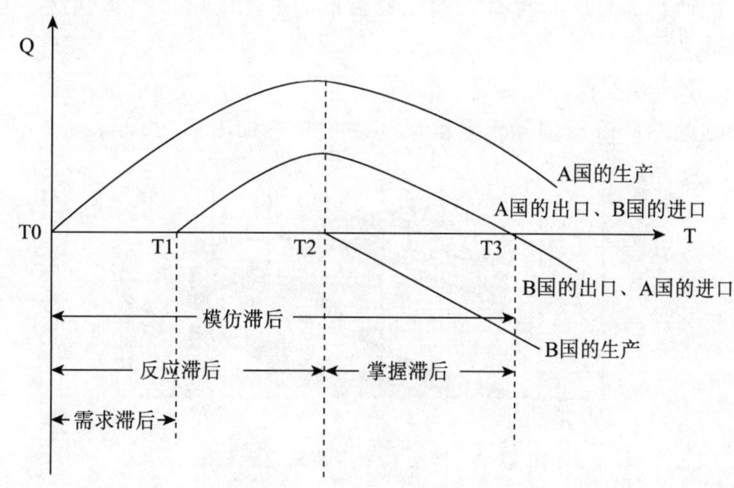

图 2 - 1 技术差距理论示意图

图中横轴 T 表示时间，纵轴 Q 表示商品数量。从 T0 起开始生产新产品，T0 - T1 为需求滞后阶段，B 国对新产品没有需求，因而 A 国没有新产品的出口。T1 点开始，B 国模仿 A 国消费，对新产品有了需求：此时 A 国出口、B 国进口新产品，且需求量会逐渐增加，A 国的出口量、B 国的进口量也逐渐扩大。同时由于新技术通过外溢、示范等各种途径逐渐扩散到 B 国，至 T2 点，B 国掌握新技术并开始模仿生产新产品，反应滞后阶段结束，掌握滞后阶段开始，此时 A 国的生产和出口量（即 B 国进口量）达到最大值。从 T2 点开始，随着 B 国生产规模的扩大产量的不断增加，A 国的生产量和出口量（即 B 国的进口量）不断下降。至 T3 点，随着 B 国生产规模的进一步扩大，新产品成本不断下降，其产品不但可以满足国内市场的全部需求，而且可以用于出口。至此，技术差距消失。从图 2 - 1 可以看出 A、B 两国的贸易发生在 T1 至 T3 这段时间。

四、产品生命周期理论

（一）产品生命周期的主要内容，

美国经济学家维农（R. Vernon）于 1966 年发表《生产周期中的国际投资与国际贸易》一文，首次提出产品生命周期概念，并把产品的整个生命周期划分为新生期、成长期和成熟期。各时期的基本特征如下：

（1）新生期是指新产品的研究开发阶段，也是技术上处于发明的阶段，所需资源是科学知识和研发费用的阶段。这一时期，新产品拥有不断扩大的国内市场和一部分国外市场。

（2）成长期是指产品基本定型，大量生产已成为主要目标。在这一时期，技术已基本成熟，无须投入大量的研究开发费用和高级熟练劳动。需要的是生产资本和熟练的劳动技能，产品性质已由研究开发能力密集型转化为资本密集型或技能密集型，因而大多数发达国家拥有比较优势。

（3）成熟期是指产品已变为标准化产品的时期。在成熟期，生产过程已被标准化了，变得简单。产品已转化为劳动密集型产品，只需要大量的半熟练劳动和非熟练劳动，发展中国家也可以组织生产。而且由于拥有大量工资较低的劳动力资源，所以发展中国家在产品成熟期具有比较优势。

（二）产品生命周期理论的图示

产品生命周期的不同阶段国际贸易格局的变化趋势如图 2－2 所示：

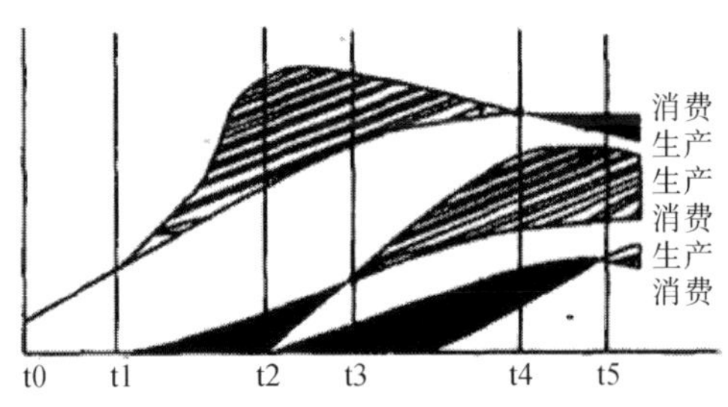

图 2－2　产品生命周期理论示意图

第一阶段（t0～t2），由于创新国（如美国）资本丰裕、技术领先、工业发达，并重视研究与发展（R&D）的投资，因而在产品创新方面占有优势。创新国企业对新产品具有相应的垄断能力。

第二阶段（t1～t2），创新国的新产品在本国和其他发达国家吸引了大量消费者，市场不断扩大，于 t1 处开始向国外出口该产品。这一时期的出口市场主要是在收入水平和需求结构与创新国比较接近的一些国家，如西欧、日本等发达国家。

第三阶段（t2～t3），t2 处国外生产者开始模仿新产品生产，且随着产量的不断扩大，规模经济效应日益明显，加上设备已改进，工人工资水平相比较低，故实行进口替代的发达国家（如西欧、日本等）的产品成本比创新国更具竞争力。他们一方面将创新国产品挤出本国市场，另一方面在本国市场饱和后便开始出口，在发展中国家市场与创新国展开强有力的竞争，并最终取代创新国，占领这些市场。

第四阶段（t3～t4），发达国家在规模效益、工资、技术水平等方面的优势进一步明显，以至于能够冲破创新国的关税防线而进入创新国市场，并逐步挤垮创新国该产品的生产，使创新国变为净进口者。

第五阶段（t4～t5），发展中国家会因为廉价的劳动力资源优势而在该产品的生产上具有比较优势，使该产品由低收入发展中国家出口到高收入的发达国家，即该产品的生产已由发达国家完全让位于发展中国家。

五、传统保护贸易理论

当产业革命在英、法两国深入发展时，欧洲、北美等区域的其他国家的经济还很不发达，多数工业还处于萌芽状态或正在成长时期。这些国家的资产阶级要求保护幼稚工业。

六、保护幼稚工业论

保护幼稚工业论最早是由18世纪美国当时的财政部长亚历山大·汉密尔顿在他的《关于制造业的报告》中率先提出的，后来经过德国经济学家李斯特发展和完善，使该理论的阐述更加系统和深刻。李斯特是资产阶级政治经济学历史学派的主要先驱者和保护贸易的倡导者，代表作是1841年发表的《政治经济学的国民体系》。在该书中，他提出了应建立一套以幼稚工业为保护对象、为经济落后的国家服务的保护幼稚工业论。

（一）保护政策的目的与对象

李斯特要通过实行保护关税政策促进生产力的发展。经过比较，他认为使用动力和大规模的制造工业的生产力远远大于农业，所以特别重视发展工业生产力。同时李斯特也提出了保护对象有以下几个条件。

(1) 幼稚工业才需要保护。他不主张保护所有工业，要使保护得当，需要先行考虑某些被保护的工业，在经历适当保护时期以后，有确实能自立的前途。

(2) 等到被保护的工业发展了，生产出来的成品价格低于进口同种产品并能与外国竞争时，就无须再保护。或者被保护的工业，经过一个适当时期还不能扶植起来时，也就不必再予以保护。这里所谓“适当时期”，李斯特主张以30年为最高期限。

(3) 工业虽然幼稚，但如果没有强有力的竞争者，也不需要保护。

(4) 对农业的保护，只有那些刚从农业阶段跃进的国家，距离工业成熟期尚远，才能适宜于保护。他认为，通过保护使工业发达以后，农业就会跟着兴起。

（二）关税是建立和保护国内工业的重要手段

李斯特认为，关税是建立和保护国内工业的重要手段，但必须随工业发展水平的提高而逐步提高关税。他认为，工业就像树木一样，不能马上就发展起来。因此，保护制度也不能雷厉风行，否则，就会割断原来存在的商业联系，而对国家不利。

（三）对不同的工业实行不同程度的保护

李斯特认为，对某些工业品可以实行禁止输入或规定的税率，事实上等于全部或至少部分禁止输入或税率较前者略低，从而对输入发生限制作用。但是，对生产高档奢侈品的工业只需要最低限度的照顾与保护。

（四）保护幼稚工业论的评价

李斯特的保护幼稚工业理论的提出，确立了保护贸易论在国际贸易体系中的地位。李斯特所倡导的保护贸易政策在当时德国资本主义的发展过程中曾起到积极的作用，使德国在短期内有了迅速的发展。同时，该理论的许多观点对各国制定对外贸易政策有一定的借鉴作用。李斯特的保护贸易理论也存在缺陷：对贸易保护对象的选择缺乏客观的标准，对生产力和生产力影响因素的理解和分析也比较混乱，以经济部门作为划分经济发展阶段的基础歪曲了社会经济发展的真实过程。

七、对外贸易乘数理论

资本主义各国工业化的相继实现，使国际市场的竞争日趋激烈。各国纷纷抢占国际市场，同时加大了对本国市场的保护力度。保护的范围从本国的幼稚工业扩展到所有工业。对这种贸易保护行为作出阐释的理论称为超保护贸易理论。超保护贸易理论是凯恩斯及其追随者关于国际贸易观点与论述的综合。凯恩斯是英国资产阶级经济学家，也是现代西方宏观经济学的主要创始人，主要代表作是《就业、利息和货币通论》，在其理论中以贸易乘数理论最具代表性。

（一）对外贸易乘数理论的思想基础

凯恩斯在《就业、利息和货币通论》中提出了乘数原理，认为对一个部门的追加投资，不仅会引起该部门收入的增加，而且还会引发一系列连锁反应，使其他有关部门获得新的收入，以致使收入总量为最初那笔投资的若干倍，这个倍数即为投资乘数。对外贸易乘数理论的思想基础就是凯恩斯的乘数理论。当时，资本主义国家发生了严重的经济危机，经济萧条，失业增加。凯恩斯认为，造成经济萧条的重要原因是有效需求不足，政府可以利用保护贸易政策来增加净出口，提高有效需求。他将乘数理论引入该思想，重点研究贸易金额的变动与国民收入增长之间的关系，利用对外贸易乘数公式来说明贸易金额对国民收入的影响，使对外贸易成为刺激经济增长和扩大就业的工具。

（二）对外贸易乘数理论的内容

对外贸易乘数理论的基本观点是贸易顺差对国民经济的作用犹如投资，凯恩斯认为：“增加顺差，乃是政府可以增加国外投资之唯一直接办法”；“同时，若贸易为顺差，则贵金属内流，故又是政府可以减低国内利率，增加国内投资之唯一办法”。因此，为了实现贸易顺差，应扩大出口，减少进口。当一国出口商品或劳务时，从国外得到的货币会使出口产业部门收入增加，消费也增加，必然引起其他产业部门收入增加，就业增多。如此反复，结果出现收入增加量为出口增加量的若干倍，使投资乘数的作用增加，国民收入增长。相反，当进口商品或劳务增加，必须向国外支付货币，使收入减少，消费也减少。国民收入的减少量也将是增加量的若干倍。因此，只有在贸易顺差时，对外贸易才能提高一国的国民收入量，并且国民收入的增加量将是贸易顺差的若干倍。

（三）对贸易乘数理论的评价

对外贸易乘数理论揭示了贸易量与一国宏观经济以及各主要变量，如投资、储蓄等的相互依存关系，在一定程度上指出了对外贸易与国民经济发展之间的某些内在规律性，它将贸易保护的范围进一步扩大，将贸易盈余作为解决本国失业和促进经济增长的外部手段。但如果各国都以此理论指导贸易行为，将可能导致贸易规模的缩小和贸易利益的损失，不利于世界经济一体化的发展和国际分工的进一步深化。

八、中心—外围论

中心—外围论是由阿根廷经济学家劳尔·普雷维什在其1950年出版的代表作《拉丁美洲的经济发展及其主要问题》一书中提出的。他的主要观点包括以下几个内容。

（一）国际经济体系分为中心和外围两部分

古典学派等研究国际贸易时将世界视为一个整体，李斯特考察国际贸易时强调国家的重要性，普雷维什则将世界经济体系分为中心和外围两个部分来探讨国际贸易问题。普雷维什认为，国际经济体系在结构上分为两部分：一部分是由发达工业国构成的中心；另一部分是由广大发展中国家组成的外围。中心和外围在经济上是不平等的：中心是技术的创新者和传播者，外围则是技术的模仿者和接收者；中心主要生产和出口制成品，外围则主要从事初级品生产和出口；中心在整个国际经济体系中居于主导地位，外围则处于依附地位并受中心控制和剥削，在这种国际经济贸易关系下，中心国家主要享有国际贸易的利益，而外围国家则享受不到这种利益。这是造成中心国家与外围国家经济发展水平差距加大的根本原因。

（二）外围国家贸易条件不断恶化

普雷维什用英国60多年（1876－1938年）的进出口价格统计资料推算了初级产品和制成品的价格指数之比，以说明主要出口初级产品的外围国家和主要出口工业制成品的中心国家的贸易条件的变化情况。推算的结果表明，外围国家的贸易条件出现长期恶化的趋势。此即著名的“普雷维什命题”。若以1876－1880年外围国家的贸易条件为100%，到1936－1938年外围国家的贸易条件已降到64.1%，说明20世纪30年代与19世纪70年代相比，外围国家的贸易条件恶化了35.9%。

（三）外围国家必须实行工业化和采取贸易保护政策

普雷维什认为，外围国家应该改变过去把全部资源用于初级产品的生产和出口的做法，充分利用本国资源，努力发展本国的工业部门，逐步实现工业化。为了实现工业化，普雷维什主张外围国家实行保护贸易政策。他认为，在一个相当长的时期内，保护政策是发展中国家发展工业所必需的。在出口替代阶段，为了鼓励制成品出口，除了实行保护关税政策外，还应有选择地实行出口补贴措施，以增强发展中国家的制成品在世界市场上的竞争力。普雷维什指出，外围国家的保护政策与中心国家的保护政策性质不同。外围国家的保护是为了发展本国工业，有利于世界经济的全面发展；而中心国家的保护是对外围国家的歧视和扼制，不仅对外围国家不利，对整个世界经济发展也是不利的。因此，他呼吁中心国家对外围国家放宽贸易限制，减少对外围国家工业品的进口歧视，为外围国家的工业品在世界市场上的竞争提供平等的机会。

九、国家竞争优势理论

20世纪80年代到90年代，美国哈佛大学商学院教授迈克尔·波特（M. Porter）先后出版了《竞争战略》（1980）、《竞争优势》（1985）和《国家竞争优势》（1990）三部著作，从微观、中观和宏观三个层次论述了企业竞争、产业竞争和国家竞争的相关问题，系统提出了国家竞争优势理论，引起了西方经济学界和企业界的高度重视。

（一）波特竞争优势理论的核心内容

波特认为，一国兴衰的根本在于是否能够赢得国家竞争优势：那些出口成本低的国家、有大量贸易顺差的国家以及在世界出口贸易总额中比重不断上升的国家不一定有很强的竞争力，因为有的国家实行货币贬值，一时扩大了出口，有的国家被动地采取低成本、低价格出口方式，都不能说竞争力很强。国家竞争优势的形成有赖于劳动生产效率的提高，实质上是生产力发展水平上的优势。提高劳动生产率的源泉在于国家是否具有适宜的创新机制和充分的创新能力。创新机制可从三个层面来分析：

1. 微观竞争优势

国家竞争优势的基础是企业内部的活力，即企业的竞争能力。企业缺少竞争能力，那么国家就难以拥有整体竞争优势，要使企业获得长期赢利能力的创新，应当在强化管理、研究开发、提高质量、降低成本等整个经营环节上进行全面改革。

2. 中观竞争优势

企业的创新不仅取决于企业内部要素，还有赖于企业的前向、后向和旁侧关联产业的辅助与支持。企业应该把研发部门、生产部门和销售部门按最优的方式组合与分割，分别置于最适当的地区，以达到降低生产成本，提高灵活反应能力等目的。

3. 宏观竞争优势

个别企业、产业的竞争优势并不必然导致国家竞争优势。国家竞争优势取决于四个基本因素的整合作用，为此波特提出“钻石体系”模型，如图 2－3 所示。

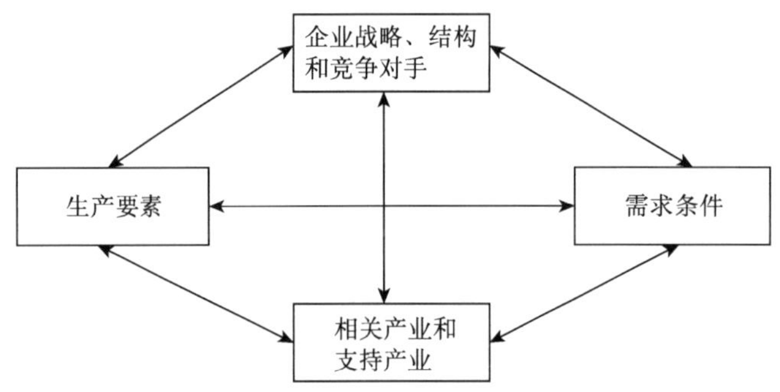

图 2－3　波特的“钻石体系”模型

(1) 生产要素。生产要素是指生产某种产品所需要的各种投入，根据波特的观点其包括：

自然资源、人力资源、基础设施、知识资源和资本资源。其中自然资源、地理、位置、气候、非熟练劳动力称为基本要素；而高新技术、熟练劳动力称为高级要素。随着世界贸易结构越来越转向以制成品为主，加之基本要素的普遍可供性，国内自然资源等基本要素的先天不足对国家竞争力的影响日趋微弱。与此相反的是，高级要素的重要性却与日俱增。因此，高级要素的优势是企业国家竞争力未来持续而可靠的来源。

(2) 需求条件。波特认为，国内需求结构、规模成长率、需求的国际化、高级购买者压力的不同会导致各国竞争优势的差异。波特将国内需求分为细分的需求、老练挑剔的需求、前瞻性需求三类。一国在某一个细分市场的需求量大，就会产生规模经济，这个国家在此细分市场上将占优势。老练挑剔的需求对企业构成了压力，同时这种需求企业是不能回避的，只能通过不断的技术创新来生产出适应消费者需求的产品，这样企业的竞争力也得到了提升。国内的前瞻性需求若能在国外市场上迅速铺开，则该国产品就具有别国产品所不可比拟的竞争优势。

(3) 相关产业和支持产业。相关产业和支持产业是指为主导产业提供投入的国内企业。一个国家的产业要想获得持久的竞争优势，就必须在国内发展具有国际竞争力的支持产业和相关产业。因为这些产业在某些技术、营销渠道或服务上，具有互补性。一个国家如果有许多相互联系的具有竞争力的产业，该国就很容易产生新的有竞争力的产业。

(4) 企业战略、结构和竞争对手。企业战略、结构和竞争对手包括企业建立、组织和管理的环境及国内竞争的环境。由于各个国家环境不同，需要采用的管理方式与措施也不同，只有企业所采取的管理方式与措施符合一国的环境才能够提高该国的竞争优势，在国际竞争中取得成功。

(二) 国家竞争优势的发展阶段

波特认为，国家竞争优势的发展可分为四个阶段，即要素推动阶段、投资推动阶段、创新推动阶段和财富推动阶段。

(1) 要素推动阶段。基本要素上的优势是竞争优势的主要源泉。竞争优势表现为要素上的比较优势。资源密集型产业一般在竞争中占据优势地位。

(2) 投资推动阶段。竞争优势的获得主要来源于资本要素。资本的大量投入可以使企业提高技术水平、更新设备、提高竞争力。这一阶段具有竞争优势的产业一般是资本密集型产业。

(3) 创新推动阶段。在此阶段，竞争优势主要来源于企业创新。这一阶段，企业已具备研究开发能力、创新意愿和较强的创新能力，技术消化能力强。企业能够在广泛的领域成功地进行市场竞争，不断实现技术升级并不断积累市场应变的经验，从而使企业赢取持续的竞争力。

(4) 财富推动阶段。国家主要靠过去长期积累的财富、投资维持经济的运行。企业回避竞争，更注重保持地位而不是进一步增强国际竞争力，实业投资下降，形成了吃老本的机制。有实力的企业试图通过影响政府政策来寻求保护。在这一阶段，产业竞争优势逐渐衰弱。

波特的国家竞争优势理论超越了传统理论对国家优势地位形成的片面的、静态的认识，多角度、多层次动态地阐明了国家竞争优势的确切内涵，指出国家优势形成的根本点就在于竞争，在于主导优势产业的确定，在于创新能力和创新机制。根据这一理论，国家要想获取竞争优势必须重视国内需求，重视产业的集群与配套，重视公平竞争环境的营造，重视企业的创新机制和创新能力的培育。

本章小结

本章概括地介绍了国际贸易的基本理论和政策。在国际贸易理论方面，一方面简要地介绍了绝对成本理论、比较成本理论、相互需求理论、要素禀赋理论等古典自由贸易理论和规模经济理论、需求偏好相似理论、产品生命周期理论、产业内贸易理论等新自由贸易理论；另一方面，介绍了重商主义理论、保护幼稚工业论、对外贸易乘数论等传统保护贸易理论和国家竞争优势理论以及战略性贸易理论等当代保护贸易新理论。在国际贸易政策方面，主要介绍了国际贸易政策的概念和自由贸易政策、保护贸易政策等的基本类型，发达国家国际贸易政策的演变和发展中国家国际贸易政策的演变。

思考题

1. 试述重商主义的要旨。
2. 试论述绝对优势理论的核心内容。
3. 比较绝对优势理论与比较优势理论的异同，并据此说明比较优势理论的进步之处。
4. 试论述要素禀赋理论内容。
5. 何谓里昂惕夫之谜？如何解释？

第三章　国际贸易政策与措施

学习目标

- 了解关税的基本含义、特点、作用和分类，并能够运用相关知识分析征收关税的经济效应；
- 了解非关税壁垒含义、特点与种类，重点掌握配额等措施的经济效应分析；
- 了解鼓励出口措施的种类与含义；
- 了解贸易救济相关措施，尤其是结合中国实际情况，掌握倾销与反倾销相关内容。

第一节　国际贸易政策

一、国际贸易政策概述

（一）国际贸易政策的概念

国际贸易政策是指各国在一定时期内对进口贸易和出口贸易所实行的政策。一般说来，国际贸易政策主要包括三个方面的内容：第一是国际贸易的总政策，其中包括进口总政策和出口总政策，它是从整个国民经济出发，在一个较长的时期内实行的政策；第二是进出口商品总政策，它是根据国际贸易总政策和经济结构、国内市场状况而分别制定的政策，例如有意识地扶植某些出口部门，或暂时限制某些种类商品的输入等；第三是国际贸易国别政策，它是根据国际贸易总政策和对外政治、经济关系而制定的国别和地区政策。上述三个方面是相互交织在一起的，不过由于国际和国内的形势变化，一国的国际贸易政策可能重点突出某一个方面。

（二）国际贸易政策的基本类型

从历史上看，国际贸易政策分为自由贸易政策和贸易保护政策这两种基本类型。自由贸易政策是指国家对国际贸易活动采取不干预或尽可能少干预的立场，对进口商品不设置障碍，让商品在国内外市场自由竞争，是一种开放性的贸易政策。保护贸易政策是指国家对国际贸易活动采取干预和管制的基本立场，设置各种贸易障碍来限制或禁止商品进口，保护本国的工业，采取各种政策手段来奖励或补助商品出口，从而刺激本国工业的迅速发展。随着世界经济的发展，国际贸易政策也从自由贸易政策和贸易保护政策之间几经演变。

二、发达国家的国际贸易政策演变

（一）自由贸易政策

18 世纪中叶至 19 世纪末，资本主义进入自由竞争时期。产业革命后，英国的产业迅速发展，确立了其“世界工厂”的地位。英国的产品在国际上具有很强的竞争力。工厂出口其工业制成品，同时进口自己所需的原料和粮食，英国迫切要求国内外政府放松对外贸活动的管制，实行贸易自由。到19世纪前期，自由贸易政策在英国取得胜利。

（二）保护贸易政策

美国和德国在19世纪与英国不同，推行的是保护贸易政策。这是因为这两个国家的工业发展水平不高，经济实力和商品竞争力都不强，不能和英国抗衡，需要采取强硬的手段和政策措施保护本国新兴工业的发展。在保护贸易政策的支配下，这两个国家实行了一系列鼓励出口和限制进口的政策措施（主要是保护关税措施），保护了本国经济的发展，在19世纪末20世纪初先后赶上或超过了英国的生产能力，走在了世界经济的前列。第二次世界大战后大多数国家，尤其是发展中国家，也实行保护贸易政策，以保护其新兴工业的发展。

（三）超保护贸易政策

超保护贸易政策是一种侵略性的保护政策，是垄断资本主义的产物。在19世纪末到第二次世界大战期间，资本主义处于垄断时期。这一时期，垄断代替自由竞争，成为一切社会经济生活的基础。这时西方各国普遍完成了产业革命，工业迅猛发展，世界市场竞争激烈，尤其是在1929年出现的经济危机之后，各国为了垄断国内市场，争夺国际市场，纷纷实行超保护贸易政策。超保护贸易政策不是保护国内幼稚工业以增强竞争能力，而是保护高度发展的工业以加强其国外市场的垄断地位。它不是消极地防御国外商品侵入国内市场，而是加紧垄断国内市场，侵占国外市场。超保护贸易政策保护的对象不是一般的工业资产阶级，而是垄断资产阶级。保护的手法除高关税以外，还有其他奖出限入的措施，如退税、补贴、低息贷款、出口担保等。

（四）贸易自由化倾向

第二次世界大战结束后，20世纪50年代到70年代，资本主义国家的经济不同程度地获得了恢复和发展，在第三次科技革命的推动下，国际分工朝着纵深方向进一步发展，跨国公司迅速发展，各国加强了相互之间的经济联系。这一切需要一个自由化的国际经济环境。而此时已成为世界经济头号强国的美国，为实现其对外扩张垄断资本和遏制苏联的政治战略，也主张在资本主义世界范围内实行自由贸易政策。这样，在美国的倡导与推动下，出现了贸易自由化倾向。

这一时期的贸易自由化倾向主要表现为减少关税壁垒和降低、撤销非关税壁垒两个方面。在关税方面，关税与贸易总协定成员国多次举行会谈，大幅降低了成员国相互之间的关税；欧洲经济共同体实行关税同盟，在共同体内部的成员国之间削减并最终取消了针对工业品和农产品的关税，对外则通过谈判达成协议减让关税；发达国家对部分发展中国家实施普遍优惠制，即对来自发展中国家和地区的制成品、半制成品的进口给予普遍的、非歧视的和单方面的优惠关税待遇。在非关税壁垒方面，原先实行进口配额、进口许可证、外汇管制等措施的国家随着其经济的恢复和发展，都不同程度上减少或撤销了这些非关税壁垒，促进了贸易的自由化。

与资本主义自由竞争时期的自由贸易相比，这一时期的贸易自由化倾向还有着诸多不同之处。第一，战后贸易自由化代表的不是一般工业资产阶级的利益，而是垄断资产阶级的利益；第二，战后贸易自由化是由美国倡导和推动的；第三，战后贸易自由化在生产和资本国际化的推动下在世界范围内得到了发展；第四，战后贸易自由化是一种有选择的自由化，发达国家之间的自由化高于其对发展中国家和社会主义国家的自由化，经济集团成员国之间的自由化高于其与非成员国之间的自由化，机器设备的贸易自由化高于工业品贸易的自由化，而工业品贸易的自由化又高于农产品贸易的自由化。

（五）新贸易保护主义政策

进入20世纪70年代后，一方面，长期以来一直倡导和推动贸易自由化的美国由于其经济地位和商品的国际竞争力出现相对衰落的迹象，不再愿意单方面地开放其国内市场；另一方面，1973年爆发的石油危机和随后而来的经济危机严重地冲击了资本主义各国的经济，使其转为低速增长，国内失业率剧增，市场问题日趋严重。在这种情况下，美国率先采取了贸易保护政策，其他国家也相继效仿美国，转向了贸易保护政策，贸易保护主义由此重新抬头并不断强化，被称为新贸易保护主义。

新贸易保护主义与历史上的贸易保护主义相比，有以下几个特点。

(1) 非关税壁垒成为限制进口的主要手段。关税与贸易总协定制约了各国利用关税壁垒，于是各国转为倚重非关税壁垒来限制进口。这一时期的非关税壁垒不仅包括各种传统形式，还增加了许多名目繁多的新形式。另外，非关税壁垒所保护的商品范围不断扩大，涉及农业、工业、服务业和高科技领域。

(2) 外贸政策的重点由原来的限制进口转向鼓励出口。为避免因限制进口而遭到其他国家的谴责和报复，各国纷纷采取了出口信贷、出口补贴和外汇管制等措施鼓励出口。

(3) 贸易壁垒从国家壁垒转变为集团壁垒，集团内部实行自由贸易，对非集团成员国则采用统一的贸易壁垒。

(4) 贸易政策向系统化、法制化方向发展，逐渐实现了管理贸易制度。管理贸易是介于自由贸易与贸易保护之间、又兼有两者特点的一种新的国际贸易政策，它在一定程度上遵循自由贸易的原则，但同时又利用本国的立法或国际协议来约束贸易伙伴国的行为，以达到限制某些商品进口、保护本国产业的目的。

三、发展中国家的国际贸易政策演变

第二次世界大战结束后，广大发展中国家先后取得了政治独立，开始自主制定经济政策，其国际贸易政策经历了由进口替代到出口替代的转变。

（一）进口替代

进口替代是指政府通过一些贸易保护措施，限制某些产品的进口，同时建立和发展本国同类产品的生产，逐渐以本国产品替代进口产品。进口替代分为两个阶段：第一阶段属于初级进口替代，主要发展初级消费品的生产；第二阶段属于高级进口替代，主要发展本国的原材料工业、机器设备制造业等基础工业和耐用消费品工业。进口替代常用的措施有：在一定时期内限制某些商品进口的数量和金额，削弱其对本国产品的竞争力；对进口商品征收高关税，其中对于消费品的税率较高，对中间产品和机器设备等资本品的税率较低；政府集中使用外汇，将外汇更多地分配给进口替代部门；采用高汇率，通过货币升值以减轻进口必需品所造成的外汇压力。

进口替代符合广大发展中国家迅速摆脱贫困、取得经济独立的强烈愿望，因此被许多发展中国家所采用。到20世纪60年代，进口替代已成为发展中国家占主导地位的经济发展战略。通过进口替代，许多发展中国家迅速发展了制造业，提高了生产能力，改善了经济结构，减少了对外依赖。然而，进口替代的保护政策也造成了许多问题，如国内产业成本高、效率低，缺乏国际竞争力；随着进口替代项目资本密集度的提高，需要进口越来越多的中间投入品和资本品，外汇支出大幅增加；国内市场容量有限，产业发展难以形成规模效应；进口替代产业难以带动国内其他相关产业的发展，不利于国家的工业化进程。

20 世纪 60 年代以后，由于进口替代的弊端日益突出，许多原先奉行这一战略的发展中国家或地区纷纷转向了出口替代。

（二）出口替代

出口替代是指政府通过一系列措施促进本国出口工业的不断发展，用工业制成品的出口替代传统的初级农矿产品的出口，从而增加外汇收入，推动本国的工业化进程。出口替代所采取的措施主要有：政府对出口企业给予津贴以及税收等方面的优惠，以增强其国际竞争力，鼓励其出口产品；允许出口部门保留一定的外汇收入自主使用；建立出口加工区和自由贸易区，积极利用外国的资金、先进技术和管理经验，以促进本国制成品的生产和出口。

与进口替代相比，出口替代具有下列优势：立足于国内和国际两个市场，使资源达到优化配置；参与国际竞争，有力地促进本国生产率的提高；出口产业有效地带动国内其他相关产业的发展，提高了就业和收入水平；增加了外汇收入，改善了国际收支。

在出口替代的推动下，一些发展中国家特别是新兴工业化国家和地区的经济得到了新一轮的迅速发展。但是，出口替代也加深了这些国家和地区经济对外依赖的程度，国民经济结构难以取得平衡。

改革开放以来，中国实行了以“引进来”为主的战略，使我国经济逐步与世界接轨，有效地利用大量的国际资金、先进技术和管理经验，从而加快了我国经济的发展，增强了我国企业的竞争力。“引进来”战略的成功，为“走出去”创造了条件。“走出去”是企业发展的必然趋势，面对滚滚而来的经济全球化的浪潮，我国企业只有“走出去”，才能不断提高国际竞争能力，充分利用两种资源，最大限度享受经济全球化带来的利益。国际贸易政策是一国经济政策的重要组成部分。国家在不同的时期，会依据经济与政治形势的不同情况来选择其国际贸易政策。

第二节　关税的概述

一、关税的含义

关税（Tariff）是由国家海关当局对本国进出口商出入关境的商品征收的一种赋税。早在古希腊雅典时代就出现了关税，到资本主义社会关税制度普遍建立，并一直延续到今天。

关境是海关征收关税的领域，它是海关所管辖和执行有关海关各项法令和规章的区域。

在通常的情形下关境与国境是一致的。但存在自由贸易区等情形下，这些区域不属于征收关税的范围，这时国境大于关境。在几个国家组成区域一体化组织时，如关税同盟、共同市场等，这些组织对内取消贸易限制措施，对外统一关税，此时关境大于国境。

二、关税的特点

关税是税收的一种，国家财政收入来源之一，因而与其他税种一样，具有“三性”：强制性、无偿性和固定性。除此之外，关税还有以下一些特征：

1. 关税是一种间接税

关税不同于以纳税人的收入和财产作为征收对象的直接税。关税是由进出口商交纳的，但作为纳税人的进出口商可以将关税作为成本的一部分，分摊在商品的价格上，最后转嫁到消费者身上，因而是一种间接税。

2. 关税的税收主体和客体分别是进出口商和进出口商品

当商品进出关境的时候，进出口商根据海关法向当地海关缴纳关税，他们是关税的纳税人，也即税收主体。关税的客体是进出境的货物，海关对不同的进出口商品制定不同的海关税则，征收不同的关税。

3. 关税是对外贸易政策实施的主要措施

一般而言，关税措施体现一个国家的对外贸易政策，税率的高低，体现一个国家与他国的经贸关系的紧密程度。不同性质的国家都可以利用关税这一手段保护本国市场，促进经济的发展。

4. 关税的征收机构是海关

海关是关税的法定征收机构，海关征收关税应当依法进行。

三、关税的作用

征收关税，如果税率适当且结构合理的话，会产生一些积极影响，有利于经济的发展；但如果征收不妥的话，也会产生消极的不利影响。

1. 积极方面

（1）增加财政收入。关税是税收的一种，也是财政收入的来源之一。作为财政收入作用的财政关税的税率视国库的需要和对贸易数量的影响而制定。随着工商业的发展，税源扩大，关税在财政收入中的比重下降。发达国家较低，一般为3%，发展中国家一般较高。

（2）保护本国的生产和市场。由于关税是一种间接税，税负可以转嫁，因而可以通过对进口商品征税，提高其价格，削弱进口商品相对本国同类商品的竞争力，对本国同类或类似商品实施保护以免受损害，但是这对于本国的消费者而言是不利的。进口商品价格提高，本国同类产品价格也会提高，增加国内厂商生产的数量，但是这种增加的数量是一种无效率的生产。对出口商品征税，可以缩减国内紧缺商品的输出，防止本国紧缺资源的大量流失，保证国内市场的充分供应。

（3）调节国内经济。利用关税税率的高低或减免，影响进出口企业的利润，调节某些商品的进出口量，保持市场供求平衡，稳定国内市场价格，保持国际收支平衡。例如，当贸易逆差过大或顺差过大，征收进口附加税或减免关税，以减少进口数量和外汇支出或扩大进口缩小贸易顺差。

2. 消极方面

（1）加重消费者的负担。由于关税是一种间接税，进出口商可以依据供给需求弹性的不同将全部或部分关税通过提高价格的方式转嫁给消费者承担，消费者的福利水平实际上是下降的。

（2）过度保护，会造成保护落后。适度保护有利于国内幼稚产业的成长，但是如果保护不当的话，使被保护的企业和产业产生依赖性，可能在一定程度上造成低效率的生产者继续进行无效率的生产，不利于社会技术的进步，也是社会生产的一种福利损失。

（3）影响进出口贸易的发展，可能恶化贸易伙伴间的友好关系。由于关税措施会给对方产品的进出口造成一定的障碍，影响一国的贸易条件，对方同样会采取相应的措施保护本国的利益，进而相互地采取报复措施。

（4）有些商品由于征税过高使国内外差价过大，易形成走私。走私是一种国际间的违法活动，通常是指违反一个国家（地区）的法令，非法运输物资进出境的行为。

四、关税的分类

（一）按征收对象和商品流向分为进口税、出口税和过境税

1. 进口税

进口税（Import Duties）是进口国家海关在外国商品直接进入关境，或者在外国商品从自由贸易区、自由港或海关保税仓库等提出运往国内市场销售时，根据海关税则，对本国进口商所征收的关税。进口税是关税中最主要的一种，是执行关税保护职能的主要工具。通常所提到的关税壁垒（Tariff Barrier）就是指进口税，对进口商品征收高额的关税，而征收的关税一般可以转嫁到商品的成本价格上，以阻挡外国低廉商品的进入。进口税一般在办理海关手续时征收，中国的平均关税水平已从 2001 年加入世贸组织时的 15.3%降至 2018 的 5%左右。

《中华人民共和国进出口关税条例》第九条将进口关税设置为最惠国税率、协定税率、特惠税率、普通税率、关税配额税率、普惠制税率等税率。

（1）最惠国税率（MFN Tariff）是给惠国给予受惠国或者与该受惠国有确定关系的人或物的优惠，不低于该给惠国给予第三国或者与第三国有同样关系的人或物的待遇，最惠国税率适用于从与该国签订有最惠国待遇条款的贸易协定的国家或地区所进口的商品。因此，这种形式的关税减让是互惠的、双向的。最惠国待遇既存在国家之间，也通过多边贸易协定在缔约方之间实施，现在主要适用于 WTO 成员间所进口的商品。最惠国税率低于普通税率，但高于特惠税率。第二次世界大战后，大多数国家都加入了 GATT/WTO 或者签订了双边贸易条约或协定，相互给予最惠国待遇。因此，最惠国税率通常称为正常关税税率。

（2）协定税率（Conventional Tariff）是一国根据其与别国签订的贸易条约或协定而制订的关税税率。协定税率适用原产于中国参加的含有关税优惠条款的区域性贸易协定的有关缔约方的进口货物。协定税率是相对于国定税率而言的，它不仅适用于协定的签订国，且适用于享有最惠国待遇的国家。

（3）特惠税率（Preferential Duties）又称为优惠税，对某国或地区进口的全部商品或部分商品给予特别优惠的低关税或免税待遇。但不适用于从非优惠国家或地区进口的商品。有的是互惠的，有的不是互惠的。一般而言特惠税是宗主国与殖民地之间的特惠税，是殖民主义的产物。英国、法国、荷兰、比利时、美国都实行过，最著名的是英联邦特惠税以及洛美协定国家之间的特惠税，其目的主要是保证宗主国在殖民地市场上占优势。

（4）普通税率（General Tariff）适用于没与本国签订贸易协定的国家和地区，或签有协

议但不享受优惠关税的某些商品，如农产品和某些敏感性商品，最高可达百分之几百。适用于无任何优惠协定的国家的进口货物，还有原产地不明的进口货物。普通税率比优惠税率高1~5倍，少数商品甚至高10倍、20倍，因而是歧视性税率，最高税率。在我国的海关税则中规定，对产自与中华人民共和国未订有关税互惠条款的贸易条约或协定的国家的进口货物，按照普通税率征税。

（5）关税配额税率（Tariff Quota Rates）是指关税配额限度内的税率。关税配额是进口国限制进口货物数量的一种措施，把征收关税和进口配额相结合以限制进口。对商品的绝对数额不加限制，而在一定时间内、在规定的关税配额以内的进口商品给予低税、减税或免税的待遇，对超过配额的进口商品则征收较高的关税、附加税或罚款。进口国对进口货物数量制定数量限制，对于凡在某一限额内进口的货物可以适用较低的税率或免税，但关税配额对于超过限额后所进口的货物则适用较高或一般的税率。它按商品的来源可分为全球性关税配额和国别关税配额；按征收关税的优惠性质可分为优惠性关税配额和非优惠性关税配额。

（6）普惠制税率（GSP Tariff），日本称特惠税率（SP），加拿大称普惠税率（GPT），是发达国家向发展中国家单方面提供的优惠税率，在最惠国税率的基础上进行减免，因而是最低税率。普遍优惠制是发展中国家在联合国贸易与发展会议上进行了长期斗争，于1968年3月联合国第二届贸易与发展会议上通过了建立普惠制的决议后取得的。在该决议中，发达国家承诺对从发展中国家或地区进口的商品，特别是制成品和半制成品，给予普遍的、非歧视性的和非互惠的优惠关税待遇。普惠制的目的是增加发展中国家的外汇收入，促进发展中国家的工业化，提高发展中国家的经济增长率。普遍的、非歧视的、非互惠的是普惠制的基本原则。各给惠国为了保护自己的利益，都在其制定的普惠制方案中作了种种限制性规定，如：对受惠国或地区规定；对受惠商品范围规定等。目前，实施普惠制的工业发达国家即给惠国有28个，享受普惠制待遇的受惠国已有170多个。自1978年下半年以来，先后有21个工业发达国家宣布给予中国这一关税优惠待遇，美国是至今仍未给予中国普惠制待遇的唯一一个西方发达国家。

2. 出口税

出口税（Export Duties）是出口国家的海关对本国产品输往国外时对本国出口商征收的关税。目前，大多数国家不征收出口税，一般是最不发达的国家才征收。《中华人民共和国进出口关税条例》第九条规定：出口关税设置出口税率，对出口货物在一定期限内可以实行暂定税率。征收出口税的目的主要在于：一是增加财政收入，此目的的税率较低，一般在1%~5%，被征收的商品在国际市场上具有较强的竞争力，具有独占或支配的地位；二是为保护国内生产和保障本国市场供应，对某些出口原料征收，限制国内初级原材料流向国外，或为防止无法再生的资源枯竭，或为保障本国所需的粮产品供应，以保证对国内相关产业的供应。例如中国对钨砂、硅铁征收出口税。

3. 过境税

过境税（Transit Duties）又称通过税，一国对通过其关境或领土而运往另一国的外国货物所征的关税。1921年，资本主义国家在巴塞罗那签订的自由国境公约上包括废除一切过境税的条款。第二次世界大战后，大多数资本主义国家不征过境税，后相继废除。

（二）按征税目的分为财政关税、保护关税和收入再分配关税

1. 财政关税

财政关税（Revenue Tariff）又称收入关税，是为增加国家财政收入而征收的一种关税，税率较低。经济发展水平较低的发展中国家会征收以财政收入为目的的关税，因为经济落后，国内直接税税基较少，关税收入成为主要的财政收入来源。征收以财政收入为目的的关税，其进口商品必须是国内不能生产或无替代品而必须从国外进口的商品，同时征税的进口商品国内必须有大量的需求，且弹性较低，否则会产生进口产品的替代或自己生产，也会因为价格的上升导致需求的减少，从而起不到增加收入的目的。

2. 保护关税

保护关税（Protective Tariff）是为了保护国内幼稚产业或竞争力比较弱的商品行业，促进幼稚产业发展而设置的关税。保护关税税率都很高，越高越能达到保护的目的，有时高到百分之几百。当税率高至使国内价格与世界市场价格之差消失甚至进口品价格高于本国同种产品价格时，可以使得进口行为无利可图而停止，成为禁止关税。

3. 收入再分配关税

收入再分配关税（Redistribution Tariff）是税率的高低看进出口商品的实际情况定，以调节国内各阶层收入差距为目的而设置的关税。例如，对奢侈品进口征收高额关税，而对生活必需品进口征收低关税或免征关税；对进口有暴利的商品征收高关税，而对进口低利或无利的商品征收低关税或免征关税。

（三）按差别待遇和特定的实施情况分为进口附加税和差价税

1. 进口附加税

进口附加税（Import Surtaxes）是进口国家对进口商品除了征收一般的进口税，还往往根据某种目的加征进口税。进口附加税是临时性的，目的主要是为了应付国际收支危机，维持进出口平衡，防止外国商品低价倾销，对国外某个国家实行歧视和报复等，所以又称特别关税。1971 年 8 月 15 日，美国为了应付国际收支危机，实行新经济政策，宣布外国进口商品一律征收 10% 的进口附加税，以限制商品进口。进口附加税可对所有国家征收，也可针对个别国家征收，针对个别国家的进口附加税主要有以下两种：反补贴税（Counter - vailing Duty）和反倾销税（Anti - dumping Duty）。

2. 差价税

差价税（Variable Duty）又称差额税，当某种国内生产的产品国内价格高于同类进口产品的价格时，为了削弱进口商品的竞争力，保护国内工业和国内市场，按国内价格与进口价格之间的差额征收的关税，就叫差额税。差额税随国内外价格差额的变动而变动，是一种滑动关税（Sliding Duty）。

（四）按征税的一般方法或征税的标准分为从量税、从价税、混合税和选择税

1. 从量税

从量税（Specific Duty）是按照商品的重量、体积、数量、容量、长度和面积等计量单位为标准计征的关税。从量税的计算公式为：

应纳税额 = 货物数量 × 单位税额

征收从量关税的特点是手续简便，可以无须审定货物的规格、品质、价格，便于计算。对标准化的商品运用和掌握很方便，如果税率确定，税额与商品数量成正比关系，与商品价

格没有直接关系。在实际贸易中，如果商品价格下降，关税的保护作用增强；如果价格上涨，关税的保护作用反而下降。

2. 从价税

从价税（Advalorem Duty）是按照商品的价格为标准计征的关税，其税率表现为货物价格的百分比。从价税的计算公式为：

税额 = 商品总值 × 从价税率

从价税额与商品的价格有直接的关系，它与商品价格的涨落成正比关系，它的保护作用也与商品的价格直接相关。与从量税相比，其优越性在于能适应各种不同的商品，尤其是不同规格的工业制成品。

按从价税计征关税，其关键而又复杂的问题是如何确定商品的完税价格（完税价格是经海关审定作为计征关税依据的货物价格）。

确定完税价格的标准大体有四个：

（1）以到岸价格（CIF）作为征税价格标准；

（2）以离岸价格（FOB）作为征税价格标准；

（3）以法定价格作为标准；

（4）以实际成交价格作为标准。

3. 混合税

混合税（Compound Duty，Mixed Duty）也称复合税，是对某种商品同时使用从量税和从价税，既从量又从价。混合税常常应用于耗用原材料较多的工业制成品。混合税有两种形式：一是以从量税为主加征从价税，例如，美国对男士开司米羊绒衫（每磅价格在 18 美元以上者）征收混合税，从量税为每磅 37.5 美分，从价税为 15.5%；二是以从价税为主加征从量税，日本则规定对价格 6000 日元以下的手表进口征收从价税 15%，再加征从量税每只 150 日元。

混合税计算公式为：

混合税额 = 从量税额 + 从价税额

4. 选择税

选择税（Alternative Duty）是一种进口商品同时规定从量和从价两种税率，由海关选择。海关一般情况下选高的，但有时鼓励出口，也选税率低的。例如：日本对其坯布进口征收协定关税 7.5% 或 2.6 日元/平方米，征收其高者。又如，印度对含酒精的饮料进口规定从量每公斤 0.60 卢比，从价税 170%，择高而征。

此外，欧盟对农畜产品采用滑动关税（差价计征），具体做法是：先确定“指标价格”，扣除运杂费，计算“门槛价格”，然后根据“门槛价格”与 CIF 进价的差额征收关税。

五、关税税则

（一）含义

关税税则（Tariff Tax Regulations），又称海关税则，海关凭以征收关税，是关税政策的具体体现。它是一国对进出口货物计征关税的规章和对进、出口的应税与免税货物加以系统分类的一览表。关税税则包括海关课征关税的规章条例及说明和关税、税率。

（二）税则种类

1. 根据关税税率栏目的多少，海关税则可分为单式税则和复式税则

单式税则又称一栏税则，是只有一栏税率的海关税则制，在这种税则中每个栏目只有一种税率，适用于来自任何国家的商品，没有差别待遇。它是海关最早时期开始使用、比较简单的税则制。后来，因为国际经济贸易关系逐渐复杂，出现了协定税率、优惠税率和最惠国待遇税率等，一栏税率不能满足需要，因此出现了复式税则制。目前只有极少数国家如巴拿马、肯尼亚等还在使用单式税则。

复式税则又称多栏税则，是具有多栏税率的海关税则制。在这种税则中每个税目订有高低不同两个以上的税率，对来自不同国家的相同进口商品适用不同的税率。美国税则有两栏，第一栏是优惠税率，第二栏是普通税率，日本税则有四栏，欧共体税则有五栏，我国税则实行两栏式，设普通税率和优惠税率两栏。因各国经贸关系日趋复杂，1860 年英法商约中使用了协定税率，其后还出现了特惠税率、最惠国待遇税率等，税则中必须把这些有关税率在税则中列出，因此出现了两栏税则、三栏税则……多栏税则。目前为各国海关普遍使用。

2. 根据制定者的不同分为国定税则和协定税则

国定税制，也称自主税则，是根据一个国家的主权，在关税完全自主的基础上指定的关税税率，并有权加以变更的海关税则，目前大多数国家，大多数商品的税率都属于国定税率。有单一税率和复税率两种。

协定税则是两国对若干种有利害关系的商品经过谈判以条约或协定形式确定，一方不能单独更改，是一国依据其与别国签订的贸易条约或协定，按缔约双方或多方共同商定的税率制定的关税税则。通常协定税则是按互惠原则制定的，税则中列入的税率是由条约或协定的缔约双方或多方共同商定的，且此税率受协定或条约条款的制约，对缔约双方或各方具有约束力，不得单方面任意修改或撤销，因此也称此为受约束的税率。

（三）海关税则中的商品分类

目前国际上现存的两种有代表性的商品分类标准分别是海关合作理事会制定的《海关合作理事会商品目录》（21 类，99 章，1097 目）和联合国制定的《国际贸易标准分类》(10 类，63 章，233 组，786 分组，1924 目)。

海关合作理事会制定的商品目录是以商品的加工程度为分类依据，便于征税、纳税，而联合国制定的《标准分类》是以商品自然属性为主要分类依据，目的是便于进行进出口贸易统计。为了把《海关合作理事会商品目录》和《国际贸易标准分类》两套标准协调起来，海关合作理事会牵头组织，经过十几年的努力，于 1983 年通过了“协调商品名称与编码制度”，简称“协调制度（Harmonized System，HS)”，它除了用于海关税则和贸易统计外，对运输商品的计费、统计、计算机数据传递、国际贸易单证简化以及普遍优惠制税号的利用等方面，都提供了一套可使用的国际贸易商品分类体系。HS 于 1988 年 1 月 1 日正式实施，每 4 年修订 1 次。世界上已有 150 多个国家使用 HS，全球贸易总量 90% 以上的货物都是以 HS 分类的。我国也从 1992 年开始正式实施以 HS 为基础的新的海关税则。

联合国对国际贸易商品通常按《国际贸易标准分类》（SITC）划分为两大类，一类是初级产品，另一类是工业制成品。

初级产品类包括：①食品及主要供食用的活动物；②饮料及烟类；③非食用原料（燃料除外）；④矿物燃料、润滑油及有关原料；⑤动植物油、脂及蜡。

工业制成品包括：①化学品及有关产品；②按原料分类的制成品（包括钢铁、有色金属、纸张和纺织品等）；③机械及运输设备；④杂项制品（包括鞋、服装和家具等）。

第三节　非关税壁垒

一、非关税壁垒的概述

非关税措施（Non - Tariff Measures，NTM），也称作非关税壁垒（Non - Tariff Barriers），是所有导致外国与本国相同或类似产品受到不平等待遇的公共条例和政府实践。

非关税措施可与关税壁垒一样起到限制进口的作用，但是非关税措施与关税相比有着不同的特点，归纳起来有以下几个方面。

（一）非关税壁垒比关税壁垒具有更大的灵活性和针对性

关税制定一般要经过立法程序，关税一经确定后就具有一种稳定性和连续性，因此关税对经济条件的变化反应比较迟缓，缺乏弹性。关税税率的制定必须经立法程序，具有一定的严肃性和持续性，同时受国际条约的限制。而非关税措施中虽然也有一些法制化的措施，但更多的是具有临时性的行政性措施，建立和实施比较灵活、迅速，可以根据经济条件变化采取相应措施，较富有弹性。非关税壁垒的制定属行政程序，制定快且针对性强。例如可以根据实际需要，临时采用外汇管制手段，调节进出口。

（二）非关税壁垒比关税壁垒具有隐蔽性和歧视性

一般说来，关税税率确定后，往往以法律形式公布于众，依法执行。出口商通常比较容易掌握有关税率，但是，一些非关税壁垒措施往往不公开，或者规定极为繁琐复杂的标准和手续，使出口商难以对付和适应。以技术标准而论，一些国家对某些商品质量、规格、性能和安全等规定了极为严格、繁琐和特殊的标准，检验手续繁琐复杂，而且经常变化，使外国商品难以对付和适应，因而往往由于某一个规定不符，使商品不能进入对方的市场销售。同时，一些国家往往针对某个国家采取相应的限制性的非关税壁垒措施，其结果，大大加强了非关税壁垒的差别性和歧视性。

（三）非关税壁垒比关税壁垒更能直接达到限制进口的目的

关税壁垒是通过征收高额关税，提高进口商品的成本和价格，削弱其竞争能力，间接地达到限制进口的目的。如果出口国采用出口补贴、商品倾销等办法降低出口商品成本和价格，关税往往难以起到限制商品的进口的作用。但一些非关税措施如进口配额等预先规定进口的数量和金额，超过限额就直接地禁止进口，这样就能把超额的商品拒之门外，达到关税未能达到的目的。

二、非关税壁垒的分类

（一）数量限制

数量限制包括进口配额制、自动出口配额制和进口许可证制度。

1. 进口配额

进口配额是一国政府在一定时期内对某种商品进口数量或金额所规定的直接限制。在规定以内的货物可以进口，超过配额不准进口，或者征收了高额的关税或罚款后才能进口。

（1）绝对配额。绝对配额（Absolute Quota）是在一定时期内，对某些商品规定一个最高的进口数量或金额，一旦达到这个最高数额就不准进口。绝对配额又分为全球和国别两种形式。全球配额（Global Quotas）是属于全球范围内的绝对配额，即对于来自任何国家和地区的商品一律适用，进口国主管当局通常按进口商申请先后或过去某一时期的实际进口额批给一定的额度，直至总配额使用完为止，超过总配额就不准进口。国别配额是在总配额内按国别或地区分配给固定的配额，超过给各国或地区规定的配额便不准进口。实行国别配额可以使进口国根据它与有关国家或地区的政治经济关系分配给不同的额度。进口商必须提交原产地证书以区分来自不同的国家或地区的商品。

（2）关税配额。关税配额（Tariff Quota）是进口国对进口货物数量制定数量限制。对于凡在某一限额内进口的货物可以适用较低的税率或免税，但关税配额对于超过限额后所进口的货物则适用较高或一般的税率。关税配额按进口商品的来源可分为全球性关税配额和国别性关税配额。按征收关税的优惠性质可分为优惠性关税配额和非优惠性关税配额。

2. 自愿出口限制

自愿出口限制（Voluntary Export Restriction）又称“自动出口限制”或“自动出口配额制”，简称“自限制”。它是出口国在进口国的要求和压力下，“自动”规定在某一时期内某种商品对该国的出口配额，在限定配额内自行控制出口，超过配额即禁止出口，因此它带有明显的强制性。“自动”出口配额制一般有两种：一种是由出口国在进口国的压力下单方面决定向某一国家出口某种商品的数量或金额；另一种是出口国与进口国通过谈判签订的“自限协定”或“有秩序销售安排”，规定“自动”出口的限额。与进口配额不同，自愿出口限制不是由进口国直接控制进口配额来限制商品的进口，而是由出口国在进口国政府或行会的压力下“自愿”限制商品对指定国家的出口。

3. 进口许可证制度

进口许可证制度（Import License System）是一国政府规定某些商品的进口须事先申请领取政府有关机构颁发的许可证，否则不准进口的制度。进口许可制也可分为两种，一种是与进口配额制配合实施，对配额以内的进口商品发给许可证。例如，欧盟曾对蘑菇罐头的进口实行数量限制，每年在一定的数量范围之内签发特别许可证。配额内的商品在进口时必须出示证书；超量进口的商品则要交纳特定的附加税。另一种进口许可制则与配额无关，每笔进口都只在个别申请的基础上考虑是否发给进口许可证。由于进口许可制可以控制商品的每一笔进口，既便于控制，又易于灵活掌握，因此为各国政府所乐于采用。

（二）价格限制

1. 最低限价和禁止进口

一国政府规定某种商品进口最低价格，低于规定的价格时，就征收进口附加税或禁止进口。进口最低限价是指一国政府规定某种商品的最低价格标准。如果进口商品的价格也低于这一规定的最低价格，则对该类商品的进口征收进口附加税或禁止进口。进口最低限价的极端措施是对某些商品的完全禁止进口。此种措施在正常贸易下被 WTO 禁止。

2. 海关估计价制

海关估价是经海关审查确定的完税价格，也称为海关估定价格。进出口货物的价格经货主（或申报人）向海关申报后，海关需按本国关税法令规定的内容进行审查，确定或估定其完税价格。某些国家海关专断估价，加大进口商品的关税负担。美国最为突出，这种不合理的规定于 1981 年废止。

（三）国营及采购限制

1. 国营贸易

国营贸易又称为进口国家垄断，是国家（政府）所出资设立的或所经营的并具有进出口权的贸易企业所从事的具有强烈行政色彩的贸易活动，这里所指的进出口权是指由国家对国营贸易企业所特别授予的一种特权，具有排他性和垄断性。国家通过法律赋予国营贸易企业经营特定商品的进出口贸易权，实质上保证了政府对这些企业贸易活动的间接控制。这个做法在实践中一旦被滥用，便成为各国推行贸易保护主义政策、阻碍国际贸易自由化的工具。

2. 政府采购

政府采购，也称公共采购，是各级政府为了开展日常政务活动或者为社会公众提供公共物品和服务的需要，使用政府的财政性资金按照法定的方式和程序，为政府部门及其所属公共部门购买物资、工程或者服务的行为。政府采购是国家经济的一个部分，是政府行政的一项重要内容。

国营贸易与政府采购的区别是，对于政府采购而言，政府机构购买本国产品或进口产品是为了自己使用或消费；而在国营贸易中，进口产品是用来在国内市场上销售，购买本国产品也是为了对外国市场出口。世贸组织对国营贸易企业的主要要求是，在进行有关进出口的购买或销售时，应只以商业上的考虑作为标准，并为其他成员企业提供参与这种购买或销售的充分竞争机会。

（四）金融及税收控制

1. 外汇管制

外汇管制（Foreign Exchange Control）是一个国家或地区为了执行某一时期的金融货币政策，以政府法令形式对外汇买卖、国际结算、外汇汇率等方面采取的限制性行为或政策措施。

2. 预先进口存款制

预先进口存款制又称为进口押金制度，是一些国家规定进口商在进口时，必须预先按进口金额的一定比率和规定的时间，在指定的银行无息存放一笔现金的制度。这种制度无疑增加了进口商的资金负担，影响了资金的正常周转，同时，由于是无息存款，利息的损失等于征收了附加税。所以，进口押金制度能够起到限制进口的作用。

3. 利润汇出限制

利润汇出限制是东道国不允许外商投资企业或境外发行股票企业的利润或股息、红利汇出境外的制度。对于利润或股息、红利的汇出，事先须外汇局批准，持有关文件直接到银行办理即可；需要由银行将企业利润或股息、红利汇出情况上报所在地外汇管理局。

4. 各种国内税

国内税包括价差税、增值税、消费税等。

（五）技术性贸易壁垒

进口国在实施贸易进口管制时，以维护生产、消费以及人民健康为理由，通过颁布法律、法令、条例、规定等方式，对进口产品制定过分苛刻的技术标准、卫生检疫标准、环境标准、商品包装和标签包装，从而提高商品的技术要求，以限制进口的一种非关税。

第四节　鼓励出口和出口限制措施

一、鼓励出口措施

（一）出口补贴

出口补贴又称出口津贴，是一国政府为降低出口商品的价格，加强其在国外市场上的竞争能力，在出口某种商品时给予出口厂商的现金补贴或财政上的优惠待遇。“乌拉圭回合”达成“补贴与反补贴协议”，把名目繁多的补贴措施分为三大类。

（1）被禁止使用的补贴措施，即对进口替代品或出口品在生产、销售环节，直接间接提供的补贴。它直接扭曲进出口贸易，或严重损害别国经济利益。

（2）允许使用，但可提出反对申诉的补贴措施。它可在一定范围实施，但如在实施中对其他缔约国贸易利益造成严重损害，或产生严重歧视性影响时，受损的缔约方可以向实施补贴的缔约方提出反对，或提起申诉。

（3）不可申诉的补贴措施。它一般具有普遍适应性和发展经济的必要性，不会受到其他缔约方的反对或引起反措施。

（二）价格支持

价格支持又称最低价格或价格下限，是政府为了支持某一行业而规定的该行业产品的最低价格，这一价格高于市场自发形成的均衡价格。各国支持价格的确定方法不完全相同。以农产品为例，美国是根据平价率来确定支付价格的。平价率是农民销售农产品所得收入与购买工业品支持价格（包括利息、税款和工资）之间的比率，即工农业产品的比价关系。美国以 1910 – 1914 年的平价率作为基数来计算其他各年的平价率，按平价率来调整支持价格。法国是建立由官员、农民、中间商和消费者代表组成的农产品市场管理组织。由该组织确定目标价格（农民能得到的最高价格）、干预价格（支持价格）和门槛价格（农产品最低进口价）。当农产品低于干预价格时，政府按这一价格收购全部农产品。当农产品高于目标价格时，政府抛出或进口农产品。法国 95% 左右的农产品都受到这种价格支持。此外各国还有出口补贴等支持价格形式。

（三）商品倾销

商品倾销是出口商以低于正常价格的出口价格，集中地或持续大量地向国外抛售商品。这是资本主义国家常用的行之已久的扩大出口的有力措施。按照倾销的具体目的，商品倾销可以分为偶然性倾销、间歇性倾销和持续性倾销三种形式。

(四) 外汇倾销

外汇倾销是利用本国货币对外贬值的机会，向外倾销商品和争夺市场的行为。这是因为本国货币贬值后，出口商品用外国货币表示价格降低，提高了该国商品在国际市场上的竞争力，有利于扩大出口；而因本国货币贬值，进口商品的价格上涨，削弱了进口商品的竞争力，限制了进口。外汇倾销需要一定的条件，主要是本国货币对外贬值速度要快于对内贬值并且对方不进行报复等。

(五) 出口信贷

出口信贷是一种国际信贷方式，它是一国政府为支持和扩大本国大型设备等产品的出口，增强国际竞争力，对出口产品给予利息补贴、提供出口信用保险及信贷担保，鼓励本国的银行或非银行金融机构对本国的出口商或外国的进口商（或其银行）提供利率较低的贷款，以解决本国出口商资金周转的困难，或满足国外进口商对本国出口商支付货款需要的一种国际信贷方式。出口信贷名称的由来就是因为这种贷款由出口方提供，并且以推动出口为目的。可根据贷款对象的不同分为出口卖方信贷和出口买方信贷。

(六) 出口信用保险

出口信用保险是国家为了推动本国的出口贸易，保障出口企业的收汇安全而制定的一项由国家财政提供保险准备金的非营利性的政策性保险业务，承保国家风险和商业风险。其中，商业风险包括买方信用风险（拖欠货款、拒付货款及破产等）和买方银行风险（开证行或保兑行风险）。出口信用保险按出口合同对进口方的信用放账期长短不同分为短期出口信用保险和中长期出口信用保险。

(七) 出口信贷国家担保制

出口信贷国家担保制是一国政府设立专门机构，对本国出口商和商业银行向国外进口商或银行提供的延期付款商业信用或银行信贷进行担保，当国外债务人不能按期付款时，由这个专门机构按承保金额给予补偿。这是国家用承担出口风险的方法，鼓励扩大商品出口和争夺海外市场的一种措施。

(八) 经济特区

经济特区是在国内划出一定范围，在对外经济活动中采取较国内其他地区更加开放和灵活的特殊政策的特定地区。在我国，经济特区是中国政府允许外国企业或个人以及华侨、港澳台同胞进行投资活动并实行特殊政策的地区。在经济特区内，对国外投资者在企业设备、原材料、元器件的进口和产品出口，公司所得税税率和减免，外汇结算和利润的汇出，土地使用，外商及其家属随员的居留和出入境手续等方面提供优惠条件。

(九) 组织措施

为了扩大出口，许多国家在组织方面采取了各种措施：①成立专门组织，研究与制定进出口战略，扩大出口，例如，美国设立了总统贸易委员会和贸易政策委员会等，英国、法国和日本也设立了类似的机构；②建立商业情报网，加强商业情报的服务工作，例如英国设立的出口情报服务处；③组织贸易中心和贸易展览会，例如法国的巴黎博览会、我国的广州出口商品交易会；④组织贸易代表团和接待来访，例如，英国海外贸易委员会设有接待处，专门接待官方代表团和协助公司、社会团体来访，从事贸易活动；⑤组织出口的评奖活动，对扩大出口成绩显著者授予奖金（奖状）。

二、出口限制措施

（一）出口管制商品的范围

出口管制是国家通过法令和行政措施对本国出口贸易所实行的管理与控制。许多国家，特别是发达国家，为了达到一定的政治、军事和经济的目的，往往对某些商品，尤其是战略物资与技术产品实行管制、限制或禁止出口。

出口管制不仅是国家管理对外贸易的一种经济手段，还是对外实行差别待遇和歧视政策的政治工具。20世纪70年代以来，各国的出口管制有所放松，特别是出口管制政治倾向有所减弱，但它仍作为一种重要的经济手段和政治工具而存在。

（二）出口管制的目的

1. 政治与军事的目的

通过限制或禁止某些可能增强其他国家军事实力的物资，特别是战略物资的对外出口，来维护本国或国家集团的政治利益与安全。同时，也通过禁止向某国或某国家集团出售产品与技术，作为推行外交政策的一种手段。

2. 经济的目的

对出口商品进行管制，可以限制某些短缺物资的外流，有利于本国对商品价格的管制，减少出口需求对国内通货膨胀的冲击。同时，出口管制有助于保护国内经济资源，使国内保持一定数量的物资储备，从而利用本国的资源来发展国内的加工工业。

（三）出口管制的商品

需要实行出口管制的商品一般有以下几类。

1. 战略物资和先进技术资料

例如军事设备、武器、军舰、飞机、先进的电子计算机和通信设备、先进的机器设备及其技术资料等，对这类商品实行出口管制，主要是从国家安全和军事防务的需要出发以及从保持科技领先地位和经济优势的需要考虑。

2. 国内生产和生活紧缺的物资

出口管制国内生产和生活紧缺物资，其目的是保证国内生产和生活需要，抑制国内该商品价格上涨，稳定国内市场。例如西方各国往往对石油、煤炭等能源商品实行出口管制。

3. “需要 - 自动”限制出口的商品

需要“自动”限制出口的商品，是为了缓和与进口国的贸易摩擦，在进口国的要求或迫于对方的压力下，不得不对某些具有很强国际竞争力的商品实行出口管制。

4. 历史文物和艺术珍品

历史文物和艺术珍品限制出口，是出于保护本国文化艺术遗产和弘扬民族精神的需要而采取的出口管制措施。

5. 本国在国际市场上占主导地位的重要商品和出口额大的商品

对于一些出口商品单一、出口市场集中，且该商品的市场价格容易出现波动的发展中国家来讲，对这类商品的出口管制，目的是稳定国际市场价格，保证正常的经济收入。例如，欧佩克（OPEC）对成员国的石油产量和出口量进行控制，以稳定石油价格。

（四）出口管制的方式

一国控制出口的方式有很多种，例如可以采用出口商品的国家专营、征收高额的出口关税、实行出口配额等，但是出口管制最常见和最有效的手段是运用出口许可证制度，出口许可证分为一般许可证和特殊许可证。

1. 一般许可证

一般许可证又称普通许可证，这种许可证的取得相对容易，出口商无需向有关机构专门申请，只要在出口报关单上填写这类商品的普通许可证编号，经过海关核实后就可以办妥。

2. 特殊许可证

出口属于特种许可范围的商品，必须向有关机构申请特殊许可证。出口商要在许可证上填写清楚商品的名称、数量、管制编号以及输出用途，再附上有关交易的证明书和说明书报批，获得批准后方能出口，如不予批准就禁止出口。

第五节　贸易救济措施

一、倾销

（一）倾销含义

《1994 年关税与贸易总协定》第六条规定，如果在正常的贸易过程中，一项产品从一国出口到另一国，该产品的出口价格低于在其本国国内消费的相同产品的可比价格，也即以低于其正常的价值进入另一国的商业渠道，则该产品将被认为是倾销。

倾销在经济学领域则是指当某种产品大量而廉价地投向某一市场，造成该市场的波动，并导致该市场上的其他竞争者销售困难。产品销售者的这一行为就是倾销。

（二）倾销的形式

1. 按产品形态方面分

（1）有形商品倾销。有形商品倾销主要是第一产业、第二产业的农业产品和工业产品。

（2）无形商品倾销。无形商品倾销主要是服务贸易领域的倾销，包括金融服务、信息服务、咨询服务、运输服务等。无形商品倾销是该类服务费用以低于正常价值的价格进入另一国家的不正当行为。

2. 按时间长短分

（1）短期倾销。短期倾销包括偶发性倾销、突发性倾销、季节性倾销、转产性倾销和突击性倾销等，是出口商在短期内降价处理或转产时处理积压产品的行为以及出口商在一段时间内以排挤竞争对手为目的的突击销售行为。

（2）长期倾销。出口商产品以低于国内价格出售，但出口价格高于生产成本，采用规模经济来扩大生产，降低成本。这种长期以低于正常价值的价格向另一国市场销售其产品的方式就是长期倾销。

3. 按照倾销的方式分

（1）商品倾销。不完全竞争的大企业在控制国内市场的条件下，以低于国内市场的价格，甚至低于商品生产成本的价格，在外国市场抛售倾销商品，打击竞争者以占领市场。

（2）外汇倾销。外汇倾销是出口企业利用本国货币对外贬值的机会，争夺国外市场的

一种特殊手段。当一国货币贬值后，出口商品以外国货币表示的价格降低，提高了该商品的竞争能力，从而扩大了出口。

（3）间接倾销。间接倾销又称第三国倾销，是甲国出口商向乙国倾销产品，乙国工业未受到损害，乙国商人再将该倾销产品转售到丙国，并对丙国工业造成了损害。

4. 按照倾销的目的分

（1）偶然性倾销，又称偶发性或临时性倾销，是在不规则的间隔期内，偶然或临时发生的倾销。通常是由于国内市场容量有限、产品过剩或改营他业，国内无法销售完存货，外国出口商为了解决剩余产品的出路而对进口国进行不计成本的销售，不以掠夺国外市场为目的。

（2）掠夺性倾销，是在一定期限内，出口商以控制、占领国外市场为最终目的，以低于国内销售价格或低于成本的价格在国外市场销售，在挤垮竞争对手后再提高价格，通过垄断国外市场而获取垄断性利润。这种倾销是在一定时期内有系统地进行的，对进口国工业有危害，是一种不公平竞争行为，被各国反倾销法限制。

（3）连续性倾销，又称为长期性倾销，是指在相当长的期限内，出口商连续以低价向国外市场销售其产品。出口商通过在国外长期倾销保持其国内价格稳定，以维持规模生产，该倾销产品有可能得到政府的出口奖励、补贴。对进口国来说，由于某种产品的长期倾销，势必会损害该国生产该产品的国内产业；对于出口国而言，出口商之所以能向进口国长期倾销，是因为在本国高价销售其产品，本国消费者在间接补贴出口，整体上看，也无益于出口国的经济增长。

（三）实行倾销需具备的条件

1. 市场必须是不完全竞争

采取倾销行为的企业在本国市场上具有一定的垄断力量，企业可以在不同的市场上制定不同的价格，形成价格歧视。

2. 国内外市场必须相互隔离

出口国与进口国之间能保持价差，从而不存在从一国到另一国的商品套购。

3. 国内市场和国外市场具有不同的需求价格弹性

出口国企业在国内垄断地位较强，需求的价格弹性较低，可以制定高价；而外国的市场竞争比国内强，需求的价格弹性较高，具备压低价格的条件。

二、反倾销

（一）反倾销含义

倾销有利于进口国的消费者，但会损害进口国同类商品生产者的利益。在进口国的生产者的压力下，进口国的政府一般会采取反倾销政策。

反倾销是对外国商品在本国市场上的倾销所采取的抵制措施。一般是对倾销的外国商品除征收一般进口税外，再征收附加税，使其不能廉价出售，此种附加税称为反倾销税。例如，美国政府规定：外国商品当到岸价低于出厂价格时被认为商品倾销，立即采取反倾销措施。虽然在《关税及贸易总协定》中对反倾销问题做了明确规定，但实际上各国各行其是，仍把反倾销作为贸易战的主要手段之一。

（二）反倾销的条件

一国对原产于他国的进口产品征收反倾销，一般须满足以下几个条件。

1. 受调查产品的出口价格低于正常价值

正常价值也可称之为受反倾销调查的产品的基准价值。根据各国的反倾销法和 WTO 的反倾销协定，正常价值一般由与某种受调查产品相同或类似的产品在出口国或第三国市场的销售价格来确定，在特定情形下，也可以该相同或者类似产品的生产成本加合理费用、利润推算正常价值。

2. 生产相似产品的进口国某一国内产业受到法定的损害

相似产品包括受调查产品的相同产品或类似产品。前者系指其外部特征与被控倾销的产品在各方面都一样或近似的产品；后者系指与被控倾销的产品虽然不是在各个方面一样，但与其特征十分相似的产品。尽管各国法律规定有所差异，各国主管机关在确定进行价格比较的两种产品是否为相似产品时，都将考虑产品外观特征、性质、用途、技术特点及相互竞争性和产品可交换性是否相同或相似。

3. 低价出口与进口国国内产业之损害两者之间存在因果关系

由于出口国的低价出口行为事实上给进口国的国内相关产业造成损害，两者之间存在显著的关联性。

（三）倾销幅度的确定

倾销幅度即为出口价格低于正常价格的差额。因此，确定倾销幅度，关键是确定出口价格、正常价格以及两者之间的比较规则，具体有以下三种方法。

1. 出口价格

出口价格是出口商将其产品出口给进口商的价格。当不存在出口价格，或因出口商与进口商之间有总公司、分支公司或控股等关系使出口价格不可靠时，则可根据被指控倾销商品首次在进口国内向独立商人转售的价格。

2. 正常价格

出口国国内销售价格，是被指控倾销商品或与其相同的产品在调查期间，在出口国国内上市销售的价格或向第三国的出口价格。当不存在或无法确定倾销产品的国内销售价格时，进口国可采取倾销产品向第三国出口的可比价格确定正常价格。

3. 结构价格

结构价格是被指控倾销产品的生产成本加合理的管理费用、销售费用和一般费用以及利润作为出口产品的价格。当使用出口国国内销售价格和向第三国出口的价格均无法确定倾销商品的正常价格时，可以采用结构价格来确定。

此外，在确定实质性损害时，要考虑以下因素：

（1）无论是就绝对数量而言还是相对于进口国的生产或消费而言，倾销产品的数量是否构成了急剧增长；

（2）进口的价格对国内相同或相似产品的价格是否有巨大抑制或下降影响，并导致对进口产品需求的大幅度增长；

（3）进口产品对进口国国内产业相同或类似产品的生产商是否产生严重的影响或冲击。

（四）反倾销调查程序

反倾销调查程序包括申诉、立案、调查、裁决、复审等阶段。

1. 申诉

反倾销调查的启动一般应由进口方受到损害的行业或其代表向有关当局提交书面申请，这是反倾销调查的必要条件。一般情况下，进口方当局不会主动发起反倾销调查。进口方受到损害的行业或其代表向有关当局提交的申诉书应包括以下内容：申请人的身份、产品产量与价值、被指控产品所属国家及相关企业名称、被指控方产品在其国内的价格等。

2. 立案

进口方当局在确认申诉材料真实可靠，决定立案后，就要通知其产品遭到调查的成员方和调查当局所知道的有利害关系的各方，并予以公告。向被调查方发出的通知应当列明应诉材料的送达地点及时限等。

3. 调查

进口方当局在一定的期限内，对被告方的产品倾销幅度、对国内行业的损害以及两者之间的因果关系进行调查核实。一般情况下，反倾销调查应在 1 年内结束，无论何种情况不得超过从调查开始之后的 18 个月。在调查中，当事各方必须以书面形式提供证据，即使是听证会的口头辩论，事后也必须提交书面材料。给被诉方发出的调查表，要至少给予 30 天的期限回答问题（以发出之日起的 7 天为送达）。在调查期间，各利害关系方有权举行听证会为其利益辩护。为证实所提供信息的准确性，进口方当局可以在其他成员方境内进行现场调查。如果有关利害方不提供资料或者阻碍调查的进行，进口方当局可依据提起反倾销调查申诉的一方提供的资料做出裁决。调查当局有义务听取被诉倾销产品的用户及消费者发表评论。

4. 初裁与终裁

初裁是指在完全结束调查之前，调查当局如果初步肯定或否定有关倾销或损害的事实，可以对相关产品采取临时措施（临时措施只能在反倾销调查开始之日起 60 天后才能采取，实施期限一般不超过 4 个月，最长不超过 9 个月）。

终裁是指调查当局最终确认进口产品倾销并造成损害，从而对其征收反倾销税。如果征收反倾销税，数额不得超过倾销幅度，可以征收反倾销税直至抵消倾销损害，但最长不超过 5 年。

反倾销税一般不能追溯征收。但是，为了防止出口方在调查期间抢在进口方采取措施前大量出口倾销产品，反倾销守则也规定了在确实发生上述情况时，进口方当局可以对那些临时措施生效前 90 天内进入消费领域的产品追诉征收最终反倾销税。

5. 行政复审

反倾销税实行一段合理时间后，对于是否继续征税，进口方当局可以主动或应当事人的要求进行行政复审，以确定是否继续或中止征收反倾销税或价格承诺。在进口方当局初步确认存在倾销、损害及其因果关系后，如果出口商主动承诺提高有关商品的出口价格或者停止以倾销价格出口，并且得到进口方当局的同意，那么反倾销调查程序可以暂时中止或终止。

三、补贴与反补贴

（一）补贴的含义

补贴是指政府为了促进某些产业的发展，对这些产业的生产及产品进行财政补贴和实行优惠待遇以提高本国出口产品在国际市场上的竞争力和限制外国产品的进入。一般认为，政府实施补贴是不公平的竞争，也是一种贸易保护主义的新措施。

一般意义上的补贴包括：

（1）出口国（地区）政府以拨款、贷款、资本注入等形式直接提供资金，或者以贷款担保等形式潜在地直接转让资金或者债务；

（2）出口国（地区）政府放弃或者不收缴应收收入；

（3）出口国（地区）政府提供除一般基础设施以外的货物、服务，或者由出口国（地区）政府购买货物；

（4）出口国（地区）政府通过向筹资机构付款，或者委托、指令私营机构履行上述职能。

（二）补贴的类型

1. 生产补贴

生产补贴是政府为了促进某一产品的发展，给予生产企业的津贴。生产补贴可以使生产企业在商品价格低于生产成本时，仍能因有补贴而获得利润，有利于扩大该商品的生产规模或者使生产企业降低相当于所获得的补贴部分的生产成本，从而降低商品价格，提高商品在国际市场上的竞争力。生产补贴有以下三种形式：

（1）财政拨款。国家拨出部分财政资金归选定生产企业无偿使用，以财政资金为企业的生产创造条件或以财政资金来弥补企业的生产亏损。

（2）优惠贷款。银行对予以支持的生产企业提供低利率的贷款，增加信用放贷规模，延长贷款期限等。

（3）税收减免。国家对所支持的企业免收各种税收，减少税收种类或者提高企业各项税收的起征点等。

2. 出口补贴

出口补贴又称为出口津贴，是一国政府为了降低出口商品的价格，增强其在国际市场的竞争力，在出口某商品时给予出口商的现金补贴或财政上的优惠待遇。出口补贴也存在两种不同的形式：

（1）直接补贴，即政府在商品出口时，利用财政拨款直接付给出口商的现金补贴。

（2）间接补贴，即政府对某些商品的出口予以财政上的优惠，如退还或减免出口商品缴纳的税，对进口原料或半成品加工再出口给予免征或退还已交的进口税等。

3. 出口信贷

出口信贷是指一个国家为了鼓励商品出口，增强商品的竞争能力，通过银行对本国出口厂商或国外进口商提供的贷款。它是一国出口商利用本国银行的贷款扩大商品出口，特别是金额较大、期限较长的商品，如成套设备、船舶等出口的一种重要手段。出口信贷可以按以下两种方式进行分类：

（1）按贷款期限分为短期信贷（贷款期限在 180 天内）、中期信贷（贷款期限在 1～5 年内）和长期信贷（贷款期限在 5～10 年内或更长）。

（2）按借贷关系分为卖方信贷（出口方银行向出口厂商提供的贷款）和买方信贷（出口方银行直接向外国的进口商或进口方银行提供贷款）。

（三）反补贴

政府的出口补贴扭曲了世界市场的商品价值，直接损害的是相同商品的其他出口国和补

贴商品的进口国的生产者。因此，政府的出口补贴被认为是一种不正当的贸易政策。进口国因受到出口国补贴的进口商品的损害而征收反补贴税，以抵消出口国政府的补贴行为。

进口国政府在确认存在补贴时，征收的前提条件有两个：一是进口商品在生产、制造、加工、买卖、输出过程中接受了直接或间接的奖金或补贴；二是进口国国内某项已建成的工业造成重大损害或产生重大威胁，或对国内某一工业的新建造成严重障碍，且两个条件之间存在因果关系。

并非所有的补贴都是禁止的，WTO 相关规则给出了三类补贴形式：

(1) 禁止性补贴。禁止性补贴又称红灯补贴，《补贴与反补贴措施协议》明确地将出口补贴和进口替代补贴规定为禁止性补贴，任何成员不得实施或维持此类补贴。农产品出口补贴的削减由《农业协议》规定。

(2) 可诉补贴。可诉补贴又称黄灯补贴，是指那些不是一律被禁止，但又不能自动免于质疑的补贴。对这类补贴，往往要根据其客观效果才能判定是否符合世界贸易组织规则。

(3) 不可诉补贴。不可诉补贴又称绿灯补贴，根据反补贴协议规定，不可诉补贴是指不会招致其他成员方提起反补贴申诉的补贴。不可诉补贴包括两种：①不具有专向性的补贴，即那些具有普遍性的补贴，这种补贴不会引起基于世界贸易组织相关规定而引起的任何反补贴措施；②政府对科研、落后地区以及环保的补贴，即使具有专向性，也属于不可诉的补贴，但必须具备反补贴协议规定的条件。

第六节　我国对外贸易管理措施

一、对外贸易管理的经济调控手段

经济调控手段是国家通过调节宏观经济变量，对微观经济主体行为施加影响，并使之符合宏观经济发展目标的间接调控方式。经济手段是市场经济实际调控过程中的最主要、最常用的调控手段。经济手段主要包括两部分内容：一是经济政策体系，如财政政策、货币政策、产业政策和收入分配政策等；二是经济杠杆体系，如价格、税收、信贷、汇率等。外贸经济手段就是国家通过调节经济变量从而调节市场价格信号或市场价格信号的形成条件，来影响外贸领域的微观经济行为，并使之符合宏观经济发展目标的一切政策措施的总和。

(一) 充分发挥价格杠杆对外贸的调控作用

价格杠杆是国家通过一定的政策和措施促使市场价格发生变化，来引导和控制国民经济运行的手段。只能根据市场供求关系，按市场价格实现不同国家商品生产之间的等量劳动交换。为了充分发挥价格杠杆调节作用，我国必须尽快实现国内国际价格的接轨，必须加强对进出口商品价格的管理。

(二) 充分发挥税收杠杆对外贸的调控作用

税收杠杆是指国家运用税收参与国民收入的分配和再分配，通过对各经济主体行为发生影响，达到调节经济活动的手段。国家通过设置不同的税种、税目、税率等方式，体现鼓励和限制意图，调节产业和产品结构，调节进口，促进国民经济协调发展。我国现行的与发展进出口贸易关系密切的税收是增值税和关税，这是国家调节对外贸易的重要经济杠杆之一。

我国的对外贸易税收主要是通过征收进口关税和国内税来实行和完成的，而对出口税收则更主要地表现为出口关税的减免和出口退税。对外贸易税收具有强制性、无偿性的特点。由于对外贸易税收的涉外性，因此具有国内其他税种不可替代的作用。对外贸易税收可以保护一国在对外贸易交往中的利益，国家可以根据国民经济发展需要，运用对外贸易税收调节进出口商品结构、品种和数量，对外贸易税收可以增加一国的财政收入，为国家积累必要的建设资金。

（三）充分发挥信贷杠杆对外贸的调控作用

进出口信贷，是一国政府通过银行向进出口商提供贷款，以鼓励出口、确保进口的重要措施。信贷杠杆是国家根据国民经济运行状况，通过调节利率和确定不同的贷款方向、贷款数量、贷款成本，以控制和引导资金运动，调整国民经济有序运行的重要手段。在社会主义市场经济发展过程中，资金调节是支持对外经济贸易发展的重要经济手段。进出口信贷就是国家运用金融政策和金融手段支持和鼓励对外贸易发展的一项重要措施。我国进出口信贷的基本任务是按照国家发展社会主义市场经济的要求，根据国家有关政策和批准的信贷计划发放贷款，支持对外贸易的发展；同时发挥信贷的监督和服务作用，监督企业合理地使用信贷资金，协助外贸企业加强经济核算，提高经济效益。

（四）充分发挥汇率杠杆对外贸的调控作用

汇率杠杆是两个国家货币之间的比率对整个国家的生产、就业、物价、经济增长和国际收支平衡的调节作用。国家运用汇率杠杆影响进出口贸易总量与结构，从而影响国家资源的配置。国家通过汇率的变化影响资金的流入流出。1994 年以来我国进行的汇率制度改革，无论从深度、广度，还是从影响来看，都比以往的改革更为彻底和全面，实行以市场供求为基础的、单一的、有管理的浮动汇率制度，实行银行结汇售汇制，取消了外汇留成和上缴，取消国际收支经常性交易方面的外汇限制，实行货币的自由兑换，建立统一的银行间外汇市场。从 2005 年 7 月 21 日起，我国开始实行以市场供求为基础，参考一篮子货币进行调节，有管理的浮动汇率制度。

二、对外贸易管理的行政措施

对外贸易管理的行政措施是国家经济管理机关凭借其组织权力，采取发布命令、制定指令性计划及实施措施、规定制度程序等形式，按照自上而下的组织系统对对外贸易经济活动进行直接调控管理的一种手段。

（一）进出口配额管理

进出口配额管理，是国家在一定时期内对某些货物的进出口数量或金额直接加以限制的管理措施。即对某种商品规定具体的进口或出口数量，超过规定数量的商品则不允许进口或出口（或者虽然允许进出口，但要缴纳较高的关税）。进出口配额管理包括进口配额管理和出口配额管理。进口配额管理有两种管理方式，即进口配额管理和关税配额管理。出口配额管理根据实施的主动性可以分为主动配额管理与被动配额管理。我国目前采用的是配额与许可证结合使用的管理方式。国家实行统一的货物进出口许可制度，国家对部分货物在实行许可证管理的基础上实行配额管理，这部分商品在申领了配额证明后，还需凭借配额证明申请办理进出口许可证。这主要因为：一方面，配额证明只是表示对某些进出口商品在数量上进行的限制，而进出口许可证才是货物准许进出口的标志；另一方面，配额证明的发放部门是一个管理机关，而进出口许可证发放由商务部负责。

（二）进出口许可证管理

进出口许可制度是根据国家的法律、政策、对外贸易计划和国内外市场的需要以及世贸组织规则，对进出口商品品种、数量、技术实行管制的一种制度。从广义上讲，它是国家对进出口贸易的一种行政管理，包括进出口有关证件的审批程序、办理手续和管理要求。进出口许可制度是国家对外贸易宏观管理的重要举措，也是海关监管进出口货物、技术的重要依据。进出口许可证不得买卖、转让、伪造和变造。进出口许可分为三类：禁止进出口、限制进出口与自由进出口。除国家禁止的、限制的进出口货物和技术以外的其他货物，属于自由进出口范围的，其进出口不受限制。国家对部分进口货物还可以实行关税配额管理，配额管理和进出口许可证管理是进出口许可制度中重要的管理手段。

（三）海关管理

海关是国家的进出关境监督管理机关。海关监管是指海关依据国家法律、行政法规对进出关境的货物、物品、运输工具实施报关登记、审核单证、查验放行、后续管理、查处违法的行政监督管理职能。关境是国际上通用的概念，指适用于同一海关法或实行同一关税制度的领域。台湾、香港、澳门享有单独关境地位，因此，我国关境小于国境。海关依照海关法和其他有关法律、行政法规，监管进出关境的运输工具、货物、行李物品、邮递物品和其他物品，征收关税和其他税费，查缉走私，并编制海关统计和办理其他海关业务。

货物监管分为两种：一种是一般贸易货物进出境监管，包括对进口与出口货物、许可证管理货物、应税货物、限制进出口货物、禁止进出口货物的监管；另一种是特殊贸易货物进出境监管，包括对加工贸易货物，保税货物，暂时进出口货物，过境、转运、通运货物的监管。物品监管是指对进出境物品的监管，通常是非贸易性物品，所以应当以自用、合理数量为限；携带或邮寄国家限制进出境的物品、应税物品，应当向海关申报，接受海关查验。运输工具监管是指进出境运输工具必须向海关申报，并接受海关检查。

（四）外汇管理

外汇管理是一国政府授权国家货币金融管理当局或其他国家机关，对外汇收支、买卖、借贷、转移以及国际间的结算、外汇汇率和外汇市场等实行的管制措施。我国外汇管理的主管机关为国家外汇管理局。我国外汇管理的原则是：

（1）境内机构的经常项目外汇收入必须调回境内，不得违反国家有关规定将外汇擅自存放在境外；

（2）对贸易项下外汇支付不予限制，境内机构贸易项下用汇可以按照市场汇率凭相应的有效凭证和商业单据，用人民币向外汇指定银行购汇或从其外汇账户上对外支付；

（3）实行以事后监管为主的真实性审核，通过对银行付汇数据和进口报关到货数据的核对，审核进口付汇的贸易真实性；以出口收汇核销单为依据对出口外汇收入的真实性进行事后核查。

我国对外汇管理实行银行结汇制、银行售付汇制、出口收汇核销制度、进口付汇核销制度、贸易外汇账户管理制度等制度。

（五）进出口商品检验检疫管理

出入境检验检疫制度由进出口商品检验、动植物检疫和国境卫生监督组成。商品检验、动植物检疫、卫生检疫部门依据相关法律实施检验检疫，其主管部门是国家市场监督管理总局。《中华人民共和国对外贸易法》（下简称《对外贸易法》）规定："国家实行统一的商品合格评定制度，根据有关法律、行政法规的规定，对进出口商品进行认证、检验、检疫。"

（六）进出口商品原产地管理

原产地规则是指任何一国或地区为了确定原产地而实施的普遍适用的法律、法规及行政决定，分为全部原产地规则和部分原产地规则。全部原产地规则是经一国生产、开采、收获或利用该国天然出产的产品再改过制得的产品，其原产国为该国。例如中国生产的衣服，从纺织原料到布匹，到最后的衣服制成都是用中国的生产原料制成的，那么这个产品的原产国就是中国。部分原产地规则是用来判断含有进口成分产品原产地的规则，所采用的原产地标准为实质性改变标准。实质性改变标准是使用进口原料在一国国内进行主要的及最后制造和加工，是制成品在性质、形式或用途上产生了不同于进口原材料的永久性和实质性的改变。

三、对外贸易促进措施

我国《对外贸易法》第九章的内容是"对外贸易促进"，该部分主要规定了建立对外贸易促进机制的机构、方式和措施。国家通过进出口退税、出口信用保险以及其他对外贸易促进措施，发展对外贸易。

（一）公共商务信息服务

商务部根据《对外贸易法》建立对外贸易公共信息服务体系的要求，转变职能，利用信息技术为社会和广大群众服务的重要工作，并颁布和修订了一系列公共商务信息服务项目的管理办法和规定。正在执行的项目包括：中国商务门户网站的建设，对外经贸重大信息的采编加工，统计信息的发布与服务，《中国投资指南》《中国合作指南》《公共商务信息导报》的编撰与发行，中外合作网站的建设与交流，公共商务信息服务的推广，电子商务的应用与推广工程，公共信息服务资源中心的建设等。

（二）出口信贷

出口信贷是一种国际信贷方式，它是世界各国为支持和扩大本国大型设备的出口，加强国际竞争能力，由该国的出口信贷机构通过直接向本国出口商、外国进口商（或其银行）提供利率较低的贷款，或者是通过担保、保险等方式给予其满足国外进口商对本国出口商支付货款需要的一种融资方式。这种由国家组建的出口信贷机构鼓励本国金融机构对本国出口商、外国进口商、进口国的银行提供优惠贷款，甚至直接提供贷款就叫官方支持的出口信贷，通常简称为出口信贷。出口信用保险是国家政策性保险，它不以营利为目的，旨在鼓励发展出口贸易，并保证出口厂商因出口所受到的损失，能得到绝大部分补偿，使本国出口商在世界市场上与他国的出口商处于同等的竞争地位。

（三）出口退税

根据世贸组织的相关规则，出口货物实行零税率制度不被认为是贸易保护措施而加以限制，因此各国普遍对出口商品实行直接免税或出口后退税的所谓"零税率"政策。我国的出口货物退（免）税是指在国际贸易业务中，对我国报关出口的货物退还或免征其在国内各生产和流转环节按税法规定缴纳的增值税和消费税，即对增值税出口货物实行零税率，对消费税出口货物免税。增值税出口货物的零税率指：一是对本道环节生产或销售货物的增值部分免征增值税，二是退付出口之前采购货物与原材料的增值税。

本章小结

本章概括地介绍了国际贸易的基本理论和政策。在国际贸易理论方面，一方面简要地介绍了绝对成本理论、比较成本理论、相互需求理论、要素禀赋理论等古典自由贸易理论和规模经济理论、需求偏好相似理论、产品生命周期理论、产业内贸易理论等新自由贸易理论；另一方面，介绍了重商主义理论、保护幼稚工业论、对外贸易乘数论等传统保护贸易理论和国家竞争优势理论以及战略性贸易理论等当代保护贸易新理论。在国际贸易政策方面，主要介绍了国际贸易政策的概念和自由贸易政策、保护贸易政策等的基本类型，发达国家国际贸易政策的演变和发展中国家国际贸易政策的演变。

国际贸易措施分为关税措施、非关税措施与鼓励出口与出口限制措施等。关税措施主要介绍关税的含义、作用、分类及关税税则。非关税措施在当前国际贸易中运用得相当广泛，需要注意不同的非关税贸易壁垒之间的区别与联系。鼓励出口是一国发展经济的方法之一，需要了解常规鼓励出口的措施有哪些，哪些是 WTO 允许的，哪些又是被禁止的。贸易救济措施旨在维护国际贸易的公平和正常的竞争秩序，但是如今越来越多地被一些国家作为贸易保护的手段而加以滥用。我国的对外贸易管理措施主要有经济手段、行政手段及贸易促进措施等。

思考题

1. 关税与非关税壁垒的特点是什么?
2. 我国商品在世界市场上遭遇反倾销与反补贴的原因是什么?
3. 配额与自动出口限制之间的区别与联系是什么?
4. 关税措施与非关税措施的经济效应有什么区别与联系?
5. 一国鼓励商品出口的措施主要有哪些?
6. 什么叫外汇倾销？为什么具有促进出口，限制进口作用？外汇倾销可否无限制进行?
7. 请结合中国实际，阐述中国在对外贸易管理方面一般会采取哪些措施？各有哪些优缺点?
8. 各国制定国际贸易政策的主要目的是什么?
9. 国际贸易政策由哪几部分内容构成?

第四章 区域经济一体化理论与实践

学习目标

- 了解区域经济一体化的产生与发展以及相关组织实践；
- 掌握区域经济一体化的含义与分类相关理论；
- 运用相关知识，分析中国在区域经济一体化组织中的重要作用。

第一节 区域经济一体化概念及形式

“一体化”一词在经济意义上最早运用于有关产业组织的研究和讨论之中，通常是指企业的合并，并从中衍生出垂直一体化与水平一体化两种企业归并的组合方式。将一体化视作国家之间经济融合的观念是到20世纪50年代才形成的。由于地理上的关联是经济一体化的有利条件，因此，一体化首先大量呈现区域的形式。

一、区域经济一体化的产生与发展

最早的区域经济一体化组织要追溯到1241年成立的普鲁士各城邦之间的“汉撒同盟”，而现代的区域一体化组织是第二次世界大战以后逐步兴起，并且成为现代经济发展中的重要国际经济现象。第二次世界大战以后，各种区域性的一体化组织层出不穷，不同地区的不同国家为了一些原因而组成了各种一体化组织，总体上经历了萌芽、初创到发展、壮大几个时期。

区域经济一体化处于萌芽与初创阶段是从第二次世界大战后到20世纪60年代初。受到第二次世界大战的影响，各国国内经济处于恢复时期，而世界范围内，不同的地区不同国家，出于政治、经济等方面的考虑，以种种方式保护着国内的经济与贸易，区域经济一体化的出现正是适应了这一需要。1949年1月，苏联和东欧国家成立了经济互助委员会。1951年4月，法国、联邦德国等六国在巴黎签订《欧洲煤钢联合条约》，决定成立煤钢共同市场。1959年6月，英国等七国在斯德哥尔摩举行部长级会议，通过了欧洲自由贸易联盟草案，并在1960年1月签订《建立欧洲自由贸易联盟条约》，条约于同年5月生效，条约签订国组建成“欧洲自由贸易联盟”。1961年美洲成立了拉丁美洲自由贸易联盟与中美洲共同市场。

20世纪60年代中期到70年代中期，区域经济一体化进入了大发展阶段。经历了战后经济的恢复，各国的经济普遍得到了巨大的发展，一批新兴的工业化国家相继出现，发展中国家采取各种手段加快国内经济的发展。世界经济日益繁荣，国际贸易日益扩大，区域经济一体化出现了大发展。1973 年，英国与丹麦加入欧共体，极大地增强了欧共体的实力。在欧共体内部，1964 年建成共同农业市场，1968 年提前建成关税同盟，这些都标志着西欧的区域经济一体化的发展与壮大。1967 年成立的东南亚国家联盟，1969 年组建的安第斯条约组织，1975 年创立的西非经济共同体等。发展中国家建立了 20 多个区域经济和贸易组织，这些组织在局部地区进行着较为活跃的国际经济与贸易活动，加快了发展中国家进步。

20 世纪 80 年代中期以来，区域一体化出现了高涨而动荡的局面，在世界范围内不断扩大与加深。欧共体等一些组织不断吸收更多的成员国，一体化的范围广阔，程度加深，影响更大。1989 年美加自由贸易区以及 1994 年北美自由贸易区，说明美国已经参与到区域经济一体化进程中来，工业发达国家与发展中国家之间的区域一体化成为现实。1989 成立的亚太经济合作会议，在某种意义上说明一些新兴的工业化国家与发展中国家正在改变自己的经济发展战略，实现内向型到外向型的转变。

二、战后区域经济一体化的动力

第二次世界大战后，区域经济一体化发展并不是偶然的，而是有着深厚的历史、社会、政治与经济等方面原因的。

国家政治形势的改变是区域经济一体化组织发展的主要推动力。世界各国对两次世界大战进行了反思，并积极提出了各种保证和平与发展的措施。为了防止德国军国主义的复辟，为了应付国内外形势的改变，维护国家主权，同时对抗美苏两个超级大国，恢复与提高在国际舞台上的地位，西欧各国走上了联合的道路。发展中国家由于殖民体系瓦解，一大批殖民地国家取得独立，开始致力于民族经济的发展。但大多数发展中国家因为历史与现实原因，缺乏资金与技术，无力单独承担起重大的项目，同时，生产力水平低下，经济结构单一，国内市场狭窄，为了加快发展取得真正意义上的独立，这些国家纷纷成立一体化组织。

社会生产力高速发展，国际分工不断深化，经济生活国际化，推动了生产的社会化越出了一个国家、一个地区的范围，也促进了区域经济一体化。生产力的高速发展，更多的商品、资本、技术等进入国际交流，各国的经济联系需要进一步加强。然而各国贸易壁垒与独立的经济政策的限制，却阻碍了交流的进行，生产力的发展要求打破国界、克服国家之间人为的各种障碍。因此，发达国家之间的相互投资与相互贸易日益要求冲破民族与国家的障碍，使各种生产要素能够自由流动、优化配置，而组成区域经济一体化组织是一条捷径。

第二次世界大战后，欧洲国家出现了国际收支困难，通过建立起关税同盟，将竞争力较强的美国排除在外。发展中国家面对发达工业国的强大竞争，也会出现国际收支困难，采取一体化行动，成为一种现实的应对措施。而区域经济一体化本身还可以带来很多现实利益，例如高度的专业化生产可以提高劳动生产率，从而在国际分工中获得更多的比较利益。一体化组织的壮大，还可导致内部市场的扩大，并通过内部激烈的竞争来提高效益。例如，可以改善组织内部的经济结构与分工模式，从而在生产要素自由流动状态下，更有效地进行资源的合理配置。

三、区域经济一体化的含义

经济一体化（Economic Integration）一词的英文原意，是经济结成一个整体的意思。经济一体化最初用来表示企业间通过卡特尔、康采恩等形式结合而成的经济联盟。经济一体化活动的实践由来已久，早在15世纪欧洲资本主义萌芽时期，欧洲商人到其他大陆去经商时就已开始。作为一体化重要形式之一的关税同盟，也有数百年的历史。《新帕尔格雷夫经济学大辞典》所指出的：在日常用语中，一体化被定义为把各个部分结为一个整体。在经济文献里，“经济一体化”这个术语却没有这样明确的含义。这是因为：一方面，两个独立的国民经济体之间，如果存在贸易关系就可认为是经济一体化；另一方面，经济一体化又指各国经济之间的完全联合。也就是说，就广义而言，经济一体化是指世界各国经济之间彼此相互开放，形成一个相互联系、相互依赖的有机体的过程；从狭义的角度来说，经济一体化是指参与国为了共同利益而让渡部分民族国家的经济主权，由参与国集体行使这部分主权，实现国际经济调节的经济组织。就合作的程度而言，经济一体化既指两个以上的国家之间存在一定的经济联系（如贸易关系），也指两个以上的国家之间完全的经济联合。显然，从一定意义上讲，经济学上的地区经济一体化只是经济一体化的一种形式。具体到地区经济一体化本身的内涵，经济学界也存在许多分歧，可以把一些观点归纳为是指两个或多个国家或地区之间实行的某种程度的经济联合或共同的经济调节。要准确把握地区经济一体化的内涵，需要注意以下两点：

（1）要把地区经济一体化同一般的经济一体化区别开来。从内涵上讲，经济一体化是指不同国家或地区之间的经济一体化，这种经济一体化既可能是若干国家范围内的，也可能是世界范围内的。而地区经济一体化只是局部范围内的，即若干国家或地区之间的经济一体化，如我国的“长三角”经济区一体化。从外延上讲，地区经济一体化只是经济一体化的一种形式，除了地区经济一体化之外，经济一体化还存在另外一种形式——世界经济一体化，即整个世界范围内的经济一体化。

（2）既要静态地把握地区经济一体化，又要动态地理解地区经济一体化。即地区经济一体化既表示成员方之间某种程度的经济一体化的一种状态，也可视为成员方经济之间不断趋于一体化的一个过程。我国长三角经济区在实现一体化的过程中是以人才、质检和交通等方面的互通为前提的，而且随着世界经济一体化进程的发展在逐步地调整其内容。

四、区域经济一体化的种类

（一）按照贸易壁垒取消的程度或成员间合作的深度划分

1. 优惠贸易安排

优惠贸易安排（Preferential Trade Arrangement）是指在各成员间，通过签署特惠贸易协定或其他安排形式，对其全部商品或部分商品互相提供特别的关税优惠，对非成员国之间的贸易则设置较高的贸易壁垒的一种区域经济安排。这是经济一体化最低级和最松散的一种形式，商品流动的障碍并没有完全消除。最典型的例子是英国与其自治领成员加拿大、澳大利亚等国在1932年建立的英联邦特惠制。印度尼西亚、马来西亚、菲律宾、新加坡和泰国等东南亚国家联盟（ASEAN）成员从1977年起在成员国间实施的特惠贸易安排协议。此外，非洲木材组织、美加汽车产品协定等也属于这种类型。

2. 自由贸易区

自由贸易区（Free Trade Area）是指两个或两个以上的国家或行政上独立的经济体之间通过达成协议，相互取消进口关税和与关税具有同等效力的其他措施而形成的经济一体化组织。自由贸易区根据取消关税的商品范围不同又可分为两种具体形式：一是工业品的自由贸易区，即只取消成员国之间的工业品贸易关税；二是完全的自由贸易区，即取消成员国之间的全部工业品和农产品的贸易关税。自由贸易区的一个重要特征是在该一体化组织参加者之间相互取消了商品贸易的障碍，成员经济体内的厂商可以将商品自由地输出和输入，真正实现了商品的自由贸易，但这种自由只能在参与国或成员国之间。另一个重要特点是成员经济体之间没有共同对外关税，各成员经济体之间的相互取消关税并不妨碍各成员经济体针对非自由贸易区成员国（或第三国）采取其他的贸易政策，成员经济体之间没有共同的对外关税。自由贸易区最典型的例子是英国、奥地利、丹麦、挪威、葡萄牙、瑞典、瑞士于1960年形成的欧洲自由贸易联盟，以及1993年由美国、加拿大、墨西哥之间达成的北美自由贸易协定。2001年11月第五次“中国-东盟”领导人会议上，中国与东盟双方正式达成在10年内建立“中国-东盟自由贸易区”的协议也属于此列。

3. 关税同盟

关税同盟（Customs Union）是指在各成员经济体之间完全取消关税与其他贸易壁垒，并对同盟外国家与地区实行统一的关税税率而缔结的同盟。关税同盟在成员之间建立统一的关税税率，以使参与成员的商品在市场上处于有利地位而排除非同盟者商品的竞争。关税同盟的构想最早由19世纪德国经济学家李斯特提出的，1862年普鲁士等德国北部邦国成立的“德意志关税同盟”和第二次世界大战后成立的欧洲经济共同体均是关税同盟的著名案例。作为较高层次的区域经济一体化组织，它规定成员国之间实行共同的对外关税，强调以整体的力量参与国际市场竞争，实际上是将关税的制定权让渡给区域经济一体化组织，关税同盟使经济一体化开始带有超国家的性质。例如东非共同市场、比荷卢关税同盟。

4. 共同市场

共同市场（Common Market）是指在两个或两个以上的成员经济体之间，不仅完全取消了关税和非关税壁垒，建立了共同对外关税，实行了自由贸易，而且还实现了服务、资本和劳动力等生产要素的自由流动。共同市场的特点是成员经济体之间不仅实现了商品的自由流动，还实现了生产要素和服务的自由流动。服务贸易的自由化意味着成员国之间在相互提供通讯、咨询、运输、信息、金融和其他服务方面实现自由，没有人为的限制。资本的自由流动意味着成员国的资本可以在共同体内部自由流出和流入。劳动力的自由流动意味着成员国的公民可以在共同体内的任何国家自由寻找工作。为推动共同市场的建设，各成员国之间要实施统一的技术标准、统一的间接税制度，并且协调各成员国之间同一产品的课税率，协调金融市场管理的法规以及实现成员国学历的相互承认，等等。欧洲经济共同体在1970年已接近共同市场这一层次。

5. 经济同盟

经济同盟（Economic Union）是指各成员经济体在内部实行较多的共同政策而建立的经济联合体，商品与生产要素可以完全自由流动，建立了共同的对外关税，成员制定和执行某些共同的经济政策和社会政策，并逐步废除这些方面的差异，使一体化的程度扩展到整个国民经济，从而建立起一个庞大的经济联合体。例如，1991年的欧洲经济共同体，1991年已解散的由苏联与东欧一些国家组成的经济互助委员会基本属于经济联盟这一形式。

6. 完全经济一体化

完全的经济一体化（Complete Economic Integration），又称为政治同盟，是指成员经济体在实现了经济同盟目标的基础上，进一步实现经济制度、政治制度和法律制度等方面的协调，乃至统一的经济一体化形式。这是经济一体化的最高形式，要求各成员经济体在贸易、金融、财政乃至外交、教育等政策上完全统一化，在成员经济体间消除一切自由流通的人为障碍。在这个阶段，成员经济体之间完全统一了所有的经济政策，各国经济发展的最终决策权已转移给超国家的权力机构，并且实现了货币的统一。欧洲联盟正在朝这个方向努力，欧共体 1991 年 12 月通过的《马斯特里赫特条约》，包括建立政治联盟及经济与货币联盟的目标，确定了建立欧洲中央银行和共同防务政策，以形成一个强大的欧洲联邦。它不仅包括了货币在内的经济一体化，而且包括了政治、外交与防务的一体化。五种经济一体化形式的基本特征见表 4－1。

表 4－1　经济一体化形式的基本特征

特征	商品自由流动	共同对外关税	要素自由流动	协调经济政策	统一经济政策
自由贸易区	√	×	×	×	×
关税同盟	√	√	×	×	×
共同市场	√	√	√	×	×
经济同盟	√	√	√	√	×
完全经济一体化	√	√	√	√	√

（二）按照区域经济一体化的范围划分

1. 部门一体化

部门一体化（Sectoral Integration）是指在成员间的一种或几种产业（或商品）实行一体化。例如 1952 年建立的欧洲煤钢共同体，1958 年建立的欧洲原子能共同体等。

2. 全盘一体化

全盘一体化（Overall Integration）是指区域内成员在所有经济部门中实行一体化，这是最高层次的一体化形式，区域内各成员在经济、财政、金融与贸易等政策方面均完全协调一致，实行统一经济政策。例如欧洲经济共同体（欧盟前身）等。

（三）按照区域经济一体化各成员的经济发展水平划分

1. 水平一体化

水平一体化（Horizontal Integration）又称为横向一体化，它由经济发展水平相同或相近的国家所组成。目前存在的大多数经济一体化都属于这种形式，例如美加自由贸易区、中美洲共同市场、欧共体等。

2. 垂直一体化

垂直一体化（Vertical Integration）又称为纵向一体化，它由经济发展水平不同的国家所组成，一般是发展中国家与发达国家构成，旨在形成优势互补。例如北美自由贸易区就是由美国、加拿大（发达国）与墨西哥（发展中国家）所组成。但这样的一体化组织难以持久，因为成员国内部的经济吸引力有限，易产生离心力。

五、区域经济一体化与国际贸易

区域经济一体化的产生与发展，对国际贸易产生深远的影响，世界经济贸易不断向区域集团化发展。

由于取消了一些贸易壁垒与贸易限制措施，区域经济一体化促进了区域内贸易的自由化，内部贸易增长迅速，也促进了整个国际贸易的发展。区域经济一体化组织成立后，成员间通过消除关税和非关税壁垒，建立区域性的统一大市场，增强区域内商品、劳务、技术、资本、信息等的自由流动，从而使得区域内部的贸易呈现出自由化的倾向。

组成一体化组织，成员国之间会在各种比较优势的基础上使得国际分工更为深入与密切，并促进了生产专业化以及国际技术合作的发展。成员经济体取消了关税和非关税壁垒，致使成员国贸易环境比第三国市场好得多，使其内部市场得以扩大，各成员分别生产在区域内具有优势的产品，生产日益集中化与专门化，从而改变了生产格局，国际分工的格局也随之发生改变，较以前更为精细与密切。

区域经济一体化改变了国际贸易的地区分布与贸易地位，从而形成了新的国际贸易格局在整个国际贸易中，区域经济集团内部贸易所占的比重呈上升的趋势，与此同时，成员国减少与区外非成员的贸易。区域经济一体化改变了国际贸易的地区分布，使贸易更多地发生在区域内部。当代国际经济贸易秩序正发生着前所未有的巨大的变化，即由过去以意识形态为基础的两极格局，朝以地缘与文化背景为基础的区域集团化发展。

第二节　区域经济一体化理论

伴随着经济一体化实践发展的是各种一体化理论的形成。第二次世界大战后，许多经济学家从不同的角度对经济一体化现象进行了深入的分析、研究与探讨，并因此形成了各自的理论。

一、关税同盟理论

关税同盟理论的理论渊源可上溯到 19 世纪德国李斯特的保护贸易理论，因为关税同盟实质上是集体保护贸易。系统提出关税同盟理论的主要是美国普林斯顿大学经济学教授范纳和李普西。1950 年，范纳在其名著《关税同盟问题》一书中鲜明地提出；关税同盟的经济效应在于贸易转移（Trade Diversion）和贸易创造（Trade Creation）所取得的实际效果，将关税同盟理论从定性分析发展到定量分析阶段。

范纳的关税同盟理论使用的是局部均衡分析方法，假设有 A、B、C 三个国家；A 国是主要的分析对象，B 国是和 A 国结盟的国家，C 国代表关税同盟外的国家。同时设 A 国是一个小国，它的进出口不会影响世界市场价格。按照范纳的说法，完全形态的关税同盟应具备三个条件：①完全取消各成员国之间的关税；②对来自成员国以外地区的进口设置统一的关税；③通过协商方式在成员国之间分配关税收入。因此，关税同盟有着互相矛盾的两种职能：对成员国内部是贸易自由化措施，对成员国以外则是差别待遇措施。当所实施的关税同盟具备对内取消关税，对外设置统一税率，成员方共同分享关税收入的条件时，关税同盟将会产生静态的经济效应与动态的经济效应。

（一）静态效应

关税同盟的静态效应主要是指贸易创造效应、贸易转移效应及其所带来的福利效应。

1. 贸易创造效应

贸易创造效应（Trade Creating Effect）是指缔结关税同盟后，因相互减免关税而带来的同盟内贸易规模扩大与生产要素重新优化而导致经济福利水平提高的效果。贸易创造效应可理解为实行自由贸易后，产品从国内成本较高的企业生产转往成本较低的成员国生产并进口。由于成本原因两者原来是不存在贸易的，但结成同盟后扩大的贸易取代了原先低效率生产，生产从高成本的地方转向低成本的地方，资源得以重新优化配置，提高了要素的利用效率。建立关税同盟后，进出口双方国家重新优化配置资源，提高生产要素的产出率，进口国家的消费者可以购买到价廉物美的商品，同时降价还可以扩大消费量，而出口国家可以扩大出口，增加国民收入。因此说，贸易创造从生产（重新优化配置资源，提高生产要素的产出率）与消费（购买价廉物美的商品和扩大消费量）两方面提高了福利水平。

2. 贸易转移效应

贸易转移效应（Trade Diverting Effect）是指结成关税同盟后，由于对内减免贸易壁垒、取消关税，对外实行保护贸易，从而导致某成员国从世界成本最低的国家进口转为向同盟内成本最低的国家进口所造成的整个社会财富浪费和经济福利水平下降的效果。贸易转移由于建立了关税同盟，共同设立了对外关税，使世界低成本的商品因为关税等贸易壁垒不能进口，因而成员国之间的相互贸易取代了成员国与非成员国之间的贸易，导致从外部非成员国较低成本的进口，转向从成员国较高成本的进口，发生“贸易转移”。结成关税同盟，阻止从外部低成本进口，而以高成本的供给来源代替低成本的供给来源，使消费者由原来购买外部的较低价格商品转向购买成员国的较高价商品，导致增加了开支，造成福利损失。这种生产资源的重新配置导致了生产效率的降低和生产成本的提高，此种结盟有利于低效率生产者，使资源不能有效地优化配置，从而降低了整个世界的福利。

3. 福利效应

一般说来，贸易创造效应是关税同盟的主要经济效应，它的积极作用明显超过贸易转移效应的消极影响。但就其所带来的福利效应而言，对生产者和消费者的影响并不是相同的，且大小取决于贸易创造与贸易转移效应的比较。

4. 关税同盟静态效果大小的分析

关税同盟成立后，其静态效果所产生的福利的大小受到很多的影响：

（1）同盟前关税水平越高，同盟后贸易创造效果越大；

（2）关税同盟成员的供求弹性越大，贸易创造效果越大；

（3）关税同盟成员的生产效率越高，贸易创造效果越大；

（4）关税同盟成员与非成员的产品成本差异越小，贸易转移的损失越小；

（5）关税同盟成员对非成员的进口需求弹性越低，非成员对成员的出口供给弹性越低，则贸易转移的可能性越小，也即取消关税后，对非成员国的进出口需求与供给的改变不大；

（6）关税同盟成员对外关税越低，贸易转移的可能性越小；

（7）关税同盟的成员越多，贸易转移的可能性越小；

（8）关税同盟成员间的贸易量越大（或与非成员的贸易量越少），贸易转移的可能性越小；

(9) 一国国内贸易比重越大，对外贸易比重越大，则参加关税同盟获利的可能性越小，即贸易创造效果越大；

(10) 关税同盟成员间的经济结构越相似（或互补性越小），贸易创造效果越大，因此，关税同盟往往在经济发展水平与经济结构相似的国家间建立，以获得较多的贸易创造效应。

(二) 动态效应

关税同盟除了静态效应以外，建立关税同盟还有可能带来一些重要的动态效应。更多的时候，关税同盟的动态效应远比其静态效应更为重要，对成员国的经济增长有重要的影响。

1. 扩大出口效应

两个国家组成关税同盟后，各种市场规模都会比结盟之前要大许多。在现实中，一国参加关税同盟不仅能够带来一定的商品进口量的增加，还会带来出口的增加，对于一个希望参加关税同盟的国家（特别是小国）而言，它加入关税同盟不是为了从低价的进口中获得若干的收益，而是看重其产品的出口市场，因为贸易壁垒的取消，可能会在一定程度上提升该国出口商品的贸易竞争力。总体上看，关税同盟将给成员国带来更大的出口机会，从而带来更多的福利，即形成一种扩大出口效应。扩大出口效应对于国内市场规模小的国家来说具有重要的现实意义，加入关税同盟，利用区域内扩大的市场扩大出口，带动经济发展，对这些国内市场狭小的成员国是一种最优的选择。

2. 规模经济效应

关税同盟建立以后，对内取消关税等贸易壁垒，对外高筑统一的关税等贸易壁垒，因而在排斥非成员国进口的同时，为成员国之间的产品的相互出口创造了良好的条件。所有成员国的国内市场组成一个统一的区域性市场，为企业生产的扩大提供了市场条件，这些企业可以以最优的生产规模来组织生产，实现规模经济，降低成本，使生产者可以进一步增强同盟内的企业对外，特别是对非成员国同类企业的竞争能力，关税同盟市场规模的扩大促使企业规模经济的实现。

3. 促进竞争效应

一般认为贸易限制会助长垄断，从而降低效率，对于组成关税同盟的国家而言，市场规模扩大的同时，由于贸易壁垒的取消，所有的成员国之间将开展自由贸易，原先的企业必须参与竞争，否则就要面临破产的命运。经济学家西托夫斯基认为，竞争的加强是影响欧共体发展的最重要原因。区域经济集团的建立加强了市场竞争，摧毁了原来各国分割被保护的市场，提高了市场的透明度，从而导致资源配置效率改善。

4. 刺激投资效应

实行关税同盟的区内，随着市场规模的扩大以及风险与不确定性降低，会吸引成员国厂商增加新的投资。关税同盟的建立，将引起专业化生产企业的生产规模扩大、竞争程度增强和对技术进步的迫切追求，这些都是吸收投资、刺激投资的重要因素。关税同盟不仅刺激国内投资增长，还存在着吸引国外投资的可能性。关税同盟的贸易转移效应也会促使投资的增加，原先以出口产品供应同盟国市场，但受到贸易歧视原来的贸易格局不存在，因而非同盟国生产者以到同盟国开办企业的方式来代替贸易。一般说来，对外直接投资要比对外商品贸易更为优越。

二、大市场理论

提出大市场理论的代表人物是西托夫斯基和德纽。大市场理论是针对共同市场提出的，其在一体化程度上比关税同盟又迈进了一步，它将那些被保护主义分割的小市场统一起来，结成大市场，然后通过大市场内激烈竞争，实现大批量生产带来的大规模经济等方面的利益。德纽对大市场带来的规模化生产进行了描述，最终得出结论："这样一来，经济就会开始其滚雪球式的扩张。消费的扩大引起投资的增加，增加的投资又导致价格下降、工资提高、购买力的提高，只有市场规模迅速扩大，才能促进和刺激经济扩张。"西托夫斯基则从西欧的现状入手，提出西欧陷入了高利润率、低资本周转率、高价格的矛盾，存在着"小市场与保守的企业家态度的恶性循环"。因而，只有通过共同市场或贸易自由化条件下的激烈竞争，才能迫使企业家停止过去那种旧式的小规模生产而转向大规模生产，最终出现一种积极扩张的良性循环。从上述描述中可以总结出大市场理论的核心，即通过扩大市场获得规模经济，从而实现经济利益。这必将导致购买力的增强与生活水平的提高，消费也会增加。消费的增加又促进投资的增加，于是经济出现良性循环。目前为止，共同市场理论已在欧盟付诸实施，而且取得了成功，但是在南南型和南北型国际区域经济一体化中还没有得到应用，主要是因为共同市场理论的实施必须建立在关税同盟或自由贸易区的基础上，且各成员国的经济发展水平和经济发展阶段必须大致相等。

三、协议性国际分工原理

日本经济学家小岛清对经济一体化组织内部分工进行分析之后，提出了分工的新理论依据，这就是协议性国际分工理论。在研究分工时通常强调两点，一是比较优势原理，二是成本递增原理。而小岛清绕开这两点，重点分析了成本递减状况下的协议性国际分工。他假设：两个国家、两种产品情况下，每个国家只生产某一种产品，以满足两国的需要，这样可以使得经济一体化组织内的经济与贸易更为健康地发展。但是实行这种协议性的国际分工，有着一定的约束条约。

(1) 必须是两个国家的资本劳动禀赋比率没有很大差别，工业化水平与经济发展水平比较接近，协议性分工的产品在任何国家都能生产。如果这方面的差别比较大，则专业化生产的成本差异很大，那就不适宜进行协议性分工。

(2) 协议分工的产品，必须能够获得规模效益。否则，生产的集中并不能理想地降低成本，就失去了应有的意义。

(3) 两个国家从任一种商品的得利没有太大的差别。否则，这种协议性分工很难达成。

以上条件说明，经济一体化必须在发展阶段与发展水平近似的国家之间建立。在同类型国家间，生活水平与文化近似，生产函数接近，容易达成协议，进行协议性分工的范畴也比较广，从而获利也较大。因此，成功的协议性分工必须在同等发展阶段的国家建立，而不能建立在工业国与初级产品生产国之间；同时，发达国家之间可进行协议性分工的商品范围较广，因而利益也较大。另外，生活水平和文化等方面互相接近的国家和地区容易达成协议，并且容易保证相互需求的均等增长。

四、综合发展战略

综合发展战略是由鲍里斯·塞泽尔基在《南南合作的挑战》一书中提出并进行论述的，主要对发展中国家经济一体化的现象做出解释。提出经济一体化是发展中国家的一种发展战略，是发展中国家进行集体自力更生和建立世界经济新秩序的主要手段。在发展中国家的一体化进程中，为了避免出现两极分化，保证一体化的正常运作和各国经济的均衡发展，必须建立强有力的共同机构制定相应的政策，由各成员国政府来共同实施。该理论又分为结构主义的中心—外围理论和激进主义的国际依附理论。

中心—外围理论的代表人物是缪尔达尔、普雷维什和辛格。普雷维什认为世界“经济星座”由“中心”即富裕的资本主义国家和“外围”即生产和出口初级产品的发展中国家组成，中心国家和外围国家组成的现行国际经济体系是不合理的，它只有利于发达国家而损害发展中国家经济的发展。缪尔达尔则运用“扩散效应”和“回波效应”理论来分析现代国际经济体系对发展中国家的利益和损害，认为“回波效应”的力量超过了“扩散效应”的力量，经济发展的结果往往不是带来共同富裕，而是加剧贫富悬殊。因而发展中国家必须实行进口替代的工业化战略，打破旧的国际经济体系，以发展中国家合作的集体力量来与“中心”国家抗衡。

比中心—外围理论还要激进的是激进主义的国际依附理论，其主要代表人物有：巴兰、阿明、弗兰克、卡多佐、桑克尔、桑托斯和伊曼纽尔等人。这些学者认为发达国家和发展中国家的关系是富国支配穷国、穷国依附于富国并受之剥削的“支配—依附”关系，因此他们建议发展中国家要实现真正的经济发展，必须进行内部彻底的制度和结构变革，彻底摆脱对发达国家的依附。

第三节　区域经济一体化实践

最早的经济一体化组织要追溯到1241年成立的普鲁士各城邦之间的“汉撒同盟”。现代的经济一体化组织是第二次世界大战以后逐步兴起，并且成为现代经济发展中的重要国际经济现象。下面的内容主要按照区域经济一体化的组成国家的性质来展开，就发达国家与发达国家之间的一体化组织、发达国家与发展中国家之间的一体化组织和发展中国家之间的一体化组织三种类型进行论述。

一、发达国家之间组成的一体化组织——欧洲联盟

（一）欧洲联盟的产生

欧洲统一思潮存在已久，在第二次世界大战后进入高潮。1946年9月，英国首相丘吉尔曾提议建立“欧洲合众国”。1950年5月9日，法国外长罗伯特·舒曼提出欧洲煤钢共同体计划（即舒曼计划），旨在约束德国。1951年4月18日，法国、意大利、联邦德国、荷兰、比利时、卢森堡六国签订了为期50年的《关于建立欧洲煤钢共同体的条约》；1955年6月10日建议将煤钢共同体的原则推广到其他经济领域，并建立共同市场；1957年3月25

日，6国外长在罗马签订了建立欧洲经济共同体与欧洲原子能共同体的两个条约，即《罗马条约》，于1958年1月1日生效；1965年4月8日，6国签订了《布鲁塞尔条约》，决定将欧洲煤钢共同体、欧洲原子能共同体和欧洲经济共同体统一起来，统称欧洲共同体（简称欧共体）。条约于1967年7月1日生效，欧共体总部设在比利时布鲁塞尔。1991年12月11日，欧共体马斯特里赫特首脑会议通过了建立“欧洲经济货币联盟”和“欧洲政治联盟”的《欧洲联盟条约》（通称马斯特里赫特条约，简称“马约”）。1992年2月1日，各国外长正式签署马约。经欧共体各成员国批准“马约”于1993年11月1日正式生效，欧共体更名为欧洲联盟，欧共体开始向欧洲联盟过渡。这标志着欧共体从经济实体向经济政治实体过渡。1995年，奥地利、瑞典和芬兰加入，使欧盟成员国扩大到15个。欧盟成立后，经济快速发展，1995—2000年经济增速达3%，人均国内生产总值由1997年的1.9万美元上升到1999年的2.06万美元。欧盟的经济总量从1993年的约6.7万亿美元增长到2002年的近10万亿美元。2007年1月，罗马尼亚和保加利亚两国加入欧盟，欧盟经历了6次扩大，成为一个涵盖27个国家总人口超过4.8亿的当今世界上经济实力最强、一体化程度最高的国家联合体。至2022年欧盟共有27个成员国，他们是：法国、德国、意大利、荷兰、比利时、卢森堡、丹麦、爱尔兰、希腊、西班牙、葡萄牙、奥地利、芬兰、瑞典、波兰、捷克、匈牙利、斯洛伐克、斯洛文尼亚、塞浦路斯、马耳他、拉脱维亚、立陶宛、爱沙尼亚、保加利亚、罗马尼亚、克罗地亚。

（二）欧洲联盟一体化的进展

1. 建立关税同盟，取消内部关税

按照《罗马条约》的规定，欧洲共同体从1959—1969年分三个阶段取消内部工业品和农产品的关税；统一对外关税率；对主要农产品征收差价税；实行差价税。建立关税同盟促进了欧共体出口贸易的增长，使出口贸易增长速度超过了美国，成员国内部贸易也迅速发展。

2. 实行共同农业政策

基本内容是：制定了统一的农产品价格管理制度；对农产品实行“奖出限入”政策。通过共同农业政策使欧共体实现了农业现代化，农业劳动生产率有了明显的提高；农业生产持续增长，农产品自给率大大提高，农业人口的收入水平有了很大提高。

3. 创建欧洲货币体系

基本内容是：创立“欧洲货币单位”，1999年改为欧元；建立联系汇率制度；创建欧洲货币基金。欧洲货币体系的创建，使欧共体各国在国际金融市场动荡不定，各国货币汇率波动频繁的情况下，保持货币相对稳定的局面。这对于共同农业政策的顺利实施，对于各成员国间贸易的进一步发展，以及各成员国对外经济贸易关系的发展，对于增加欧共体的投资和就业机会，都起到了一定的促进作用。

4. 向政治一体化迈进

在20世纪50年代签署的《罗马条约》就达成了在实现经济一体化到一定阶段时，即开始规划政治一体化，建立“欧洲政治联盟”。1974年成立的“欧洲理事会”使各国首脑直接参与了共同体的事务，开始向政治一体化的目标迈进了一大步，成为事实上的欧共体最高决策机构。

（三）组织机构

欧共体的基础文件《罗马条约》规定的宗旨是：在欧洲各国人民之间建立不断的、愈益密切的、联合的基础，清除分裂欧洲的壁垒，保证各国经济和社会的进步，不断改善人民生活和就业的条件，并通过共同贸易政策促进国际交换。在修改《罗马条约》的《欧洲单一文件》中强调：欧共体及欧洲合作旨在共同切实促进欧洲团结的发展，共同为维护世界和平与安全作出应有的贡献。欧共体下设了以下机构。

1. 理事会

理事会包括欧洲联盟理事会和欧洲理事会。欧洲联盟理事会原称部长理事会，是欧共体的决策机构，拥有欧共体的绝大部分立法权。

2. 委员会

欧共体委员会是常设执行机构。负责实施欧共体条约和欧共体理事会作出的决定，向理事会和欧洲议会提出报告和建议，处理欧共体日常事务，代表欧共体进行对外联系和贸易等方面的谈判。

3. 欧洲议会

欧洲议会是欧共体监督、咨询机构。欧洲议会有部分预算决定权，并可以 2/3 多数弹劾委员会，迫其集体辞职。

4. 欧洲法院

欧洲法院是欧共体的仲裁机构。负责审理和裁决在执行欧共体条约和有关规定中发生的各种争执。

5. 审计院

欧共体审计院成立于 1977 年 10 月，由 12 人组成，均由理事会在征得欧洲议会同意后予以任命。审计院负责审计欧共体及其各机构的账目，审查欧共体收支状况，并确保对欧共体财政进行正常管理。审计院所在地为卢森堡。

此外，欧共体还设有经济和社会委员会、欧洲煤钢共同体咨询委员会、欧洲投资银行等机构。

（四）中国与欧盟经贸关系

2009 年，中国和欧盟已建立正式外交关系 34 周年。自 1975 年以来，欧盟和中国的合作不断发展和深化。中欧在多个领域进行经常性对话，签署多项合作协议，共同面对来自政治、经济、社会领域的巨大挑战。

二、发达国家与发展中国家组成的一体化组织——北美自由贸易区

（一）基本概述

北美自由贸易区（NAFTA）是世界上第一个由最富裕的发达国家和发展中国家组成的经济一体化组织。它打破了传统的一体化模式，开创了发达国家和发展中国家共处同一经济贸易集团的先例。美国、加拿大和墨西哥这三个北美国家在经济上有着较大的互补性和相互依存性。自由贸易的开展必将有力地促进相互间贸易的发展，从而推动各国经济的增长。对美国来说，在世界市场竞争日益激烈的情况下，还可增强它对日本和西欧的抗衡力量。

北美自由贸易区由美加自由贸易区演变而来，北美自由贸易区的产生和发展可以分成两个阶段。第一阶段主要是美国与加拿大之间自由贸易的发展。第二阶段，美、加之间的自由贸易又进一步扩大到包括墨西哥在内的整个北美地区。从 1965 年美国、加拿大的《汽车自

由贸易协定》，到1992年12月17日加拿大、美国、墨西哥3国签署的《北美自由贸易协定》，这一自由贸易区的产生经历了将近30年的时间。

（二）北美自由贸易协定的主要内容

北美自由贸易协定的宗旨是：取消贸易壁垒，创造公平竞争的条件，增加投资机会，保护知识产权，建立执行协定和解决争端的有效机制，促进三边合作。其具体规定是在15年时间内，分三个阶段逐步取消三国间的关税，实现商品和服务的自由流通。在三国9000多种商品中，约50%商品的关税立即取消，15%将在5年内取消，其余的大部分在10年内取消，少数商品在15年内取消。此外，还将开放金融市场，放宽对外资的限制，保护知识产权等。北美自由贸易协定的主要有以下内容：

1. 商品贸易

来自北美的产品大部分立即取消关税，有些产品的关税在5～10年内逐步取消，若干敏感的产品关税可在15年内取消。三国还将取消边境上进出口的配额许可证的禁令与限制，但为保护人类生命健康、环境、能源和农牧业生产等而做出的特殊规定例外。

2. 原产地规则

按照原产地规则的规定，凡全部在北美地区制造的商品即为原产地产品。凡是非该地区原料所制造的商品，只要在北美自由贸易区任何一个成员国内加工，也可列为原产地产品。但加工后的产品须改变其税目分类。凡成品与其元件的税目分类相同，可以视为原产地产品。有些商品难以按税目分类确定是否属于原产地产品，则须按商品在当地生产增值的比例加以评判。

3. 投资

协定规定将取消重要的投资障碍，给予三国的投资者以基本保障，并建立一种解决提交者和自由贸易协定的某一成员国之间可能发生的争端的机制。

4. 服务

协定规定，除航空、海运和基本电信以外的服务以及涉及银行、保险公司、证券公司服务和其他金融服务都要受《北美自由贸易协定》的约束。

5. 知识产权保护

协定规定，每个成员国都要以国民待遇原则为基础对知识产权提供充足及有效的保护，并保证这些权利得以有效实施而不会在国内及国外受到侵害。

6. 环境保护

各成员国保证以环境保护和可持续发展为标准来实施协定。

7. 争端解决

各成员国同意建立公平而迅速解决经济争端的机制，保证自由贸易的实现。协议规定由内阁级的专门委员会来监督检查自由贸易协定的实施，并根据协定条款解决纠纷。如果争端解决涉及免责条款或保障措施，则由专门小组研究裁决。有关反倾销和反补贴税的诉讼及金融服务业的争端由各自的机制和程序来解决。其他在协定范围内发生的争议，从提出申诉到裁决不得超过8个月。在争端仲裁以后，胜诉方在败诉方不履行裁定时可以得到一定的补偿，如果补偿数额不足，可以采取报复措施。

三、发展中国家之间组成的一体化组织——东盟

（一）东盟基本概述

东盟（全称东南亚国家联盟）的前身是马来西亚、菲律宾和泰国于1961年7月31日在曼谷成立的东南亚联盟。1967年8月，印度尼西亚、泰国、新加坡、菲律宾四国外长和马来西亚副总理在曼谷举行会议，发表《曼谷宣言》，正式宣告东南亚国家联盟成立。1976年8月，马来西亚、泰国、菲律宾三国在吉隆坡举行部长级会议，决定由东南亚国家联盟取代东南亚联盟。现成员国有10个，即文莱、柬埔寨、印尼、老挝、马来西亚、缅甸、菲律宾、新加坡、泰国和越南。秘书处设在印度尼西亚首都雅加达。中国与东盟关系非常紧密，是“10+3”框架的主要国家之一（“3”是指中国、日本和韩国）。中国与东盟的经贸关系发展势头强劲，中国—东盟对话框架内各个机制运转良好。

（二）东盟与中国的经济贸易关系

东盟国家自古以来就是我国产品通向世界的必经之地，俗称“下南洋”。它是世界上华人华侨最多的地区之一，政治、经济和文化上往来密切，双方在资源禀赋、产业结构上各具特色，经济贸易结构上具有很强的互补性。近几年来，中国同东盟关系顺利发展，高层往来频繁，政治关系日益密切。1997年亚洲金融危机的爆发，使推动地区经济一体化的构想加速实现，同年，中国和东盟建立了面向21世纪的睦邻互信伙伴关系；2004年的“早期收获”计划，掀开了中国—东盟自由贸易区建设的序幕，降税进程启动当年，双边贸易总额首次突破1000亿美元，达到1058.7亿美元；2007年1月，双方又签署了《服务贸易协议》，这是我国在自由贸易区框架下与其他国家和地区签署的第一个关于服务贸易的协议。中国—东盟自由贸易区的建立，开创了我国自由贸易区建设的先河。在2008年美国金融风暴席卷全球、各国经济放缓的形势下，中国与东盟依托自由贸易区这一合作平台，按照合作共赢、资源共享的原则，积极推进和加强在商品贸易、资源开发、工程承包、投资办厂、交通建设等方面的深度合作，东盟继续保持我国第四大贸易伙伴和我国第三大进口来源地的地位。

四、新型的区域经济一体化组织——亚太经济合作组织

亚太地区国家在资源、资金、技术和市场等方面有着极大的互补性，随着亚太地区的崛起，各国间经济贸易相互依存关系的不断加强，在世界经济一体化趋势日益发展的影响下，加强亚太地区的经济合作已成为普遍的要求和必然的趋势。1989年1月，澳大利亚总理霍克访问韩国时提出“汉城倡议”，建议召开部长级会议，以讨论加强亚太经济合作问题。经有关国家磋商，首届部长会议于1989年11月在澳大利亚首都堪培拉举行，这标志着亚洲太平洋经济合作组织（简称亚太经济合作组织，APEC）的正式成立，中国于1991年3月正式成为该组织成员。亚太经济合作组织是亚太地区级别最高、影响最大的区域性经济组织。

APEC成立以来取得的成就体现在贸易和投资自由化、贸易和投资便利化以及经济技术合作三个方面。1994年11月在印度尼西亚茂物年会上，通过了标志着地区贸易和投资自由化重要成果的《茂物宣言》，批准了授权在贸易和投资委员会下设立标准与合格认证分委会以及海关手续分委会，以求在建立APEC海关数据信息联网系统，规范和简化成员间通关程序，增进商品技术标准和规定的统一化等方面提高效率，降低交易成本。1995年11月在日

本大阪通过了《执行茂物宣言的大阪行动议程》，使 APEC 实现贸易与投资自由化目标有了保障。1996 年在菲律宾宿务召开的 APEC 高官会议上，各成员分别提交了实施自由化的单边行动计划，并列出了 2000 年、2010 年和 2020 年以前将采取的措施和大致计划。1996 年 11 月的马尼拉会议发表了《APEC 加强经济合作与发展框架宣言》，确立了 APEC 经济技术合作的目标、指导原则、APEC 经济技术合作的特点、经济技术合作的主题及优先领域，为 21 世纪亚太经济技术合作奠定了基石。2001 年 APEC 在中国上海举行了第 13 届部长级会议及第 9 届领导人非正式会议，会议就进一步推动亚太地区的贸易投资自由化和便利化的进程，加强 APEC 在经济技术方面的合作，以保证本地区的人民从全球化和新经济中均衡受益进行了讨论，并决定通过宏观经济对话与合作，努力为亚太地区经济的可持续增长创造条件。

从地区经济一体化的基本特征来说，APEC 并不是一个标准的或规范的地区经济一体化组织，主要有下面三个特点：

（1）成员庞杂。APEC 的成员已达 21 个，总人口占世界总人口的 40%，国内生产总值占全球 GDP 的 55.86%，贸易额占世界总贸易额的 45%，在世界经济中占有十分重要的地位。

（2）结构呈现复合性。一般的区域经济一体化组织都实行的是单一的组织结构，即所有的成员共同组成一个统一的区域经济一体化组织，这个统一的组织下面再没有次级的组织。但 APEC 成员组成了“小集团”，即次区域经济一体化组织，如东南亚国家联盟、澳新自由贸易区等。

（3）运行特征呈现非机制性和非约束性。APEC 是一个官方论坛，通过协商，达成共识，各自采取行动。APEC 在制订计划时，实行“全体协商一致原则”，如果组织中的某个成员不同意某项计划，该计划就不可能通过。

本章小结

本章主要就地区经济一体化展开，主要说明了区域经济一体化产生的背景、区域一体化的含义与分类、区域经济一体化理论及区域经济一体化的实践等内容。

学完本章，可以了解为什么世界经济出现一体化趋势；可以结合实际，阐述中国应该如何利用区域经济来发展中国的生产力，发展本国的经济。

思考题

1. 分析地区经济一体化对区域经济集团成员国的影响。
2. 简述关税同盟理论。
3. 经济一体化有哪些形式？它们各有什么不同？
4. 结合所学知识，说明亚太经济合作组织与北美自由贸易区有什么不同？

第五章　国际服务贸易与国际技术贸易

学习目标

- 掌握服务贸易的含义与特点；
- 熟悉国际服务贸易总协定的内容；
- 掌握国际技术贸易的含义、特点；
- 熟练掌握国际技术贸易的内容和方式。

第一节　国际服务贸易

一、国际服务贸易概述

（一）国际服务贸易的概念和特点

1. 国际服务贸易的概念

服务是一种特殊形态的商品服务，与其他一般商品不同，它没有固定的存在实体，但它和一般商品一样有价值和使用价值。一般认为服务是以提供劳动的形式满足他人某种需要并索取报酬的活动。国际服务贸易是指在服务贸易的基础上，跨越国界进行服务交易的商业活动。

关税与贸易总协定乌拉圭回合的重大成果——《服务贸易总协定》，对国际服务贸易下了迄今为止最为权威的定义，并被世界各国所普遍接受。根据《服务贸易总协定》，国际服务贸易是指以下服务供应模式：

（1）过境交付（Cross - Border Supply），指由一成员方境内的服务提供者在其境内向任何其他成员方境内的服务消费者提供服务。其中的“过境”是指无形的过境，一般以邮电、互联网、电信等中间媒介方式提供，人员、资本或物资则一般无需过境，如国际电信、金融服务或卫星电视服务等。

（2）境外消费（Consumption Abroad），指一成员方到其他任何成员方境内购买服务，其中最典型的是旅游服务。旅游者到境外旅游，购买境外的旅游服务，由此便产生了旅游服务贸易。此外，接受境外教育、到国外就医等也属于此类服务贸易。

（3）商业存在（Commercial Presence），指一成员方在其他任何成员方境内通过任何形式的商业机构或其他专业机构提供服务。简单说，也就是服务提供者在外国建立商业机构为消费者服务，如外国银行分行和保险公司分公司在中国提供的金融服务。这种服务贸易主要涉及对外投资，因此对消费服务国，尤其是发展中国家冲击力较强。

（4）自然人流动（Movement of Natural Persons），指一成员方的自然人在其他任何成员方境内提供服务。这里所说的自然人在他国境内的存在是暂时的，必须是临时入境到东道国提供服务，不能取得东道国永久公民资格，不能永久居留和就业。其中最常见的形式便是跨国专业技术管理人员和普通劳务的输出。

2. 国际服务贸易的特点

与国际货物贸易相比较，国际服务贸易具有以下特征：

（1）国际服务贸易主要是无形贸易。与国际货物贸易的有形性不同，国际服务贸易不是货物的交换，而是不可触摸的、不易运输的服务的提供与接受。国际服务贸易所提供的服务如金融、保险、律师、会计师等服务，均以劳动为载体，不可触摸。

（2）国际服务贸易的不可存储性。国际货物贸易中的商品具有非常分明的生产、流通和消费领域，商品一般可以存储、运输，直到最后的消费。国际服务贸易所提供的服务是一种特殊商品，它的生产与消费往往是同时发生的，当生产者完成生产活动时，消费者也同时完成了消费过程，因此，服务一般是不可能存储起来的。

（3）由于国际服务贸易不经过海关，因此国际服务贸易的统计数据不反映在海关统计上，一般只显示于各国的国际收支平衡表上。与此不同的是，传统的货物贸易由于需经过海关监督，所以有关数据记录在海关的贸易统计上。

（4）国际服务贸易市场具有高度的垄断性。国际服务贸易的发展是在发达国家和发展中国家之间体现出一种不平衡的状态。由于服务市场的开放会涉及一些如跨国银行、通信工程、教育等直接关系到输入国主权、安全、伦理道德等极具敏感性的领域和问题，因此国际服务贸易市场具有很强的垄断性，主要表现为全球服务贸易壁垒森严。

（5）贸易保护方式具有刚性和隐蔽性。因为服务贸易的无形性，各国政府对本国服务业的保护常常无法采用货物贸易上惯用的关税、非关税壁垒的形式，而只能采取在市场准入方面予以限制或进入市场后不给予国民待遇等常以国内立法的形式加以实施的方式。各国对服务贸易保护的防御性使国际服务贸易受到的限制和障碍更具刚性和隐蔽性。

（6）国际服务贸易与国际货物贸易在监管方式上也有不同。一国政府可以以进出口关税这样的关税措施或进出口许可证、配额等非关税措施来监控和保护货物贸易。服务贸易的区别在于它不通过海关，所以海关监管的手段无法对其进行监督。一般而言，只能通过国家相关立法和制定行政法规来达到监督国际服务贸易的目的，例如在法律上规定一些具体经营项目和捐税方面所享受的待遇，因此服务贸易所涉及法规的形式和强度远远超过商品贸易。

（二）国际服务贸易的分类

根据1995年7月世界贸易组织统计和信息局公布的分类，《服务贸易总协定》中的“服务部门参考清单”将服务贸易按照以部门为中心的国际服务贸易分类方法分为12大类142个服务项目。

（1）商业性服务。主要指在商业活动中涉及的服务交换活动，服务贸易谈判小组列出的这种服务包括专业性（咨询）服务、计算机及相关服务、研究与开发服务、不动产服务、设备租赁服务和其他服务等六类贸易。

（2）通信服务。主要指所有有关信息产品的操作、存储设备和软件功能等服务。通信服务由公共通信部门、信息服务部门、关系密切的企业集团和私人企业间进行信息转接的服务提供。

（3）建筑服务。主要指工程建筑从设计、选址到施工的整个服务过程。具体包括：选址服务，涉及建筑物的选址；国内工程建筑项目，如桥梁、港口、公路等的地址选择等；建筑物的安装及装配工程；工程项目施工建筑；固定建筑物的维修服务；其他服务。

（4）销售服务。主要指产品销售过程中的服务交换。主要包括：商业销售，主要指批发服务；零售服务；与销售有关的代理费用及佣金等；特许经营服务；其他销售服务。

（5）教育服务。主要指各国间在高等教育、中等教育、初等教育、学前教育、继续教育、特殊教育和其他教育中的服务交往等。

（6）环境服务。主要指污水处理服务、废物处理服务、卫生及相似服务等。

（7）金融服务。主要指银行和保险业及相关的金融服务活动。

（8）健康及社会服务。主要指医疗服务、与人类健康相关的服务、社会服务等。

（9）旅游及相关服务。主要指旅馆、饭店提供的住宿和餐饮服务、膳食服务及相关的服务，旅行社及导游服务。

（10）文化、娱乐及体育服务。主要指不包括广播、电影、电视在内的一切文化、娱乐、新闻、图书馆、体育服务，如文化交流、文艺演出等。

（11）交通运输服务。主要包括：货物运输服务，如航空运输、海洋运输、铁路运输、管道运输、内河和沿海运输、公路运输服务、航天发射以及运输服务（如卫星发射）；客运服务；船舶服务（包括船员雇佣）；附属于交通运输的服务，主要指报关代理业、货物装卸、仓储、港口服务、起航前查验服务等。

（12）其他服务。其他服务是指以上 11 类服务以外的服务。

从上述服务贸易的内容分类可以看出，服务贸易的范围广泛、内容繁多，几乎涵盖了社会生活的各个方面。

（三）国际服务贸易的产生和发展

早期的国际贸易主要是以物物交换的货物贸易为主，这时存在的服务贸易只是作为货物贸易的延伸，在国际贸易中的比重十分微小。伴随着资本主义商品经济的不断发展，国际服务贸易也得到了发展。特别是在哥伦布发现新大陆以后的资本主义生产方式准备时期，航运业得以兴起。以大规模的奴隶贩运为特点的殖民扩张伴随着欧洲向北美大规模的移民，形成了国际间劳动力要素移动的第一个高潮，出现了带有殖民色彩的国际劳务贸易。

从工业革命开始到第二次世界大战之前，是国际服务贸易发展的一个重要的转折点。在此时期，工业革命带来了资本主义生产方式和社会经济水平的大发展，各主要资本主义国家的服务业也随之得到了较大发展。首先，国际货物贸易因为生产的进步和剩余产品的增加而得到促进，因此，从属于货物贸易的国际运输、通信、银行等传统的服务性贸易也有了极大发展。其次，以交换经济为本质的工业社会使得城市社会得以形成，随着市场规模的扩大，国际分工和贸易都得到发展，国际服务贸易也相应得到发展。最后，工业革命带领每个国家经历了商品经济由低到高层次的转变，这就导致劳动力沿着从农业到工业再到服务业的转移。这个转型过程的完成为国际服务贸易的形成奠定了坚实的基础。然而，在当时的社会经济条件下，有形商品的贸易一直在占据国际贸易的主导地位，国际服务贸易由于规模尚小还未引起关注。

第二次世界大战以后，特别是进入 20 世纪 60 年代以后，受社会经济发展和第三次科学技术革命的影响，国际服务贸易迅速发展。从20世纪70年代初到80年代末，以劳务输出、国际旅游、银行保险等为代表的服务部门发展很快，国际服务贸易的增长速度开始超过国际商品贸易的增长速度，国际服务贸易在世界贸易中的比重上升明显。进入20世纪80年代后，国际服务贸易在迅猛增长的同时，贸易的结构也走向高级化。通信服务、建筑服务、保险服务、金融服务、计算机和信息服务、特许权使用以及专业服务等现代化的服务贸易在整个国际服务贸易中所占的比重不断增加。除此之外，国际服务贸易的市场规模也不断扩大，在发达国家占主导地位的基础上，以中国为首的发展中国家在国际服务贸易中占的比重越来越大。同时，国际服务贸易的发展也表现在国际服务贸易市场的透明度、自由度、开放度不断增加，市场规则日趋完善等方面。

（四）国际服务贸易迅速发展的原因

世界经济结构的历史性变化和20世纪60年代兴起的第三次科技革命使当代国际服务贸易的迅速发展成为必然。具体来说，当代国际服务贸易得到迅速发展并形成宏大规模主要是由于以下几个方面的原因。

1. 世界产业结构升级的驱动

第二次世界大战后，新技术、新材料、新能源的开发和应用冲击了传统产业，随着各国劳动生产率的大幅度提高和经济能力的增长，剩余劳动力开始向第三产业倾斜，产业结构得到提升。在这种各国就业人口逐渐从农业、工业转向服务业的背景之下，服务业在国民生产总值中的比重不断加大，成为国民经济中最大的产业。与此同时，电信、金融以及各种信息产业、高新技术产业得以迅速崛起并快速进入服务贸易领域。目前，工业发达国家第三产业比重大多超过50%，有的甚至达到70%以上，一些新兴工业化国家第三产业在国内生产总值的比重也已超过50%。

2. 国际商品贸易增长的带动

第二次世界大战后半个多世纪以来，世界贸易的迅速增长以及贸易自由化的推进使得国际货物贸易流量不断扩大。在货物贸易高速增长的带动下，同货物进出口直接相关联的传统辅助性服务贸易项目，如国际运输服务、国际货物保险、银行业等都得到了发展。另外对国际服务贸易发展起到了拉动作用的是制造业的国际转移。制造业的国际转移带来了商品生产国际化和国际货物贸易的发展。同时也使国际商品市场对服务需求不断扩大。为国际商品市场提供服务的金融、保险、邮电、通信、海空运输、国际租赁、咨询、广告等行业也就得以崛起并迅速发展。国际服务贸易的发展在受到国际商品贸易发展带动的同时，也能反过来为生产企业融通资金、加快信息和商品流通提供便利，从而有利于生产技术和产品质量的改进和提高，大大促进生产国际化。

3. 跨国公司发展的推动

随着信息技术迅猛发展，跨国公司特别是服务业跨国公司通过在全世界范围内提供产品和与之相对应的服务来满足其不断扩张的需要。跨国公司的全球投资带来了专家、技术人员和服务的国际流动，并带动了金融、法律、信息、保险和计算机等服务贸易的发展，从而促进国际服务贸易量大幅增加。20世纪70年代，服务业只占全球外商直接投资总量的1/4，自20世纪90年代以来，这一比重一直保持在一半以上的份额。此外，有些跨国服务公司是通过国际兼并活动诞生的，这样的公司有能力为更多的市场提供服务，并进一步提高服务国际化的速度。

4. 各国政府支持的促动

服务业在当今世界经济发展中处于重要的战略地位。为此，各国政府普遍采取了政府干预方式大力鼓励和支持本国服务业的发展，同时保护国内服务市场。比较常见的政府行为有：建立服务自由区，在区域内减免税收和减少管制；政府鼓励外商投资某些服务业，以利用外资发展本国落后的服务业；大力发展信息及电信技术设备，鼓励服务跨越国境的自由流动；提供财政支持，建立新的基础设施，改造旧的服务设施；支持和鼓励区域或国际间服务部门的合作和一体化。

（五）国际服务贸易的发展趋势

1. 国际服务贸易规模高速增长

随着世界经济迅速增长以及经济全球化和区域一体化的发展，企业和个人对服务的需求强烈，服务业成为各国国民收入和创造就业机会的新的贸易增长点，对经济的发展起着巨大的推动作用。自20世纪60年代以来，国际服务贸易发展速度迅猛，其增长的速度远远超过了货物贸易的增长速度。由于各国产业结构的调整，服务业在各国国民经济中所占的比重越来越大，导致服务业出口迅速发展，国际服务贸易保持着快速增长的势头，1960－1970年服务出口总额翻了一番，1970—1980年又增长了5倍以上，到2017年服务贸易总额为13.3万亿美元。而且值得关注的是，国际服务贸易出口增长率高于货物出口的增长率。根据WTO的初步估计数据显示，2007年全球服务贸易出口比上年增长22.2%，而同期的全球货物贸易仅增长16.2%。2008年的服务出口规模已经超过货物出口规模的1/4。服务贸易在整个国际贸易中所占比重在20世纪70年代和80年代约占1/5，进入20世纪90年代后则增至1/4以上。全球服务贸易比货物贸易增长更快，关于服务贸易的传统统计数据并未涵盖《服务贸易总协定》所定义的四种服务供应模式。然而，世贸组织新发布的实验性数据集首次纳入模式三，即商业存在，从而估算出了服务贸易的总价值。据估计，2017年服务贸易额为13.3万亿美元。从2005—2017年，服务贸易平均每年增长5.4%，增速高于货物贸易。

2. 技术、知识密集化趋势较为明显，新的服务业不断出现

第二次世界大战期间，国际服务贸易主要以运输服务、劳动力的输入输出为主要形式。第二次世界大战以后，由于新科技革命的蓬勃兴起，以旅游、运输、银行、建筑和承包市场为代表的服务贸易渐渐走向国际市场，新兴的服务贸易比重不断提高。在世界服务贸易的构成中，1970年国际运输服务贸易占38.5%，国际旅游占28.5%，其他电信服务、金融服务、保险服务、信息服务、专利或许可等服务仅占30.8%。到1996年，国际运输服务比重下降到27.3%，旅游的比重略有上升，而电讯等其他服务的比重则上升至40.8%。最近几年，金融、电信服务贸易更是发展迅速，在世界服务贸易中占据着越来越重要的地位。

3. 发展中国家和地区在国际贸易中的地位逐渐上升，亚洲发展较快。

进入20世纪90年代，发展中国家和地区的服务贸易出口增长明显加快。据估计，2017年，亚洲地区服务进、出口分别增长17%和19%，高于发达国家平均增长1倍以上。“十三五”时期，我国服务贸易规模保持快速增长。2019年，我国服务贸易总额为7850亿美元，连续六年居世界第二位。其中，以计算机、数字技术等为代表的知识密集型领域，成为服务贸易增长的主要推动力。2019年知识密集型领域出口在服务出口总额中的占比达到了50.7%，比2015年提升了17.5个百分点，首次超过50%，成为我国最大服务出口领域。

从服务贸易规模来看，2019年，中国服务贸易额为7850亿美元，位居世界第二。从服务贸易发展指数来看，其中，规模指数方面，中国从第7位略下降至第8位；结构指数从2018年第72位上升至第67位；地位指数从2018年第6位略有下降，至第8位；产业基础指数提升较大，从2018年第41位上升至第20位；环境指数从2018年第59位上升至第41位。

二、服务贸易总协定

（一）《服务贸易总协定》的基本框架

《服务贸易总协定》（General Agreement on Trade in Service，GATS）除了序言和8个附件外，正文由6大部分（29个条款）组成。“序言”阐明了各成员参加及缔结《服务贸易总协定》的目标、宗旨和总原则。协定还特别强调应有助于提高发展中国家服务能力、效益和竞争性以及对不发达国家的特殊考虑。第一部分为“适用范围和定义”，确定了适用于各成员国采取的影响服务贸易的各项政策措施，并确定服务贸易的定义包括跨境交付、境外消费、商业存在和自然人流动四种方式；第二部分为“一般义务和纪律”，共有4个条款，这部分适用于所有部门，是《服务贸易总协定》的核心内容，也是各成员方各项权利和义务的基础。该部分规定了成员的普遍性义务和原则，确立了服务贸易应该共同遵循的基本原则。第三部分为“具体承诺”，共有3个条款，规定了市场准入、国民待遇、附加承担义务等内容；第四部分为“逐步自由化”，共有3个条款，规定各成员国，尤其是发展中国家服务贸易逐步实现自由化；第五部分为“机构条款”，共有5个条款，主要指一方应给予另一方适当机会就某项提出磋商。磋商和争端的解决机制、服务贸易理事会和技术合作等事项也在本部分给予阐述；第六部分为“最后条款”，共有3个条款，给出了缔约方接受或拒绝给予利益的各种情形（接受、加入、生效、适用、拒绝、修正、退出）以及若干重要的概念和定义。8个附件分别为：第二条豁免附件，本协定下提供服务的自然人流动的附件，空运服务附件，金融服务附件，金融附件第二附件，电信服务附件，海运服务附件，基础电信谈判附件。

（二）《服务贸易总协定》的部门协议

由于在《服务贸易总协定》中各国对服务贸易市场开放所进行的谈判是初步性的，因此各国政府同意在乌拉圭回合结束后就服务贸易的各部门继续进行谈判，以做专门的追加规定。

1. 自然人流动服务协议

1995年世界贸易组织达成《自然人流动服务协议》，旨在使各成员就自然人的跨国流动提高开放承诺。这里所说的自然人是指各成员提供服务的以及受雇于服务提供者的自然人，但不适用于寻找工作的自然人，也与公民权、居留权和受雇无关。也就是说自然人的流动必须跟随提供服务，它有别于移民权。

2. 航空运输服务协议

《航空运输服务协议》规定了飞机的修理和保养服务、航空运输服务的推销、计算机存储系统服务的范围，同时航空运输服务可以不遵守《服务贸易总协定》关于最惠国待遇的条款，而继续根据国际民航协议的对等原则相互给予着陆权。

3. 金融服务协议

《金融服务协议》是第一个金融服务领域的全球性多边自由贸易协议。金融服务是由一成员方的金融服务提供者所提供的任何有关在金融方面的服务，包括所有保险以及与保险有关的服务，所有银行和其他金融服务。《金融服务协议》的达成推动了金融领域中市场开放的进程，确立了世界贸易组织在全球贸易领域中的主导地位，也促进了发展中国家金融业开放的步伐。

4. 基础电信协议

《基础电信协议》扩大了各国电信市场的国际竞争，制定了一套统一的竞争规则，以保证各成员国电信市场的透明度。该协议的主要内容就是约束各成员在提供电信服务时，不应限制其他成员的服务提供者提供相似服务的行为，或对提供服务的行为造成障碍。各成员应在客观公正的基础上，非歧视地向其他各成员承诺全部或部分地开放国内的基础电信服务市场。

5. 海运服务协议

《海运服务协议》规定了海运服务的内涵，其目的是就国际海运、海运辅助服务、港口设施使用等在约定期间取消限制等问题达成协议。各方表示在《国际服务贸易总协定》生效后，就海运服务部门进行谈判。在此之前，《国际服务贸易总协定》的第一部分不适用于海运服务，各成员可以随时撤销在该部门的承诺，无需给予补偿。

（三）《服务贸易总协定》的意义

1. 促进国际服务贸易的自由化

《服务贸易总协定》第一次为国际服务贸易自由化提供了体制上的安排和保障，确立了通过各成员方持续的谈判，促进各国服务市场开放和发展的宗旨，使服务贸易自由化不断向前发展，也促进了服务贸易的发展。

2. 促进各成员国在服务贸易领域的合作与交流

《服务贸易总协定》的制定能够促进各国通过谈判、对话加强成员间的合作和信息交流，促进各成员逐步开放市场，改变各国服务行业的垄断局面，促进行业竞争，提高服务产品的质量。

3. 对发展中成员国予以适当照顾

《服务贸易总协定》考虑到发展中成员国在世界服务贸易中的竞争劣势，从而在国民待遇、最惠国待遇、透明度、市场准入等许多条款中都对发展中成员国做出了特殊规定，给予发展中成员国更加优惠的照顾。这些优惠措施将帮助发展中成员国发挥自身比较优势，更快促进服务贸易的增长。

三、我国的服务贸易情况

近些年来，党中央、国务院高度重视我国服务贸易的发展，随着我国服务业对外开放水平的不断提高，服务贸易呈现出良好的发展势头。

（一）迅速成为全球服务贸易的重要国家

对外开放以来，在货物贸易出现跨越式增长的同时，服务贸易规模也迅速扩大。2019年，中国服务贸易额为7850亿美元，位居世界第二，仅次于美国，已成为全球服务贸易的重要国家。

（二）服务贸易结构在发展中渐趋优化

经过多年的发展，中国服务贸易全面发展的格局初步形成，通信、保险、金融、专有权利使用多和特许费、计算机和信息服务、咨询、广告等迅速发展，传统服务贸易出口的比重逐渐下降。服务贸易的结构逐步优化。高附加值服务贸易的迅猛发展改善了中国长期以传统服务贸易为主的结构，促进了产业结构和外贸增长方式调整。

（三）服务贸易领域的对外开放格局基本形成

中国已经形成了全方位、多层次的服务业开放格局。一是中国在加入世贸组织谈判中对服务贸易领域作出了广泛而深入的承诺，涵盖《服务贸易总协定》12 个服务大类中的 10 个，涉及总共 160 个小类中的 100 个，占服务部门总数的 62.5%，开放程度接近发达国家水平。二是中国认真履行承诺，包括银行、保险、证券、电信服务、分销等在内的服务贸易部门已全部向外资开放，加入 WTO 的承诺在 2006 年底已经基本实现，而且中国在一些领域的自主开放，实际上已经超出当年加入 WTO 的承诺。三是中国加入 WTO 以来，非常积极和认真地参与了多哈发展议程的服务贸易谈判，在商业服务和交通运输两个大部门作出了新的承诺；并在一些部门和领域进一步改善了现有的承诺，进一步提高了中国服务业的对外开放水平。

（四）服务贸易的国际竞争力逐步提高

中国服务贸易整体国际竞争力仍处于较低水平，自 1995 年以来，中国服务贸易一直是逆差。但近年来，部分行业已出现较大顺差，显示出较强的国际竞争力。2018 年，服务贸易结构持续优化，服务贸易高质量发展取得积极进展。知识密集型服务进出口 16952.1 亿元，增长 20.7%，高于整体增速 9.2 个百分点，占进出口总额的比重达 32.4%，比去年提升 2.5 个百分点；旅行、运输和建筑等三大传统服务进出口 33224.6 亿元，增长 7.8%，占进出口总额的比重为 63.4%，比去年下降 2.2 个百分点。知识产权使用费进口增幅较大，高端生产性服务需求和出口竞争力同步增长。知识产权使用费进口 2355.2 亿元，增长 22%；出口 368 亿元，增长 14.4%。技术服务出口 1153.5 亿元，增长 14.4%，进口 839.2 亿元，增长 7.9%。表明我国对高端生产性服务需求仍然旺盛，同时高端生产性服务出口竞争力也在提升。

（五）服务贸易对国民经济发展的贡献增强

随着经济全球化带来的产业转移重心从制造业向服务业转移，服务贸易在国际贸易中的地位日趋重要。服务贸易对国民经济增长的贡献率和拉动呈现不断增长的趋势，这是中国服务贸易发展进程中的一个显著变化。

（六）中国发展服务贸易前景广阔

全球服务业跨国转移的加速为我国服务贸易发展带来了前所未有的历史机遇；服务业的快速发展和在国民经济中的地位日益提高为我国服务贸易的发展奠定了坚实的基础。中国政府将积极稳妥地扩大服务业对外开放力度，加强与世界各国在服务贸易领域的合作；抓住全球服务业转移的新机遇，提高中国企业承接国际服务业转移的能力。中国服务贸易发展正面临着难得的历史性机遇，前景广阔。

第二节　国际技术贸易

一、国际技术贸易概述

（一）国际技术贸易的概念

技术贸易是指拥有技术的一方通过某种方式将其技术出让给另一方使用的行为。国际技术贸易（International Technology Trade）是指技术从一个国家向另一个国家的转移。

广义而言，国际技术贸易主要有非商业性和商业性两种形式。非商业性的国际技术贸易是无偿的技术贸易。它是指以政府资助、交换技术情报、学术交流、技术考察等方式进行的技术贸易。它包括国际技术交流和国际技术援助两种形式。商业性国际技术贸易也就是我们狭义上理解的国际技术贸易，它是一种有偿性的技术贸易，是指不同国家的企业、经济组织或个人之间，按照一般商业条件，向对方出售或从对方购买技术使用权的一种国际贸易行为。它由技术出口和技术引进这两方面组成，换言之，我们通常所说的国际技术贸易是一种国际间的以纯技术的使用权为主要交易标的的商业行为。

（二）国际技术贸易的特点

国际技术贸易与国际商品贸易有一定的相似之处，但是，两者又有很大的区别，主要体现在以下几个方面：

（1）贸易标的不同。一般商品贸易中的标的都是有形的物质，可以进行计量、检测；而技术贸易的标的是无形的知识，没有固定的形状也不能用一定的标准和描述表示其质量。

（2）贸易关系不同。商品贸易的当事人可以来自各行各业，且买卖关系随着交货付款的完毕而结束。技术贸易的当事人一般是同行，且构成了长期的既竞争又合作的关系。

（3）所有权的转移不同。在商品贸易中，商品的使用权和所用权同时由卖房转移到买方，但是在技术贸易中，受方只能拥有技术的使用权，而所有权则一直由供方掌握。

（4）技术贸易涉及的问题复杂且难度大。技术贸易除涉及供受双方的权利，义务和责任外，还涉及保守技术秘密、使用费的确定和对产权的保护等特殊而复杂的问题。

（三）国际技术贸易的作用

对技术受方而言，国际技术贸易的作用如下：

（1）引进他国的现有技术，节省时间和研究经费，在短期内经济技术较发达的国家。

（2）及时引进新技术，形成生产能力，生产出能够打入国际市场的新产品，以赚取外汇。

（3）引进先进技术的同时也吸收适用的管理经验，有利于调整产业结构，促进产品更新换代，减少对外依赖。

对技术供方而言，国际技术贸易的作用如下：

（1）获取利润以补偿对该项技术的研发投资。

（2）可以将本国市场上淘汰的“旧技术”投放到技术相对落后的国外市场上成为“新技术”，以获取更多利润。

(3) 以技术出口代替商品出口，以规避复杂的商品出售的关税和非关税壁垒。

二、国际技术贸易的内容

国际技术贸易的标的是无形的技术知识，它一般包括受法律保护的专利权、商标权以及不受法律保护的专有技术。

(一) 专利使用权

1. 专利

专利（Patent）是指政府主管机构依照各国专利法的规定，根据发明人的申请，经审查并在符合各国法律规定的条件下，授予发明申请人在规定的时间内对其发明享有的一种独占实施权。取得专利权的人称为专利权人。

专利权人的权利主要包括两个方面，即精神方面的权利和物质方面的权利。精神方面最主要的是署名权，即发明人或设计人有权在专利文件中写明自己是发明人或设计人的权利。这种署名权不能转让、继承或赠与。物质方面是指取得专利权而产生的具有经济内容的权利，它包括：禁止或许可他人实施其专利，转让其专利权以及在其专利产品或者产品包装上标明专利标记和专利号。

各国法律都规定，专利权人在享有专利权的同时必须承担一定的义务，否则将导致专利权的终止或其他法律后果。专利权人的普遍义务是缴纳年费。除此之外，专利权人还因承担在专利申请文件中充分公开发明创造和正确行使专利权的义务。

2. 专利的特点

(1) 专有性。对同一内容的发明创造，国家只授予一项专利权，任何单位或个人如果要使用他人的专利，都必须与专利权人订立书面实施许可合同。未经专利权人许可而擅自实施他人专利，就构成法律上的侵权行为。

(2) 地域性。一个国家所授予的专利权仅在该国法律管辖范围内有效，外国对其专利不承担保护的义务。如果我国单位或个人研制出有国际市场的发明创造，就应及时在拥有良好市场前景的其他国家和地区申请专利，否则在国外市场该专利就得不到保护。

(3) 时间性。专利权人所享有的专利权只在法律规定的时间内有效，期限届满后，专利技术就成为社会公共财富，可以无偿使用。各国专利法对专利权的保护期限都有自己的规定，一般指10~20年。我国《专利法》规定发明专利权的期限为20年，实用新型专利权和外观设计专利权的期限为10年。

3. 专利授予权的实质条件

根据各国专利法的规定，授予专利权的发明创造必须具有新颖性、创造性和实用性。

(1) 新颖性。新颖性是指所申请的专利在提出申请以前是尚未有过的首创发明。判断新颖性采用的标准有时间和空间两种。时间新颖性是指在申请日或优先权日之前没有与其相同的，就被认为具备新颖性。对于新颖性的空间标准，各国的规定不尽相同，大致分为三种：①世界新颖性，也称绝对新颖性，是指提出专利申请的发明必须在申请日之前在世界范围内未被公知公用；②本国新颖性，也称相对新颖性，是指一项发明在申请日之前在申请国范围内未被公知公用；③混合新颖性，是世界新颖性和本国新颖性的结合，介乎两者之间，是指一项发明在申请日之前在世界范围内未被公知，在申请国内未被公用。

(2) 创造性。创造性也称先进性，是指所申请的专利与已有的技术相比具有突出的自身的实质性特点和显著进步。实质性特点是指所申请的专利与已有技术相比，在本质上获得突破。显著的进步则表现在所申请的专利克服了已有技术中存在的缺点和不足，如降低了消耗，提高了生产效率等。

（3）实用性。实用性是指申请专利的发明必须能够实际应用于产业部门，并能产生积极显著的效果。根据各国专利法的规定，一项发明如具有可实施性、再现性和有益性，则其具有实用性。

（二）商标使用权

1. 商标

商标（Trade Mark）是商品生产者、经营者或者服务提供者在其生产、销售的商品上或者提供服务时所使用的标记，以表示与其他人生产、经营的同类商品或提供的同类服务的区别。这种标记可用文字、图形或文字和图形的组合来表示。商品生产者使用的商标称为制造商标。商品的表面或包装物上的商标多为此类商标。商品经营者使用的商标称为商业商标。某些享有盛誉的商业企业为了使自己的产品区别于竞争对手，往往使用此类商标，如沃尔玛超市专供商品上使用的“沃尔玛”商标。服务性企业提供服务时使用的商标称为服务商标，如美国联邦快递使用的 FED 等。

商标既是一种知识产权又是工业产权的一部分，也是企业的无形资产。它可以用来标志商品和服务的来源，代表产品和服务的质量，表示产品生产者、经营者和服务商的信誉，并且可以在起到广告宣传作用的同时保护消费者的利益。

2. 商标权的含义、内容、特点

商标权是指商标的使用者向一国的商标主管部门申请，经核准登记注册后，主管部门授予申请人的商标专有权。在我国，商标权是以注册在先为原则取得的。但是在有些国家，驰名商标不必经过注册便可获得商标权，只要该商标在使用后产生了商誉，其他人就不得以不正当手段使用该商标或与它相似的标记。

商标权的内容包括以下几个方面内容：

（1）使用权。商标的使用权也就是专有使用权。它是指只有商标注册人才有在核定的商品上专有使用核准注册商标的权利。

（2）禁止权。禁止权是指商标所有人可以依法禁止他人在未经许可的情况下，在同一商品或类似商品上使用与其注册商标相同或者近似的商标。商标注册人有权向商标主管部门或司法机关对侵犯注册商标方提出控告，要求停止侵权行为，赔偿经济损失，情节恶劣的，司法机关可追究其刑事责任。

（3）转让权。转让权是指商标所有人依照法律规定，有权将自己注册的商标有偿或无偿转让给其他人使用，自己完全放弃对注册商标拥有的一切权利。商标的受让人应当保证使用该注册商标的商品和服务的质量。转让注册商标必须向商标主管部门申请，并在核准无误后，予以公告，否则无效。

（4）许可使用权。许可使用权是指商标所有人依照法律规定，通过与他人签订商标使用许可合同的形式，许可他人有偿或无偿地使用自己的注册商标，实现商标的商业功能的权利。与转让权不同的是，商标所有人仍保留法律授予的一切权利。

商标权主要有以下几个特点：

（1）独占性。商标权是排他性权利，商标注册人对其注册的商标享有专有并禁止他人使用的权利，该权利受到法律的保护，任何他人未经许可使用相同或相似的商标即构成侵权行为。

（2）时间性。商标所有人享有的法律保护是有时间期限的，一般为10～15年，我国目前为10年。与专利权期满不可延期不同的是，商标注册人对其注册商标可以申请延长有效期，只要申请经核准，就可继续保持商标权，而且申请延期的次数一般不予限制。

（3）地域性。商标所有人享有的专有权只在授予商标注册权的国家（或地区）内受到法律的保护，在商标未注册的国家（或地区）并无法律约束力。如果商标权要想得到其他国家（或地区）法律的保护，必须依法在其他国家（或地区）申请办理注册手续。

3. 取得商标权的原则

目前各国对商标权的取得制度主要有以下几种原则：

（1）使用在先原则。不论商标的最先使用人是否办理了商标注册手续，只要存在首先使用的事实，就其有权取得商标权，并得到法律的承认和保护。即使该商标被其他人抢先注册，首先使用人随时可以对已注册的商标提出异议或请示撤销。

（2）注册在先原则。商标的最先注册人享有超越其他人包括首先使用人的权利，只要优先进行商标注册，就有权取得商标权。目前大多数国家包括我国都采用这种原则。

（3）无异议注册原则。在原则上，商标权授予先注册的人，但商标的先使用人被允许在规定期限内提出异议，请求撤销先注册人的商标权。如异议成立，即撤销已被授予商标先注册人的商标权，改而将商标权授予先使用人。如超过法律规定的期限无人提出对商标先注册人的商标权提出异议，则商标权属于先注册人。

（三）专有技术使用权

1. 专有技术的含义

专有技术也被称为商业秘密、技术诀窍。迄今为止，国际上对专有技术还没有公认的定义。世界知识产权组织认为，“来自经验或技艺，能够实际应用，特别是工业上应用的工业情报、数据、资料或知识”。国际商会认为，专有技术是“为制造某一特定产品或使用某一特殊的工艺所需要的一切知识、经验和技能”。保护工业产权国际协会认为，“专有技术是为实际应用一项技术而取得的，并能使一个企业在工业、商业、管理和财务等方面运用于经营的知识和经验”。虽然上述对专有技术的定义不完全一致，但从中可以看出，专有技术的一般含义是指产品的设计、生产或服务、管理过程中的某些特殊技能，是一种没有公开的技术秘密，是企业的无形知识财产。

2. 专有技术的特点

（1）知识性。专有技术是一种不受法律保护的技术知识，是人类创造性思维活动的产物。它既可以以有形的形式表现，如文字、图标、公式等，也可以以无形的形式表现，如构想、经验、技能等。

（2）经济性。专有技术的经济性也称为实用性。专有技术是一种制造方法、生产经验，它必须可以被用来服务于生产和服务行业，从而创造经济效益。

（3）可传授性。专有技术作为一种技术必须能以各种方式传授给他人。不可转让或传授的技术，如个人的特长、绝技等与个人天赋和生理特点相联系而无法转让给他人的，不属于专有技术。

（4）保密性。专有技术是不公开的、没有法律授权的秘密技术，因此，专有技术的拥有人只能依靠自身的保护措施来保密其技术内容。如果技术拥有人保密不当，专有技术会成为公开技术，失去其商业价值。

3. 专有技术与专利的联系

（1）专有技术与专利都是人类创造性思维活动的产物，都是非物质形态的知识，且都能创造经济效益；

（2）专有技术与专利通常共处于实施一项技术所需的知识总体中，即实施一项技术必须同时具有专有技术和专利，这样才能确保一项技术得以顺利实施；

（3）在技术贸易中，一项技术转让合同往往同时包括专有技术与专利许可两项内容，他们相互依存，共同完成一项技术转让交易。

4. 专有技术与专利的区别

（1）专利是公开的，而专有技术是保密的。在申请并取得专利时，按照国际专利法的规定，发明人必须把专利的技术内容在申请书中予以披露，由专利主管部门在官方的专利公告上将其发表，因而专利成为公开的技术。专有技术则完全靠保密来加以保护，专有技术所有人尽量设法保密技术，否则专有技术一旦公开，法律就不再予以保护。

（2）专利受到国家专利法的保护，而专有技术因没有申请或不能申请专利而不受专利法保护，其主要受民法、刑法、不正当竞争法以及有关工商秘密立法的保护；专有技术是事实上的占有，而不是法定的占有。

（3）专利有一定的保护期限，一般是10～20年。专有技术的保护期限，取决于对它的保密，只要专有技术所有人能够保密，专有技术就一直受到保护。

（4）专有技术的表现形式是多样化的，并无任何规定限制其应以何种形式体现。它既通过文字、图纸来体现，也可能是技术人员头脑中的观念、经验和技能等。专利则必须根据专利法的规定，以专利技术说明书的书面形式表现。

（5）专有技术涉及内容比专利广泛。专利只限于能应用于工业生产的技术，而专有技术除用于工业生产目的的技术之外，还包括生产、管理、销售等有助于工业发展的技术。

（6）专有技术不受地域限制，在任何未知其内容的地域内都是专有技术。专利只在受到批准的国家范围内被称为专利且得到保护，在没有被批准的国家所辖地域则可以不受限制地加以实施。

除以上所提的专利使用权、商标使用权、专有技术使用权外，版权也属于国际技术贸易的内容。版权，又称著作权，是指文学、艺术和科学作品的作者依照版权法及相关法律所享有的权利。对于版权的保护期，TRIPS（Agreement on Trade - related Aspects of Intellectual Property Rights）协定规定，作品的保护期为经授权出版之年年底起至少不少于50年。如果作品创作后50年内没出版，则为作品创作完成那年年底起开始计算，保护期为50年。

三、国际技术贸易的方式

（一）许可贸易

1. 许可贸易的概念

许可贸易（Licensing）是指技术供方作为许可方（Licensor）向技术受方，也就是被许可方（Licensee）授予某项权利，允许受方按合同规定的条件使用许可方所拥有的技术制造、销售该技术项下的产品，同时被许可方应支付一定数额的技术转让费。简单来说，在许可贸易中，许可方在不转让其技术所有权的情况下，用授权的形式向被许可方转让技术使用权，允许被许可方使用其技术。

2. 许可贸易的类型

根据许可方授予被许可方的权利范围可将许可贸易划分为以下五种：

（1）独占许可。独占许可是指在许可贸易合同规定的有效期限和区域内，被许可方是唯一有权对许可证协议下的许可标的行使使用、制造、进口和销售等权利的一方。许可方或者任何第三方都不得在该时间、该地区享受这些权利。因此这种许可的贸易费最高。

（2）排他许可。排他许可是指在许可贸易合同规定的有效期限和区域内，被许可方有权利用许可标的从事使用、制造、进口和销售等活动，任何第三方不得使用该技术生产和销售产品。与独占许可不同的是，许可方在该时间和地区内仍然享有该专利的使用权。排他许可是授权范围仅次于独占许可的一种许可，费用也略低于独占许可。

（3）普通许可。普通许可是指在许可贸易合同规定的有效期限和区域内，被许可方有权利利用许可标的从事使用、制造、进口和销售等活动。与此同时，许可方可以保留这些权利也可以将这些权利转让给第三方。普通许可是许可方授予被许可方权限最小的一种授权，因此许可的转让费最低。

（4）可转让许可。可转让许可，又称分许可、再许可或者从属许可，是指在许可贸易合同规定的有效期限和区域内，被许可方有权利用许可标的从事使用、制造、进口和销售等活动。在经许可方同意后，被许可方也拥有许可标的转让权，即有权以许可人的身份允许第三方在规定地域内使用许可方获得的许可标的。需要注意的是，在可转让许可中，原许可方与再许可的第三方没有契约关系，也不对第三方负任何责任。如果原许可合同未明确注明授予可转让许可权，被许可方就不得与第三方签订可转让许可合同。

（5）交叉许可。交叉许可是指在许可贸易合同规定的有效期限和区域内，合同当事各方以其所拥有的技术，按照合同所约定的条件交换彼此技术的使用权，供对方使用，互为许可方和被许可方。由于是双方交换技术使用权，所以一般不需要支付使用费。交叉许可常见于原发明的专利权人与派生发明的专利权人之间，后者要在前者的发明的基础上派生其发明，难免要侵犯前者的权利，因此要得到前者的许可。对于原发明人来说，更新其专利产品时又需采用后者的派生专利技术，因此也要得到后者的许可。

根据贸易标的可将许可贸易划分为以下四种：

（1）专利许可。各国专利法规定，任何人要使用专利技术时，必须与专利人签订专利许可合同。根据合同规定，被许可方可以在一定期限内使用专利人的专利，并向其支付一定数额的专利许可费用。

（2）商标许可。与专利许可相似，它是指被许可方根据合同的规定，可以在一定期限内使用商标所有者的商标。由于商标涉及企业的商誉，因此许可方对被许可方使用该商标的商品质量有严格要求。

（3）专有技术许可。专有技术并非工业产权，没有专门法律保护。在专有技术的转让合同中，被许可方在承担保密义务的前提下，在一定的期限内被允许有偿地使用许可方的专有技术。

（4）一揽子合同。在一个合同中，许可方将专利、商标、专有技术三项内容中的两项或两项以上内容的同时转让给被许可方使用。这种形式是国际技术贸易中最常见的一种。

（二）特许经营

特许经营（Franchising）是一种新型商业技术转让方式，它是指由一家已经取得成功经验的企业，有偿地将其商标、商号名称、服务标志、专利、专有技术以及经营管理的方式或经验等全盘地转让给另一家企业使用的，由受许人严格按照合同规定向特许人支付一定金额的特许费的技术贸易行为。

特许经营的受许人与特许人之间是一种独立经营、自负盈亏的买卖关系，特许人并不保证受许人的企业一定能盈利，对其盈亏也不负责任。但是由于特许人和受许人经营同样的行业，出售同样的产品，提供同样的服务，使用同样的商号名称和商标，甚至商店的门面装潢、用具，职工的工作服、产品的制作方法等都全盘一致，所以特许人和一般的许可方比，更多地涉及受许人的业务活动，从而使其符合特许方的要求，不至于影响特许人的商誉。

特许经营合同适用于商业和服务业，也可以适用于工业。以美国的麦当劳和肯德基为例，由于风险小，回报受到保障，特许经营是很多企业，尤其是发达国家的厂商进入发展中国家的一种非常有用的形式。

（三）技术咨询服务

技术咨询（Consultation）是由雇主与咨询公司签订的一种技术服务，咨询的双方当事人是一种雇用关系。咨询公司向需要解决技术课题，或寻求某种技术服务的雇主提出各种服务。咨询公司作为独立企业，所提供的服务范围很广，从某个单项专题的调查研究到承担整个大型工程项目的技术指导。对于技术相对落后的企业来说，咨询公司所提供的技术服务可以帮助它们少走弯路，节省资金和时间。

咨询公司以雇主代理人的身份为雇主解决各种问题。例如为雇主进行工程项目的可行性研究，为雇主审核工程承包商的设计，为雇主制定招标任务书，负责办理招标和审核投标事宜，向雇主推荐分项工程的分包单位和生产设备的供应单位，监督工程进度、工程质量和工程成本以及指导生产经营管理等。雇主可以根据情况聘请一家或几家咨询公司承担上述工作。西方发达国家和发展中国家的企业在进口技术设备或设计，或计划开始某个工程项目的设计前，由于自身缺乏对专门技术的相关信息，往往都与专业的咨询公司签订合同，利用他们提供专门的技术咨询。虽然雇主要向咨询公司支付一定的费用，但通过咨询带来的经济利益是很可观的。

（四）国际合作生产

国际合作生产是指两个或多个不同国家的企业根据双方签订的合作生产合同，各自承担某种产品的某些部件，共同生产一种产品的合作方式。国际合作生产对合作方来说使用较为灵活，因为它可以是长期的合作，也可以是短期的甚至是一次性的合作。

国际合作生产的主要方式有：合作双方各自生产某种产品的不同零部件，然后由一方或双方组装成品；或由一方提供全部零部件或主要部件，由另一方组装商品；或由一方提供设备和技术，由另一方制造零部件，然后交由对方组装成产品；或按双方约定各自生产对方所需的零部件，相互交换，然后各自组装成产品等。总之，合作形式多种多样，往往还包括销售合作。

对技术贸易方来说，国际合作生产可以利用技术受方的廉价劳动力和原材料，降低成本，提高产品竞争力，扩大产品销售。除此之外，国际合作生产还可以帮助技术供方冲破保护贸易政策的关税壁垒，并减少运费和进口税。对技术受方而言，合作生产带来了新技术，提高了本国的设备制造能力并发挥原有设备的生产潜力，并增加了劳动就业机会，并且可以扩大产品出口，增加国家外汇收入。

四、国际技术贸易的价格与支付

（一）技术价格的构成

技术价格是指技术的接受方为了获得技术而向技术的提供方支付的全部费用，也可称为酬金、使用费、补偿费等。技术的价格由以下几方面构成。

（1）转让成本。转让成本是指技术的提供方为转让技术、签订和履行该项技术交易合同所支出的各项费用。它包括直接贸易费用（如派出谈判人员、提供资料和样品、培训人员、签订合同等）和间接贸易费用（如法律咨询、监督与审计等）。

（2）技术研发成本。技术研发成本是指技术的提供者为了研究与开发该项技术而投入的所有费用。它包括所有有形与无形的人力成本、设备成本和资金成本。这部分成本在技术价格中所占比例最高，一般占技术价格 60% ~70%。

（3）利润补偿费。也被称为机会成本，它是指技术的转让方由于失去该技术产品的市场份额受到利润损失所应得到的补偿费用。

技术价格总体上由以上三部分构成，但在实际的交易中，影响技术价格的因素还有很多。常见的影响因素有技术的市场需求、技术的成熟程度、技术的转让次数、技术的转让方式、技术转让时谈判的策略与技巧、对技术带来的经济效益的预测等。

（二）支付方式

1. 总付

总付是指双方在签订技术交易合同时，商定并在合同中确定一个总价格，然后由受让方一次性付清或分期付清。在采用分期付清时，当事双方应在合同中明确规定分期支付的时间和支付的金额。这种支付方法的优点是价格明确，提供方可以不受技术项目和生产销售情况好坏的影响，获得稳定的收入。但由于利润与收益无关，卖方不能获得因利润增加而带来的额外收益，而买方在交易后也难以得到卖方的技术帮助，从而使技术难得发挥最大的效益。

2. 提成支付

提成支付是指双方在签订技术交易合同时，规定技术受让方在合同约定的期限内，根据使用所转让技术后的经济效益，按合同中约定的比例向技术提供方支付技术转让费。提成基价可以是销售价格、利润或产量等。对技术的受方来说，他们将与技术供方共担技术引进的风险，而供方为了保证技术得到正确的使用，从而创造可观的经济利益，也更愿意与受方积极配合，以获得较高的回报。也就是说，提成支付由供受双方共担风险、共享利润，所以在实际的技术贸易，这是较为普遍的支付方式之一。

3. 入门费加提成支付

入门费加提成支付是总付与提成支付两者相结合的支付方式。它是指双方在签订了技术交易合同的一段时间内，技术受让方先向提供方支付一笔费用，即入门费或初付费，其余的费用则按照合同中规定的方法，在转让的技术投产后进行提成。

入门费加提成支付充分考虑了技术交易双方的利益，即保证了技术提供方至少能够得到一部分固定的收入，也可以减轻技术受让方所要承担的风险和经济负担，因此，这种支付方法成为目前国际技术贸易中最普遍的一种支付方式，也是我国技术引进合同中较为常见的一种支付方式。

本章小结

传统的国际贸易是指世界各国（地区）之间的商品交换。这里的商品数要局限于货物，但是随着技术的进步和国际分工的发展，国家间贸易的内涵在不断地扩大，服务贸易的比重和地位在不断地提高，并同技术贸易一起逐步代替货物贸易，成为各国和世界经济活动的主导者。这是世界各国产业结构调整的反映，也是生产力发展的必然结果。

本章首先介绍了国际服务贸易的概念、特点和国际服务贸易的分类，其次介绍了国际服务贸易的产生和发展的过程、原因及未来的发展趋势，再次介绍了《服务贸易总协定》的内容、基本原则及意义，最后讨论了国际技术贸易的相关内容。

思考题

1. 《服务贸易总协定》对国际服务贸易的定义是什么？
2. 国际服务贸易的特点有哪些？
3. 简述国际技术贸易的概念。
4. 专利与专有技术有哪些区别？
5. 什么是许可贸易？许可贸易的方式有哪些？在不同许可方式下，受让方对技术的独占程度如何？
6. 简述国际技术价格的构成。
7. 简述国际技术贸易的支付方式。

第六章 世界贸易组织

学习目标

- 学习和了解 GATT 和 WTO 产生的历史过程；
- 熟悉和掌握 WTO 的基本原则和有关知识；
- 熟悉和掌握中国加入 WTO 应当享有的权利和承担的义务。

第一节 关税与贸易总协定

关税与贸易总协定（General Agreement on Tariff and Trade，GATT），简称关贸总协定。它是一个关于关税与贸易政策的多边贸易条约，同时也是缔约方之间进行多边贸易谈判和解决贸易争端的场所。

GATT 是第二次世界大战后美国从其自身经济利益出发，联合世界上 23 个国家于 1947 年 10 月在日内瓦签订的一个临时性的国际多边贸易协定。

一、GATT 的产生

第二次世界大战结束后，作为主战场的欧洲，经济遭受重创。作为战败国的德国、意大利和日本战时耗尽了财力，战后又被搬走了机器，经济面临崩溃；作为战胜国的英国、法国等盟国为应付战争也几乎竭尽了人力物力，以致战后资金短缺，生产萎缩。各国为了重建经济，纷纷实行贸易保护主义，以保护本国的生产和就业。而同样是战胜国的美国却截然不同，由于战争远离本土，加之受到战时军需品的刺激，美国经济急剧膨胀而成为战后最强大的国家。第二次世界大战后，美国拥有西方世界 1/2 以上的生产能力，1/3 的出口贸易和 3/4的黄金储备。凭借其雄厚的经济实力，美国积极倡导自由贸易，以便为自己谋取更多的利益。

美国凭借其在政治、经济、军事上的优势，企图从金融、投资和贸易三个方面重建世界经济秩序。1944 年 7 月，美国召集盟国的代表在布雷顿森林城举行了“布雷顿森林会议”，会议形成了“布雷顿森林协定”，协定决定建立旨在鼓励自由贸易和经济发展的三个国际性的机构，即处理长期国际投资问题的“国际复兴开发银行（即世界银行，IBRD）”；重建国际货币制度，维持各国间汇率的稳定和国际收支的平衡的“国际货币基金组织（IMF）”；扭转贸易保护主义和歧视性贸易政策，促进国际贸易自由化的“国际贸易组织（ITO）”。

在美国的提议下，联合国经济与社会理事会于 1946 年 2 月召开了第一次会议，通过了由美国提出的召开“世界贸易与就业会议”的决议草案，并成立了由19个国家组成的筹备委员会，着手筹建国际贸易组织。由于当时关税壁垒盛行，建立正式的国际贸易组织又需要一段时日，为了尽快解决各国在贸易中的摩擦，包括美、英、法、中、印度等23个国家便主张：将联合国经济及社会理事会第二次筹委会通过的、由美国起草的《国际贸易组织宪章草案》中的贸易政策部分，和他们各自在双边谈判基础上达成的关税减让协议加以合并，形成了《关税与贸易总协定》，作为国际贸易组织成立之前各国相互处理贸易纠纷的临时性根据，等国际贸易组织生效后，再用《国际贸易组织宪章》来取代之。《关税贸易总协定》于1947年10月30日在日内瓦由23个缔约国签署。但鉴于此次签订的《关税与贸易总协定》根据《国际贸易组织宪章》生效尚待时日，1947年11月15日，美国联合英国、法国、比利时、荷兰、卢森堡、澳大利亚、加拿大等8国签署了关贸总协定《临时适用议定书》，使关贸总协定于1948年1月1日提前在上述8国实施。

后来，由于在1947年11月哈瓦那联合国贸易与就业会议上通过的《国际贸易组织宪章》对美国原先的草案做了大量修改，与美国的利益相去甚远，美国国会没有通过，美国政府也就放弃了成立国际贸易组织的努力。其他国家受美国影响也持观望态度，致使建立国际贸易组织的努力流产。这样，GATT便成为一个临时性的应急协定而一直沿用至1994年底。

二、GATT的宗旨和主要内容

1. GATT的宗旨

在GATT正式文本的序言中，明确地提出了GATT的宗旨。缔约各国政府认为：在处理贸易和经济事务的关系方面，应以提高生活水平、保证充分就业、保证实际收入和有效需求的巨大持续增长、扩大世界资源的充分利用以及发展商品生产与交换为目的，希望达成互惠互利协议，导致大幅度地消减关税和其他贸易障碍，取消国际贸易中的歧视待遇。

可以看出，GATT希望通过降低关税和取消非关税壁垒，实现贸易自由化，建立一个完整的、公正的、开放的、有活力的和持久的多边贸易体系，进而促进世界经济的繁荣和福利的提高。

2. GATT的主要内容

关税与贸易总协定文本已经有过几次重大修改，除序言外共四个部分，38条。

总协定的第一部分包括第一条和第二条，是总协定的核心条款，主要规定缔约方在关税和贸易方面相互提供无条件最惠国待遇以及关税减让事项。

总协定的第二部分包括第三条到第二十三条，主要是调整和规范缔约方的贸易和措施的规定，包括自由国境、反补贴税和反倾销税、海关估价、取消出口补贴、一般例外与安全例外等规定。

总协定的第三部分包括第二十四条到第三十五条，主要规定了总协定的适用范围、活动方式、参加及退出总协定的程序等问题。

总协定的第四部分包括第三十六条到第三十八条。这部分是1965年增加的，主要规定发展中国家在贸易与发展方面的特殊要求及有关问题。

另外，总协定的若干附件对其文本的条款作了注释、说明和补充。《临时适用议定书》规定，所有缔约方必须适用总协定的第一、第三部分，对于第二部分，要求缔约方在“与其现行国内立法不相抵触的范围内最大限度地予以适用”。

三、乌拉圭回合多边贸易谈判

表 6－1　　多边贸易谈判：1947－1995 年

名称	日期及参加缔约方数量	题目及方式	结果
日内瓦回合	1947 年 23 个	关税：产品对产品的谈判	45000 个税号的减让
安纳西回合	1949 年 29 个	关税：产品对产品的谈判	适度的关税降低
托奎回合	1950－1951 年 32 个	关税：产品对产品的谈判	8700 个税号的减让
日内瓦回合	1955－1956 年 33 个	关税：产品对产品的谈判	适度的关税降低
狄龙回合	1960－1961 年 39 个	关税：产品对产品的谈判，欧盟关于工业制成 20% 线性消减的建议未获通过	1957 年欧共体建立后进行关税调整；4400 个税号的相互减让
肯尼迪回合	1963－1967 年 74 个	关税：公式法减让、辅之以产品对产品的谈判；非关税措施；反倾销、海关估价	发达国家平均降税 35%，30000 个税号被约束；反倾销和海关估价协议
东京回合	1973－1979 年 99 个	关税：公式法减让；非关税措施；反倾销、补贴、海关估价、政府采购、进口许可证程序、产品标准、保障条款	发达国家平均降税 1/3（工业制成品达 6%）；所谓的有关非关税措施的行为守则，适用于有关 GATT 成员
乌拉圭回合	1986－1995 年 1986 年 103 个 1993 年末 117 个 1995 年初 128 个	关税：产品对产品和公司法谈判相结合；非关税措施；所有东京回合议题加上装船前检验、与贸易有关的投资措施、原产地规则；新议题：服务贸易和知识产权、争端解决程序、贸易政策和监督的透明度	发达国家平均降税 1/3；农产品和纺织品被列入 GATT；创立 WTO；服务贸易协定和知识产权协定；许多东京回合的守则得到加强并成为 1994 年 GATT 的一部分，适用于 WTO 的所有成员

1. 乌拉圭回合发起的背景

GATT 第 7 轮“东京回合”谈判之后，美国、欧共体和日本三个主要工业经济体间的经济贸易摩擦日益加剧。1982 年 11 月的 GATT 部长级会议主要是为了解决东京回合遗留问题，但失败了，而且也导致了保护主义的抬头。美国后发动了新一轮多边贸易谈判，GATT 于 1985 年 9 月召开缔约方大会，与会代表认为，新一轮谈判的宗旨应该是遏制和消除贸易保护主义，维护和加强国际多边贸易体制，改善国际贸易环境，促进贸易自由化的发展。会议的中心议题集中在是否应将服务贸易纳入国际多边贸易体制以及服务贸易与传统贸易的关系上。经过各方反复协商并达成了协议，宣告新一轮谈判筹备工作开始。

1985 年 11 月底，GATT 召开第 41 届缔约国大会，正式成立新一轮谈判筹备委员会。筹委会用了 4 个月时间完成了对新一轮谈判可能涉及的 30 多个议题的审议工作，草拟了乌拉圭回合部长会议宣言。

1986 年 9 月 15 日，在乌拉圭的埃斯特角举行关贸总协定缔约国部长级会议，会议决定发动第 8 轮多边贸易谈判，即乌拉圭回合多边贸易谈判，简称“乌拉圭回合”。

2. 乌拉圭回合谈判的特点

乌拉圭和会谈判历时近 8 年，于 1993 年 12 月正式结束，中间几经周折，最后达成了包含近 40 个协议和决定的最后文件。乌拉圭回合谈判的特点主要有以下几个方面：

（1）谈判的范围广。从表 6 - 1 可以看出，多达 117 个国家和地区参加了此次谈判，其议题也多达 15 个，这都是空前的。议题大致可分为三大类：第一类是有关进一步促进货物贸易的自由化议题；第二类是与强化 GATT 多边贸易制度功能及作用有关的提议；第三类是新增的与贸易有关的知识产权问题、投资措施以及服务贸易 3 个议题。它们几乎涵盖了各方所关心的议题。

（2）难度大。本次谈判历时 8 年，主要是由于该轮谈判涉及了大量的国际贸易中的新旧议题，其中有的议题非常棘手，而且参加各方又都代表不同的利益，致使谈判纷繁复杂，难以协调和妥协。特别是在农产品贸易自由化问题上，发达国家尤其是美国和欧共体之间矛盾重重，各方利益尖锐对立，使谈判几度陷入僵局，以致使这一问题的谈判成为乌拉圭回合成败的关键。

（3）谈判成果的显著性。乌拉圭回合谈判的最后文件包括 28 个协议，涉及 21 个领域，远远超过以前历届谈判的成果。并且谈判的最终结果采取的是一揽子协议，各缔约方所产生的一系列多边协议，要么全部同意全部签署，要么全不同意全不签署，而非像过去那样可以部分同意、承担部分责任和义务。这样就增强了 GATT 权利和义务的整体协调性。

3. 乌拉圭回合谈判的主要成果

1993 年 12 月 15 日，随着欧美在农产品补贴问题上达成谅解，乌拉圭回合多边谈判终于在最后期限前于日内瓦国际会议中心结束，并产生了几经修改的《乌拉圭回合最终文件》。不仅涉及 GATT 原则和规则下的关税、非关税等原有问题及其延伸，而且增加了农产品、纺织品和服装、服务贸易及知识产权等新内容。

在消减关税方面，各缔约方平均减税幅度约 40%，涉及的贸易额高达 1.2 万亿美元，其中有 20 个产品实行零关税，有些产品关税下降 50%。就工业产品而言，发达国家受到协议约束的税目比例，从乌拉圭回合前的 78% 扩大到了 97%，加权平均税率水平由 6.4% 降到 4%；同时，发展中国家受到约束的比例由 21% 剧增到 65%。除此之外，乌拉圭回合还在以往没有解决的纺织品和服装以及农产品的贸易方面达成了协议，在服务贸易方面也做出了承诺。就农产品而言，所有参加方必须将一切非关税措施转换成关税，实行关税化。对每项关税细目至少降低 15%，发展中国家可只消减 10%。就纺织品和服装而言，协议要求在 10 年内分三阶段取消进口数量限制和进口年增长率，发展中国家向发达国家出口纺织品和服装不再受配额限制，实现纺织品和服装的自由贸易。

在非关税措施方面，通过了《原产地规则协议》《装船前检验协议》《技术标准协议》等一系列文件，对原产地规则、装船前检验、海关估价、反倾销、技术壁垒、进口许可证等非关税壁垒进行了进一步规范。

此外，对具体的贸易活动及其相关问题，还达成了《农产品协议》《纺织品和服装协议》《服务贸易总协定》《与贸易有关的投资措施协议》《与贸易有关的知识产权协议》以及《保障措施协议》《总协定体制的作用》《争端解决规则与程序的谅解》等一系列协议，它们构成了 WTO 的重要内容。

四、GATT 的历史贡献及缺陷

GATT 作为一个临时性的协定，不是一个权力机构，没有法人资格，但它却发挥了国际贸易组织的作用，在现代国际贸易史上功不可没。也使 GATT 在世界贸易中具有举足轻重的作用。GATT 对国际贸易发展的历史贡献，主要表现在以下几点：

第一，组织多边贸易谈判，消除各种贸易障碍。贸易障碍主要是关税和非关税两种。高关税的存在，曾是限制国际贸易发展的主要因素。在关税与贸易总协定主持下，经过 8 轮多边贸易谈判，各缔约方的关税均有了较大幅度的降低。发达国家的平均关税率从 1948 年的 36% 降至 20 世纪 90 年代中期的 3.8%，发展中国家和地区同期降至 12.7%，关税壁垒的作用大为降低。从东京回合起，非关税壁垒也被纳入减让谈判的范围并达成了《技术性壁垒协议》《进口许可证制度协议》等一系列协议，非关税壁垒的使用受到一些限制。这使国际贸易规模从 1950 年的 607 亿美元，增加至 1995 年的 43700 亿美元。世界贸易的增长速度超过世界生产的增长速度。

第二，在一定程度上维护了发展中国家在国际贸易中的利益。1948 ~ 1993 年，随着加入总协定的发展中国家逐渐增加，总协定中增加了专门处理发展中国家贸易和发展问题的条款，使发展中国家处于特殊的、可享受优惠的地位，有利于发展中国家经济和贸易的发展。

第三，协调缔约方之间的贸易关系，解决各种贸易纠纷。由于各国的切身利益不同，在国际贸易中难免存在各种冲突和纠纷。总协定的各种组织机构为各缔约方解决矛盾和争端提供场所，而且有一套争端调解的程序和方法。这样保障了各方在总协定中的权利和义务。GATT 的条文不具法律强制性，是一个临时协定，但由于其协调机制的权威性，它能使绝大多数的贸易纠纷得到解决。

第四，制定适应国际贸易新发展的新规章准则。这些规章体系在一定程度上成为各缔约方制约和修改对外贸易政策和措施以及从事对外贸易活动的依据。在 GATT 存在的 47 年间，随着世界经济、科学技术的不断发展，国际贸易的领域不断扩展，服务贸易、投资及环保等领域的问题日益突出，为此，GATT 不断制定新的规章以明确各方的权利和义务。例如乌拉圭回合谈判首次涉及知识产权、与贸易有关的投资和服务贸易等领域，所通过的“一揽子协议”中包括了《服务贸易总协定》《与贸易有关的投资措施协议》《与贸易有关的只是产权协议》等前所未有的内容，有利于国际贸易的发展。

第五，通过 GATT，各缔约国互相了解了贸易情况，取得有关贸易政策的资料，从而有助于国际贸易的顺利进行。GATT 非常关注各缔约方经济和贸易的发展情况，并及时发表各种年度经济数据和经济发展报告，以便为缔约方的经济发展提供决策参考。

正是由于 GATT 的上述作用，GATT 才与世界银行和国际货币基金组织一起被称为驱动世界经济的“三驾马车”，它们各自在贸易、投资和金融领域影响着世界经济的发展。在国际贸易方面，当时全球 90% 以上的贸易量受到 GATT 的制约。

但是由于 GATT 不是一个正式的国际组织，使得它在体制上具有多方面的重要缺陷。

(1) 由于 GATT 非法人主体的身份使得其只能依靠自身权威性来监督各项规则的履行和调解各种贸易争端。由于其法律约束力不足，也难以对违规者作出制裁。作为一系列双边协定组成的总协定，其责任不全面，对有些协定其缔约方可以拒绝签署，各方的权利和义务并不平衡。

（2）GATT 不能适应国际经济贸易环境的巨大变化，尤其是不能适应经济全球化和知识经济发展的要求。关税与贸易总协定仅管辖货物贸易，而农产品、纺织品和服装不受关税与贸易总协定贸易自由化的约束。这与世界性产业结构向服务业、第三产业转变，国际服务贸易及投资的迅速发展不相适应，也与同贸易有关的知识产权保护的要求不相适应。

（3）GATT 的争端解决程序不具系统性，而是分散于各个个别协定和总协定中。因此难以形成具有实效的全盘性多边争端解决程序，缺乏能确保规则有效实行的全球性监督机构。而且 GATT 专家组对贸易纠纷作出的裁定，需要全体一致同意才能通过，这使裁定的通过易受个别大国的操控，缺乏公平性，破坏了 GATT 的基本原则。

有鉴于此，早在 20 世纪 50 年代后期，联合国经济与社会理事会就提出了在联合国主持下建立国际贸易组织的构想，20 世纪 60—80 年代建立世界贸易组织的呼声也从未停止过。

第二节　世界贸易组织

第二次世界大战结束以后，国际贸易组织由于美国国会没有通过相关决议而没能建立起来，但是几十年来，各种有代表性的国家和个人都曾提出过建立一个国际性贸易组织建议。在乌拉圭回合谈判中，又提出了不少关于建立国际性贸易组织的建议，包括加拿大的多边贸易组织的建议。经过 7 年多的谈判，117 个参加方终于在 1993 年 11 月 15 日达成了关于建立世界贸易组织的协议（草案）。世界贸易组织（World Trade Organization，WTO）于 1995 年 1 月 1 日正式成立，并与关税与贸易总协定有半年的过渡期；1995 年 7 月 1 日，世界贸易组织正式取代关税与贸易总协定而运作。

一、世界贸易组织的主要内容

1. 世界贸易组织协定的内容

1993 年 11 月 15 日达成的建立世界贸易组织的协定包括序言、条款和附件三个部分。

（1）序言部分概括了协定的宗旨和目标。它规定：WTO 全体成员在处理贸易和经济领域的关系时，应以提高生活水平，确保充分就业，大幅稳定地增加实际收入和实际需要，持久的开发和合理地利用世界资源，拓展货物和服务的生产和贸易为准则；必须积极努力，确保发展中国家在国际贸易增长中得到与其经济发展相适应的份额；通过签订旨在大幅消减关税和其他贸易壁垒以及在国际贸易关系中取消这些歧视待遇的议定书和互惠安排，为这些目标作出贡献；维护关贸总协定的基本原则和进一步完成关贸总协定的目标，发展一个综合性的、更加有活力的、持久的多边贸易制度，包括经过修改过的关贸总协定和它主持下达成的所有守则和协议，以及乌拉圭回合多边贸易谈判的全部成果。

（2）条款主要包括下列内容：①规定世界贸易组织提供的共同机构框架是为了处理世界贸易组织成员之间的贸易关系的。②规定世界贸易组织的职能是：促进世贸组织协定及各项多边贸易协定的执行、管理、运作及目标的实现，同时对各多边贸易协定的附协定的执行、管理和运作提供组织机制；为其各成员方提供谈判场所；负责管理实施《关于纠纷解决的规则与程序之谅解协议》，世贸组织将按该谅解的规则与程序支持并处理各成员方之间的各项纠纷；负责管理实施贸易政策审议机制协议；负责与国际货币基金组织、世界银行及其附属机构的合作，以便进一步促进对全球统一的经济政策的制定。③规定设立向所有成员代表开放的部长级大会和总理事会。④规定由总理事会任命一名总干事任世界贸易组织秘书处的首长，由总干事根据总理事会批准的规则任命秘书处和工作人员。⑤规定接受世界贸易组织协定和多边贸易协议的关贸总协定缔约方和欧共体，包括按关贸总协定议定条件接受者，为世界贸易组织的创始成员。⑥规定世界贸易组织在履行职能和任务时，应尊重关贸总协定的规则、决定和习惯做法，在对国内法作修改时，所有成员都应努力采取一切必要步骤，使其国内法能推动实施附件中协议的规定，以保证它们的法律与这些协议相互一致。

（3）世界贸易组织协定共有 4 个附件。附件 1 包括 3 个部分：货物贸易的多边协议、服务贸易总协定、与贸易相关的知识产权协议；附件 2 是综合性争端解决机制和谅解规则；附件 3 是贸易政策审议机制；附件 4 是包括东京回合另 4 个诸边贸易协议。

2. WTO 的组织机构

WTO 不同于 GATT，它是一个世界性的法人组织，有一整套的组织机构。

（1）部长会议。世界贸易组织的最高决策权力机构，由所有成员（世界贸易组织有创始成员和新成员之分，创始成员必须是关贸总协议的缔约方，新成员必须由部长会议以 2/3 多数票通过方可加入）主管外经贸的部长、副部长级官员或其全权代表组成，至少每两年召开一次会议，它可就任何多边贸易协议的任何问题作出决议，并拥有立法权、准司法权；可以豁免某个成员在特定情况下的义务；可以批准非世界贸易组织成员国所提出的取得世贸组织观察员资格申请的请示。下设总理事会和秘书处，负责世界贸易组织日常会议和工作。

（2）总理事会。在部长会议休会期间，由全体成员代表组成的总理事会代替行使部长会议职能。总理事会自行拟定议事规则及议程，可视情况需要随时召开会议以履行其解决贸易争端和审议各成员国贸易政策的职责。总理事会设有货物贸易、非货物贸易（服务贸易）、知识产权三个理事会。总理事会还下设贸易政策核查机构，它监督着各个委员会并负责起草国家政策评估报告。

（3）秘书处与总干事。世界贸易组织成立了由一位总干事领导的世界贸易组织秘书处。秘书处设在瑞士日内瓦，大约有 500 名工作人员。世贸组织的总干事应由部长会议任命。秘书处的所有职员则由总干事任命，并由总干事依照部长会议通过的规章确定职员的职责和任职条件。世贸组织的总干事是世界贸易组织的行政首长，其权力、职责、任职条件和期限均由部长会议通过的规章来确定，主要有以下职责：可以最大限度地向成员国施加影响，要求他遵守世界贸易组织规则；考虑和预见世界贸易组织的最佳发展方针；帮助成员解决争议；负责秘书处工作，管理预算和行政事务；主持协商和非正式谈判，解决贸易纠纷。

（4）世界贸易组织的专门委员会和谈判委员会。世界贸易组织在部长会议下设立专门委员会，以处理特定的贸易事项及其他有关事宜，如贸易与发展委员会，国际收支委员会，预算、财务与行政委员会，贸易与环境委员会，区域集团委员会等。而谈判委员会则是在总理事会或分理事会下设的负责各具体谈判议题的委员会（有的也称作谈判组），如民用航空器委员会、政府采购委员会、市场准入委员会等。

（5）世界贸易组织的工作组和专家小组。工作组是沿袭关贸总协定的做法，为处理一些重要问题而成立的一种临时性机构。一般由总理事会组建，其职权范围也由理事会决定，工作组将其工作报告及其审议结论提交理事会批准。专家小组则是为了处理成员之间的争议而成立的临时性专家工作机构。

（6）政策贸易审议、解决争端和上诉机构。这三个都是常设机构，分别负责审查成员国的贸易政策，解决成员间的贸易争端，审理上诉反对专家小组报告中有关内容的异议等工作。

3. WTO 的决策机制

WTO 的决策机制是指该组织对有关事项做出决定时应予以遵循的程序规则。这些事项主要指对条文的解释、修改、豁免义务以及接受新成员等。

（1）意思一致原则。《世界贸易组织协定》第九条规定："世贸组织应继续 1947 年关贸总协定所遵循的以意思一致作出决策的做法。"这是 GATT 和 WTO 及其法律制度运作的一项基本准则。即只要出席会议的成员方对拟通过的决议不正式提出反对就视为同意，包括保持沉默、弃权或进行一般的评论等均不能构成反对意见。下列事项的决策一般应实行意思一致规则通过才有法律效力，除非有特殊规定：第一，对《世界贸易组织协定》和多边贸易协定的修改，有特殊规定的除外；第二，下列豁免成员方的义务，①豁免决定所涉及的是某一成员方在有关期限内履行过渡期或分阶段实施期的任期任何义务；②某项有关 WTO 章程的豁免请示应在提交部长会议 90 天内；第三，对 WTO 协定附件 4 诸边贸易协议的增加；第四，争端解决机构按照《关于争端处理规则和程序的谅解》作出决定时，需一致同意。

（2）简单多数规则。意思一致虽然是对总协定过去实践的一个肯定，但过于理想化。为防止因意见不一，或无法达成意思一致而导致 WTO 无法作出决定的情况，协定第九条还规定："若某一决定无法取得意思一致时，则由投票决定。在部长会议和总理事会上，WTO 的每一成员方有一票投票权……决定应以多数表决通过。"对这一规定有一项重要的例外，即"除（本协定）另有规定外"。所谓"另有规定"是指 WTO 协定本身对某些事项另行规定了特殊的投票通过的制度，此时应以特殊规定为准。由于在一些重大事项的决策上协定都作了特殊规定，因此，WTO 以简单多数通过即可作出决定的规定不过是纸上谈兵。

（3）2/3 通过规则。这一规则是简单多数规则的第一项例外。当 WTO 的决定不能以意思一致通过时，必须采用 2/3 多数通过，而不能采取简单多数通过的办法。根据 WTO 协定，下列事项采用 2/3 多数通过：①对《世界贸易组织协定》附件 1 中的多边货物贸易协定和与贸易有关的知识产权协定的修改建议；②对《服务贸易总协定》第一至第三部分以及附件的修改建议；③对《世界贸易组织协定》和多边贸易协定的某些条款修改意见提交成员方接受的决议；④新成员方加入 WTO；⑤财务和年度预算决议。

（4）3/4 通过规则。这是 WTO 对某些涉及成员方权利或义务或重大事项作出决策的规则。以 3/4 压倒多数通过的事项包括：①条文解释；②协定修改；③豁免义务。

（5）所有成员方接受规则。WTO 协定第九条规定了相当极端的通过修改 WTO 协定及其附件协定有关内容的规则，即要求 WTO 所有成员方接受后才可作出修改的决定。也就是说，如果存在任何一个成员方的反对，该修改决定就不得作出。这一规定意味着在作出这类修改时，所有成员方都应明确表示同意。下列决策采用所有成员方接受规则：①对世界贸易组织决策制度（投票程序）的修改；②对《1994 年关税与贸易总协定》（GATT1994）第一条款（最惠国待遇）和第二条款（关税减让）的修改；③对《服务贸易总协定》第二条款（最惠国待遇）的修改；④对《与贸易有关的知识产权协定》第四条款（最惠国待遇）的修改。

（6）反向一致规则。即只要不是有权投票者全体一致对有关事项提出反对，则视为全体一致同意。该项规则避免了 1947 年 GATT“一致同意”规则的弊端，是一个重大的创新。

二、WTO 的基本原则

为了有效地实施其宗旨，WTO 的全部内容中贯穿了一系列基本原则，它们体现在 WTO 的协议之中，并为后来在多边贸易谈判中所达成的协议作了补充。这些原则及其例外构成了 WTO 法律框架的基础，制约着 WTO 成员方的贸易活动。

1. 非歧视原则

非歧视原则是 WTO 的最基本的原则，本着这一原则，各成员方可以同等地分享降低贸易壁垒所带来的利益。这个原则主要体现在两个重要条款上。

(1) 最惠国待遇原则。最惠国待遇原则是缔约国一方现在和将来所给予任何第三国的优惠和豁免，必须同样给予对方。按有无条件，最惠国待遇原则分为有条件和无条件两种。

(2) 国民待遇原则。国民待遇原则就货物贸易而言，是指在贸易方面，成员之间相互保证对方的公民、企业、船舶在本国境内享有与本国公民、企业、船舶同样的待遇。

需要强调的是，国民待遇不像最惠国待遇都是无条件的，对于货物贸易，GATT1947 第三条规定，国民待遇对货物贸易是无条件的；对于服务贸易，GATS 规定，对服务产品实行国民待遇仅适用于一国作出具体承诺的部门。一旦一国允许外国企业在其境内提供服务，则在对待外国企业和本国企业时，不应存在歧视。对知识产权，TRIPS 第三条规定，在知识产权方面，每个成员给予其他成员的国民待遇不应低于它给予本国公民的待遇，除非其他有关国际知识产权公约另有规定。

2. 互惠原则

互惠原则也是 WTO 的基本原则之一。互惠性并没有一个正式的定义，但它是 WTO 得以发挥作用的主要机制。GATT1947 在第二十八条第 2 款中规定：“有关缔约方应力求维持互惠互利减让的一般水平。”互惠性要求一个国家在得到另一个国家的减让优惠时也要提供“相等”的减让优惠作为回报。只有通过各成员方之间的互惠互利、相互关税减让，他们各自的进出口才能维持基本平衡，WTO 促进各国贸易发展、推动贸易自由化的目标才能得以实现。

这一原则的例外体现在普惠制待遇上，普惠制要求发达国家给予发展中国家的优惠不能要求发展中国家给予对等的回报，否则，两者之间经济水平的不平等永远得不到改善。

3. 透明度原则

透明度原则是指缔约方正式实施的有关进出口贸易的政策、法律、法规、法令、条例及签订的有关贸易方面的条约等都必须予以正式公布；否则，非经正式公布，不得实施。其目的是防止缔约方之间进行不公开的贸易，从而造成歧视性的存在。这也是 WTO 其他原则得以有效贯彻的基础。

但是，透明度原则也并非成员方必须什么都要对外公布，GATT 和 GATS 也规定了透明度原则的例外，具体有两点。

(1) GATT1947 第十条规定：不要求公开那些会妨碍法令的贯彻执行，会违反公共利益，或者会损害某一公司企业的合法商业利益的机密资料。

(2) GATS 第三条规定：本协定的任何规定都不得要求任何成员提供那些一旦公开阻碍法律的实施或违背公众利益，或损害特定公营或私营企业合法商业利益的机密资料。

4. 公平贸易原则

公平贸易原则是指缔约方之间在进行国际贸易交往中，不得采取不正当的贸易手段进行国际贸易竞争或扭曲国际贸易竞争。该原则要求各缔约方为了创立和维持公平竞争的国际贸易环境，不得实施出口补贴、产品倾销等不正当的竞争方式来损害其他缔约方的合法利益。

5. 公平解决争端原则

公平解决争端原则是指成员方之间一旦出现国际贸易争端，应通过公正、客观、平等和友好的方式使有关贸易争端能得到妥善地解决。GATT 乌拉圭回合通过了一个重要的协议——《关于争端解决规则与程序的谅解协议》，使随后建立的 WTO 从本质上超越了 GATT。该协议的主要特点是：①适用范围广泛。除贸易政策审议机制外，所有因 WTO 协定及其附属协定的争端都受到 WTO 争端谅解协定的管辖。②程序规则明确。③WTO 构成了一个统一的、透明度较强的争端解决制度，而此前 GATT 的争端规定比较分散，缺乏一致性。④WTO 的多边争端解决机制取代了过去通过的双边解决争端的做法。⑤新的谅解规则，由于机制健全、程序规则清晰等特点，更趋于司法化。

6. 对发展中国家特别优惠的原则

对发展中国家特别优惠的原则是基于发达国家和发展中国家间经济实力的巨大差距，对发展中国家追求公平发展、改变旧的国际经济秩序的作出的反应。

WTO 的前身 GATT 的大多数条款都是迎合了发达国家的利益。1965 年，在联合国 1964 年第一届贸易发展大会的影响下，GATT1947 才增加了一个第四部分，即“贸易和发展”部分，承认了发达国家与发展中国家间的非互惠原则，规定了对缔约方中发展中国家在贸易和发展方面的特殊要求和有关问题。

7. 取消数量限制原则

数量限制是一种非关税措施，通过限制外国产品的进口数量来保护本国市场，而 WTO 规定各成员方只能通过关税来保护本国工业，因此数量限制违背了 WTO 的这一规定。

GATT1947 第十一条规定，任何缔约方除征收税捐或其他费用以外，不得设立或维持配额、进口许可证或其他措施以限制或禁止其他缔约方领土产品的输入，或向其他缔约方输出或销售出口产品。

乌拉圭回合谈判要求将既有配额转化为等效关税，然后再逐步降低关税。也就是说同意各缔约国可以把关税作为唯一的保护手段，因为关税可以使各国的保护程度一目了然，也便于对各国的保护水平进行比较和监督。

第三节　中国与世界贸易组织

一、中国与 GATT 的历史回顾

第二次世界大战后期，美国、英国、加拿大就战后组成国际贸易组织进行过多次磋商。1945 年 12 月应美国之邀，中国参加了有英、法等国家出席的会议，商谈减税及其经济事务，事实上中国参与了关税与贸易总协定成立之前的准备工作。

1949 年中华人民共和国成立，随着改革开放以来，中国经济的发展和国际经贸活动的广泛开展，中国与世界的经济联系加强，1980 年恢复了在国际货币基金组织和世界银行的合法席位。其后，中国开始以观察员的身份列席 GATT 的有关会议。经过充分准备，1986 年 7 月，中国政府向 GATT 正式提交了关于恢复中国在 GATT 创始国地位的申请，并阐明了中国对恢复 GATT 缔约国地位的原则立场，开始了最初的“复关”谈判。

二、中国申请“复关”和加入世界贸易组织的原则和进程

（一）中国申请“复关”和加入世界贸易组织的原则

鉴于中国恢复在 GATT 缔约国地位的特殊性，中国政府提出了“复关”必须坚持的三项原则。

（1）中国是恢复在关贸总协定中的席位，而不是重新加入关贸总协定。

（2）中国政府不是以承诺承担具体进口义务为条件，而是以关税减让为“复关”基础；这主要是由于中国当时实行计划经济，而且中国没有参加以前的关税减让谈判，关税税率大大高于 GATT 的关税税率，这应该制约了中国从 GATT 缔约方的进口。以履行进口义务复关，即意味着每年以一定的增长率增加从缔约方的进口，这种方式从长期看很容易造成沉重的进口负担，所以中国承诺可以逐渐降低关税水平，使之达到 GATT 的要求。

（3）作为发展中国家，中国必须以发展中国家身份恢复缔约国的地位。毋庸置疑，中国的人均国民生产总值和人民的生活水平，都应该是属于发展中国家。但是有的缔约方特别是美国从中国的经济总量上看，认为如果中国享受发展中国家的优惠，将使中国的出口剧增，将对有关缔约方经济造成冲击。

1995 年世界贸易组织成立后，中国复关谈判转为加入世贸组织谈判后，实行了三项新的原则：

（1）没有中国的加入，WTO 是不完整的；

（2）中国只能按发展中国家的身份履行有关义务，最多以最大的发展中国家的身份加入 WTO；

（3）权利和义务要对等。

（二）中国加入世贸组织谈判的阶段

（1）1987—1992 年资格审查阶段。主要是审议中国的经济体制，包括：1987 年 2 月钱嘉东大使致函关税与贸易总协定总干事邓克尔先生，代表中国政府向关税与贸易总协定正式递交了恢复初始缔约国地位的重要文件《中国对外贸易制度备忘录》；1987 年 3 月 GATT 成立中国工作组，审议中国“复关”问题；1987 年工作组举行在日内瓦召开的第一次会议，到 1992 年共举行 10 次会议，对我国的经济体制改革、经贸体制改革、关税制度等进行答疑，并完成中国外贸体制的评估以及对中国贸易制度的审议。

（2）1992—1995 年复关议定书谈判阶段。1992 年 2 月，在中国工作组第 10 次会议上，中国复关谈判出现转机。但 1994 年 12 月第 19 次谈判中因一些西方国家反对中国复关而成为世贸组织的创始成员，中国复关没有能达成协议。

（3）1996 年以后入世谈判阶段。1995 年 1 月 1 日世贸组织正式成立，取代了《关税与贸易总协定》。从 1996 年开始，中国从“复关”谈判变成加入世贸组织的“入世”谈判。在 1995 年、1997 年、1998 年中国三次主动宣布大幅度降低进口关税，取消农产品出口补

贴。1999 年中国入世步伐加快，中美就中国加入世贸组织达成双边协议。

2001 年 12 月 11 日，中国在经历了 15 年的谈判之后，终于取得了最后胜利，正式成为 WTO 成员。

三、中国加入世贸组织后应承担的义务与可以享受的权利

（一）中国加入 WTO 后应承担的义务

中国加入 WTO 后应该承担的义务主要表现在以下几方面：

1. 削减关税

GATT1994 第二十八条附加第 1 款规定：各成员方“在互惠互利基础上进行谈判，以大幅度降低关税和进出口其他费用的一般水平，特别是降低那些使少量进口都受阻碍的高关税”。所以，中国“入世”的首要义务就是要逐步将中国关税加权平均水平降到关贸总协定要求的发展中国家水平，并将最高关税一般约束在 15% 以下，这将使中国许多产业更直接地面临国外产品的竞争，同时国家财政收入有可能会相应减少，但最终可使广大国内消费者受益。

2. 逐步取消非关税措施

GATT1994 第十一条第 1 款规定：“不得设立或维持配额、进出口许可证或其他措施，以限制或禁止其他缔约方的产品的输入，或向其他缔约方输出或销售出口产品。”从而为实现自由贸易创造条件。中国本来是实行贸易管制的国家，当然除关税外，也存在种种非关税措施，因此在复关和“入世”谈判中主要议题之一就是要求中国削减如进口许可证、配额以及外汇管制、技术检验标准等非关税措施。这些非关税措施和关税一起被纳入市场准入的谈判，在市场准入的谈判中达成的任何协议都将按世贸组织的最惠国待遇原则，同等给予一切成员方。

3. 取消出口补贴

GATT1994 第十六条第 2 节第 2、3 款规定：“一成员方对某一出口产品给予补贴，可能对其他的进口和出口成员方造成有害的影响，对他们的正常贸易造成不适当的干扰，并阻碍本协定目标的实现。因此，各成员方应力求避免对产品的输出实施补贴。”中国自 1991 年 1 月开始，在调整汇率的基础上，对所有产品，包括工业制成品和初级产品出口实行企业自主经营、自负盈亏的经营机制，已达到了世贸组织的有关要求。取消补贴后，亏损商品主要通过汇率调整和出口退税的方法获得补偿。GATT1994 附件 9 关于第十六条的规定：“退还与所缴数量相当的关税或内地税，不能视为一种补贴。”

4. 开放服务业市场

乌拉圭回合谈成的服务贸易总协定，要求成员方对服务贸易执行与货物贸易同样的无歧视和无条件的最惠国待遇、国民待遇、透明度和逐步地降低贸易壁垒，开放银行、保险、运输、建筑、旅游、通信、法律、会计、咨询、商业批发、零售等行业。世贸组织统计的服务行业多达 150 多种，都将属于开放范围。对中国来说，将逐步地、有选择地、有范围地开放一些服务业。

5. 扩大知识产权的保护范围

世贸组织实施管理的“与贸易有关的知识产权协定”要求各成员方扩大对知识产权的保护范围。中国“入世”对知识产权扩大保护范围以后（如扩大到对化工产品、药品、食

品、计算机软件等)，将使中国有关企业必须通过支付专利许可证费用来合法地购买专利，政府也将严惩任何侵权行为，如假冒外国名牌商标和盗版的行为将受到法律制裁。

6. 放宽和完善外资政策

世贸组织实施管理的“与贸易有关的投资措施协议”与我国引进外资政策有密切的关系。当时的中国引进外资法规还不够完善，允许外商投资的范围还要进一步扩大，“硬件”和“软件”环境也将进一步改进。特别是随着服务业市场的对外开放和人民币汇率体制改革后，修改外资“三大基本法”的工作就提到了议事日程。

7. 增加贸易政策的透明度

世贸组织建立了对各成员方贸易制度定期审查和通报的制度。中国已分步公布或废除了以往众多的内部决定，以适应要求。此外，还要缴纳世贸组织活动费用。

（二）中国加入 WTO 后可享有的权利

中国加入 WTO 后可以享有的权利主要表现在以下几个方面：

1. 享有多边的、无条件的和稳定的最惠国待遇

“入世”后，中国可以在所有的 130 多个成员方享受多边的、无条件的、稳定的最惠国待遇，这将使中国产品在最大范围内享受有利的竞争条件，从而促进出口的发展。

2. 享有“普惠制”待遇及其他给予发展中国家的特殊照顾

“普惠制”又称“普遍优惠制”，是根据关贸总协定的第四部分、东京回合的“授权条款”以及“乌拉圭回合”有关规则对发展中国家出口的制成品和半制成品所给予的单方面减免关税的特殊优惠待遇。这对中国扩大出口、提高出口效益都有一定好处。

除普惠制这种最重要的优惠外，在世贸组织实施管理的多边协议中都规定了对发展中国家成员的某些特殊优惠，这些优惠是单方面给予的，发展中国家无需作出对等的回报。如 GATT1994 附件 9 关于第三十六条的规定，在减让税率方面“不应当期望发展中的成员方在贸易谈判过程中作出与他们各自的发展、财政和贸易方面的需要相抵触的贡献”。在新的世贸组织各条协议中也都规定了对发展中国家成员的特殊优惠。

3. 充分利用争端解决机制

随着中国对外开放程度的扩大，各种经济贸易上的纠纷也会逐渐增多。在双边贸易中，发达国家往往利用国内的、单边主义的、甚至过时的法律条款对中国实行歧视待遇，中国“入世”后，可以通过世贸组织特设的贸易争端解决机构和程序，比较公平地解决贸易争端，维护正当的贸易利益。

4. 获得在多边贸易体制中“参政议政”的权利

“入世”后，中国可以参与各个议题的谈判和贸易规则的制定，充分表达中国的要求和关切，有利于维护中国在世界贸易中的地位和合法权益，并在建立和维护公正合理的国际经济秩序等方面发挥更大的作用。此外，还能利用世贸组织的讲台，宣传中国的经济政策，积极发展和世界各国的经济合作、贸易和技术交流；还将得到世贸组织汇集的世界各国经济贸易的信息资料。此外，还可利用世贸组织的基本原则，享有采取例外与保护措施的权利。

本章小结

《关税贸易总协定》于1948年1月1日诞生，它关于调整缔约国对外贸易政策和国际贸易关系方面的相互权利、义务的国际多边协定，中国是其创始缔约国之一。1949年新中国成立后，我国与关贸总协定的正式关系长期中断，一直到改革开放后中国政府正式提出“复关”申请，1995年1月1日世贸组织成立后，我国由“复关”申请转为“入世”申请。前后经过长达15年的谈判，终于于2001年底加入世界贸易组织。关贸总协定和世贸组织的宗旨都是为了提高人民的生活水平，增加就业，扩大贸易，促进资源的合理和开发利用。

思考题

1. GATT对国际贸易的发展起到了哪些促进作用，其主要缺陷是什么？
2. 试述乌拉圭回合谈判的特点和意义。
3. 试述WTO基本原则的主要内容。
4. 最惠国待遇原则和国民待遇原则在实施程度上有何不同？
5. 试述中国复关及加入世贸组织过程中所坚持的原则及理由。

第七章　国际贸易术语

学习目标

- 理解国际贸易中使用的贸易术语；
- 概述规范贸易术语使用的主要规则；
- 对2020年国际贸易术语解释通则中的11个术语进行简单解释；
- 比较和对比离岸价、成本加运费价和到岸价的使用；
- 确定《国际贸易术语解释通则》下的应用问题；
- 列出选择国际贸易术语时的决定性因素。

第一节　有关贸易术语的国际惯例

国际贸易的历史表明，在现代通信发展之前（19世纪早期之前），国际贸易的形式仍然相对单一。商人将货物运往海外，并直接出售给外国买家。在其他情况下，买方可能会租船，或者亲自到出口港购买货物。在这种情况下，交易是面对面的，因此很简单。

随着交通的改善，保险和银行业的发展，伴随着相关立法的逐步建立和完善，国际贸易以前所未有的速度增长，并开始采取各种形式。复杂性与贸易的快速增长紧密相连。

与此同时，交易员们正试图找到更好的方式来传达与交易相关的信息。离岸价（船上交货）是在买方船只上交货的最古老的贸易术语，形成于18世纪晚期，尽管它的解释与今天有很大不同。这一时期也出现了其他贸易术语。然而，由于各国贸易实践的差异，理解的差异导致了跨境交易中的问题。随着世界贸易量的急剧增加和贸易模式的显著变化，对一种统一的"贸易语言"的需求变得越来越迫切。

各国政府和与贸易有关的组织试图建立一个文件系统来解释和规范贸易术语的使用，希望贸易过程能够简化，避免误解。在本章中，我们将介绍在解释现有贸易术语中起主要作用的国际惯例。

在我们详细探讨贸易条件之前，必须强调一个重要问题。贸易术语的使用和解释在某种程度上是习惯做法的结果。它们不具有任何法律约束力，除非它们被列为相关合同的组成部分，并受到相关法律文书的保护。

一、1932年华沙—牛津规则

1928年在波兰首都华沙举行的国际法协会大会期间，制定了一套统一的规则——1928

年《华沙规则》。共有22条规定，它们规定了以到岸价格（成本、保险和运费）合同条款销售货物的当事人的权利和义务。

1930年和1931年，协会在纽约和巴黎举行会议，讨论对规则的进一步修正。在1932年英国牛津公约中，这些规则被合并成21条规定，成为1932年华沙—牛津规则。

二、1941年修订的美国对外贸易定义

1919年，美国的9个商业团体设计了“美国出口报价单和缩写”，其目的是澄清和简化国际贸易中使用的术语。随着贸易习惯的变化，在1940年第27届全国对外贸易会议上，这份文件被修订，1941年7月30日，美国商会、美国进出口协会和美国全国对外贸易协会的联合委员会正式完成了《1941年美国对外贸易定义修订版》。定义对定义中所称的六个贸易术语或术语进行了解释。

此外，根据贸易惯例，定义明确定义了离岸价的六种变体（如下）。他们为更容易的贸易交流奠定了基础，尤其是在北美地区。

①Ex point of origin（产地交货）;

②FOB（free on board）（在运输工具上交货）;

③FAS（free along ship）（在运输工具旁边交货）;

④C&F（cost and freight）（成本加运费）;

⑤CIF（cost，insurance and freight）（成本加保险费、运费）;

⑥Ex Dock（named port of importation）（目的港码头交货）。

需要注意的是，1941年修订版美国对外贸易定义要求买方承担所有离岸价条款下与出口海关手续相关的成本和责任。与《国际贸易术语解释通则》的定义差别很大。

三、国际贸易术语解释通则2020

（一）贸易术语的含义

贸易术语（trade terms），又称贸易条件、价格术语，是进出口商品价格的一个重要组成部分，它是用三个大写英文字母的组合表示。例如“CIF”，用来说明价格的构成及买卖双方有关费用、风险和责任的划分，以确定买卖双方在交货和接货过程中应尽的义务。国际贸易的买卖双方在规定价格时使用贸易术语，既可节省交易磋商的时间和费用，又可简化交易磋商买卖合同的内容，有利于交易的达成和贸易的开展。

尽管它们作出了贡献，但前面提到的两份文件有其局限性，特别是因为它们落后于时代，而且在过去几年里有了许多发展。运输和信息技术的迅猛发展推动了现代国际贸易的发展。许多贸易模式超出了上述规则的覆盖范围。不同国家解释的混乱要求对贸易术语进行更清晰、更规范的解释。

1936年，总部设在巴黎的世界商业组织国际商会首次出版了《国际商业术语解释通则》。如前言所述，本文件的目的是为解释外贸中最常用的贸易术语提供一套国际规则。因此，不同国家对此类术语的不同解释的不确定性可以避免，或至少在相当大的程度上减少。为了跟上贸易实践的变化，国际商会定期修订和更新规则；重要的更新年份是1953年、1967年、1976年、1980年、1990年和2000年。最新版本《国际贸易术语解释通则2020》，2020年修订，2021年1月1日生效。文件名称已修改为《国际贸易术语解释通则》。

《国际贸易术语解释通则》自问世以来，已被大多数国家采用。它们处于世界贸易的核心。然而，随着 1932 年华沙—牛津规则和 1941 年修订的美国对外贸易定义的存在，假设每个贸易者无论其原产地如何，都以同样的方式理解和使用国际贸易术语解释通则是不明智的。因此，从业者总是有必要明确指出所使用的贸易术语受哪一套规则的约束。

在下一节中，提供了一个框架来帮助建立对《国际贸易术语解释通则》的基本理解。由于国际贸易术语解释通则不断更新和修订，因此提及适用于特定交易的国际贸易术语解释通则版本非常重要。除非另有说明，本书将坚持 2010 年国际贸易术语解释通则。此外，为了确保正确使用，贸易从业者仍然需要查阅国际商会的全文，了解更多细节。国际贸易术语解释通则是被世界各国政府、法律机构和从业者接受的解释国际贸易中最常用术语的国际规则。它们或者减少或者完全消除了由于不同国家对此类术语的不同解释而产生的不确定性。新发布的 2020 年版本考虑到了货物安全发展等问题，并需要用电子文件代替纸质文件。它对以前的版本（2010 年）做了一些重要的修改。在解释过程中，可能会提到旧版本《国际贸易术语解释通则》的一些特点，但《国际贸易术语解释通则 2020》仍然是本章讨论的核心。本书中对国际贸易术语解释通则或贸易术语的任何未来参考都应毫无疑问地参考 2020 年版本。

1. 运用范围

然而，在国际贸易中普遍使用的《国际贸易术语解释通则 2020》并不适用于所有各方可能希望包含在典型交易中的所有关税。它有一个严格定义的治理范围。正如《国际贸易术语解释通则 2020》导言中明确指出的那样，本文件的范围仅限于与销售合同各方在交付所售有形货物方面的权利和义务有关的事项。

这里定义了几个问题。首先，它涉及的是当事方。据我们所知，在整个国际贸易过程中，可能涉及许多方面：卖方、买方、承运人、保险公司、海关、中间商等。但就《国际贸易术语解释通则》而言，只有双方之间的关系一卖家和买家，没有其他人一会被处理。其次，它是正在讨论的文件。在完成国际销售交易所需的所有合同中，销售合同、运输合同、保险合同和融资合同一《国际贸易术语解释通则》只涉及其中的一项，即销售合同。

第三，它是由买卖合同的具体方面所支配的。销售合同可以被认为是交易的基础。它应该包括销售的所有基本和重要因素。然而，国际贸易术语解释通则仅解决与所售货物的交付有关的问题。在对贸易术语做出准确解释之前，理解"交货"一词至关重要。在这种情况下，这个词不仅仅是指将货物从一个地方带到另一个地方的物理行为。它还表明双方之间相关风险和义务的转移。

简单来说，《国际贸易术语解释通则》规定了买卖双方在多大程度上应该承担销售合同项下货物的义务、成本和风险。将详细检查这些区域。

2. 义务

根据《国际贸易术语解释通则》，买卖双方关系中需要澄清的一个方面是义务的划分。义务是一个强有力的词，它意味着根据某种协议做某事的法律义务。关于销售合同下的货物交付，双方的义务是指所有必要的处理程序。在所有的义务中，有些是被普遍接受和履行的，甚至没有任何书面解释。例如，卖方有义务提供符合合同描述的货物，并向买方提供货物出口的任何必要协助。买方有义务按照合同规定支付价款。然而，其他义务在不同情况下可能有所不同。谁来办理进出口通关？谁应该安排货物的运输？保险的服务应该由谁承包？

像这样的问题需要明确回答。《国际贸易术语解释通则》旨在明确规定买卖双方在特定贸易条件下的具体义务。

3. 成本

成本是交易双方在特定交易中需要解决的另一个重要因素。国际贸易中涉及的主要成本可能包括本地和海外运输和保险费用。其他详细费用可能涉及货物监督检查费用、清关费用，如获得出口或进口许可证的费用，以及货物在某些特定运输点的装卸费用。通过考虑所有可能的成本，国际贸易术语解释通则根据买卖双方的相关义务在买卖双方之间合理分配成本。

4. 风险转移

清楚地解释在交易过程中货物损失和损坏的风险如何从卖方转移到买方，是《国际贸易术语解释通则》对全球贸易的重要贡献。“风险”是指货物意外损坏的能力。考虑风险的核心问题是时间问题：风险何时从卖方转移到买方？与《1941 年美国对外贸易定义修订本》不同，《2020 年国际贸易术语解释通则》明确定义了每种情况下风险转移的临界点。

管理风险的条款具有相当大的实际重要性。虽然交易中的货物通常会被保险，但风险的划分决定了投保、向保险人提出索赔或承担承保不足的负担的实际义务。风险的划分也决定了哪一方与受损货物的救助有关。因此，强调风险转移问题对贸易术语的标准解释特别有帮助。

对《国际贸易术语解释通则 2020》的理解，真正在于把握好买卖双方之间的义务划分、成本和风险转移等问题。

（二）2020 年国际贸易术语的分类

《国际贸易术语解释通则 2020》将 11 个贸易术语分为两类。

运输方式是分类的基础。EXW，EXW，FCA，CPT，CIP，DAT，DAP 和 DDP 等七个术语可以用于任何运输方式，而其他四个术语，如船上交货、船上交货、成本加运费和离岸价只能适用于海运和内河运输。

然而，从读者的角度来看，这种分类过于宽泛，难以理解和记忆。为了便于理解，这本书将以另一种方式对术语进行分类，这种方式实际上是在早期版本的《国际贸易术语解释通则》中采用的。这些术语可以分为四类，其中某些共同特征是共有的，每一类都由三个字母缩写的第一个字母表示：

（1）根据“E”组术语（EXW），卖方只在卖方自己的场所向买方提供货物。它是这个类别中唯一的一个。

（2）根据“F”组条款（FCA，FAS 和 FOB），卖方被要求将货物交付给买方指定的承运人。

（3）根据“C”组条款（CFR，CIF，CPT 和 CIP），卖方必须签订主要运输合同，但不承担货物灭失或损坏的风险或因装运或发运后发生的事件而产生的额外费用。

（4）根据“D”组条款（DPU，DAP 和 DDP），卖方必须承担将货物运至目的地所需的所有风险和费用。

为了对这 11 个术语有一个基本的理解，我们可以把重点放在确定两个基本问题上：风险转移和交付时的成本和义务划分。

这里重要的是澄清术语“交付”的含义。在《国际贸易术语解释通则 2020》中，不仅仅对运输作了说明。指卖方将货物移交给买方的行为。更具体地说，它表明货物风险从卖方转移到买方。人们可能会发现这句话“卖方交付时……”经常出现在《国际贸易术语解释通则2020》文件中。它用于确定卖方何时履行了条款中规定的交货义务。这也意味着买方“接受”卖方在规定的时间和地点履行其义务的事实。因此，买方有义务接受货物，并相应地履行其部分义务。一旦交货，货物的风险将从卖方转移到买方。

图7－1说明了11个条款下相关风险和成本划分的关键点。使用挂图时，需要记住所有问题都是从销售者的角度讨论的。表7－1进一步比较了条款下的关键问题。以下部分根据《国际贸易术语解释通则2020》出版物的指导说明，对每个术语进行了简单解释。

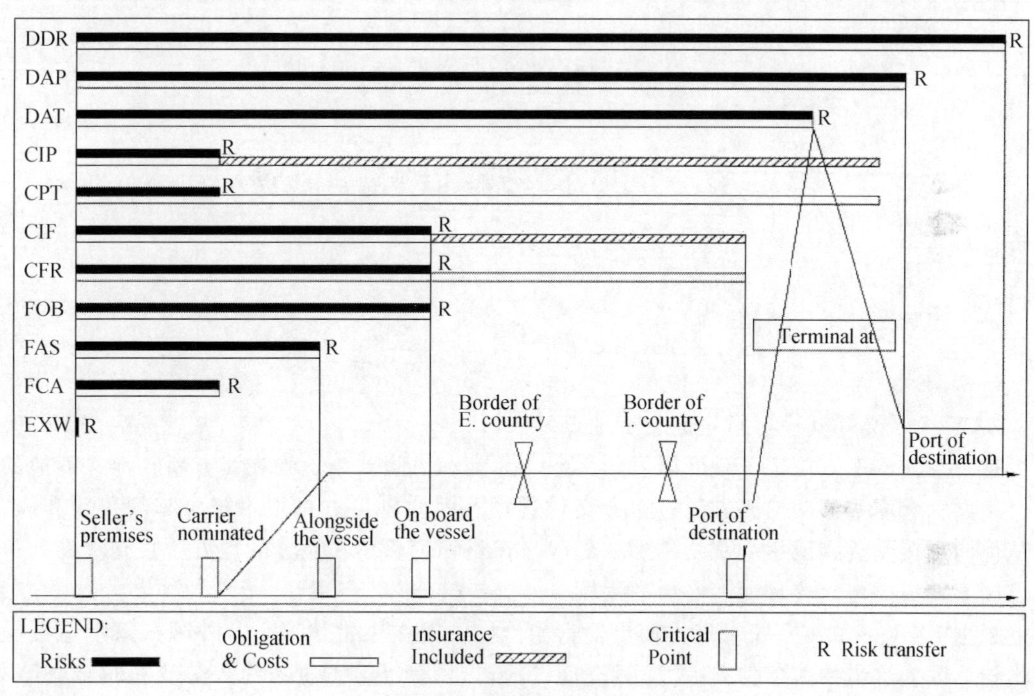

图7－1 条款下相关风险和成本划分

表7－1 《国际贸易术语解释通则2020》对照表

贸易	中文全称	交货地点	风险划分	出口	进口	适用的运输方	标价时后接
EXW	工厂交货	卖方处所	买方接管	买方	买方	各种运输方式	指定地点
FAS	船边交货	装运港口	货交船边	卖方	买方	海运、内河运	装运港名称
FOB	装运港船	装运港船上	货物越过装运港船舷	卖方	买方	同上	同上
FCA	货交承运人	合同规定的出口国内	承运人接管货物	卖方	买方	各种运输方式	指定地点
CFR	成本加运费	装运港船上	货物越过装运港船舷	卖方	买方	海运、内河运输	目的港名称
CIF	成本加运费加保险费	同上	同上	卖方	买方	同上	同上
CPT	运费付至	合同规定的出口国内地、港口	承运人接管货物后	卖方	买方	各种运输方式	目的地名称
CIP	运费、保险费	同上	同上	卖方	买方	同上	同上

续表

贸易	中文全称	交货地点	风险划分	出口	进口	适用的运输方	标价时后接
DAP	所在地交货	买方所在地指定地点	装在运输工具上的货物（不用卸载）交给买方	卖方	买方	同上	指定地点
DPU	采购方所在地卸货码头交货	同上	装在运输工具上的货物（卸载后）交给买方	卖方	买方	各种运输方式	目的地名称
DDP	完税后交货	同上	同上	卖方	卖方	同上	同上

第二节　国际贸易术语解释与应用

一、国际贸易术语解释

（一）E 组

EXW 工厂交货（……指定的交货地点）

这一条款给卖方规定了最低限度的义务、成本和风险。当货物在卖方所在地，即他的工厂、工厂、仓库等移交给买方时，卖方交付货物。因此，买方必须承担所有的费用和风险，并从他同意接受货物或接受交货的那一刻起，在货物仍然留在卖方的地方，直到货物到达他自己国家的目的地，办理所有必要的手续。

根据 EXW 条款，买家可以协商更便宜的价格。但在正常情况下，外国买家不愿接受这一术语，因为这需要太多努力，尤其是在出口国。只有当公司拥有海外分支机构或办事处，并具备处理本地业务的专业知识时，这种选择才是获得有竞争力价格的好选择。如果买方不能直接或间接获得出口许可，建议他不要使用这个术语。与此同时，需要注意的一点是，根据 EXW 条款，不能保证货物会被出口。买方可以将货物留在出口国，然后转售给第三方。

在实践中，卖方将货物装上车而不向买方收取装载费是很常见的，尽管根据定义，买方负责装载费用。它可以被视为一种善意和合作的表达，这是对长期关系很重要。

（二）F 组—卖方未支付主要运费

1. FCA 货交承运人（……指定的交货地点）

“自由承运人”可以理解为当卖方将货物交给买方指定的承运人时，他是“自由的”。如果买方指定了一个以上的承运人来运输货物，卖方在货物移交给第一个承运人时完成交货。无论在哪里交货，卖方只负责装货一次，不负责任何卸货或重装。

2. FAS 船边交货（……指定的装运港）

为了履行本条款项下的交货义务，卖方必须在指定的装运港将货物放在买方指定的船只旁边。“船边”可以从字面上理解。如果指定的船只因不可抗力而无法进港，卖方负责安排并支付打火机将货物沿船运往海上。他的风险将转移给买家。

3. FOB 船上交货（……指定的装运港）

离岸价是国际贸易中最常用的术语之一。它的历史可以追溯到 19 世纪初，当时有时买家自己是承运人，他们去出口港口收集货物。这艘船被认为是买方的浮动仓库。船舷被用作分界线，象征着财产和随之而来的风险从卖方转移到买方。这种划分很清楚，也很容易理解，所以它已经被纳入现代贸易中并被使用。

《2020 年国际贸易术语解释通则》进一步考虑了实际操作情况，并规定根据离岸价，卖方负责将货物交付至指定港口，并将其装上买方指定的船只。也就是说，卖方支付必要的货物装卸费用，直到货物装船。同时，卖方将承担与货物有关的风险，直至货物装船。

当《国际贸易术语解释通则 2020》规定卖方支付装船费用时，它指的是主要的装船费用。然而，装载是一个连续的过程，它包括某些详细的操作。有时争论可能会因不同的实践而提出。为了进一步明确成本，已经创建了离岸价的变形。它们主要包括五项：

（1）FOB Liner Terms，班轮条款，该条款遵循班轮惯例，要求运输合同方支付所有装载费用。此条款下的卖方不支付装货费用。

（2）FOB Under Tackle，卖方支付费用，直到货物放置在买方指定的船只的滑车范围内。其他费用由买方承担。

（3）FOB Stowed，装运港船上交货价根据这一条款，当货物放在船舱内时，卖方必须支付装载费和积载费。

（4）FOB Trimmed，与前一条款类似，这一条款要求卖方支付除主要装载费用之外的修整费用。

（5）FOB Stowed and Trimmed（FOBST），装载和配平费用经常一起发生。如果合同打算向卖方收取所有装载费用，包括配载和配平费用，可适用离岸价格条款。

重要的是要记住，变量只是在成本的划分上有所区别。在本质上，它们仍然是一样的一离岸价，表示一旦货物装船，风险将从卖方转移到买方。

（三）C 组—卖方支付主要运输费用

1. CFR 成本加运费（……指定的目的港）

这个术语在以前的国际贸易术语解释通则中被称为 CFR。交易者在与仍然坚持旧名称的人打交道时，需要认识到这一点。除了海运费用应由卖方负责之外，它与离岸价有着共同的特点。当卖方签订运输合同时，他有义务在例行或通常的基础上这样做。这意味着，如果买方对使用海运有任何特殊或额外的要求，例如指定一个特定的航运公司，他必须承担卖方自己选择的任何额外费用。此外，卖方只负责支付运输合同项下的运输费用，在这种情况下，海洋运费，以及由于意外事故或运输合同中未包括的任何其他手续费将由买方承担。

2. CIF 成本、保险和运费（……指定的目的港）

到岸价比成本加运费价高了一步。除了根据成本加运费价承担的所有风险、义务和费用之外，卖方还必须为买方购买海上运输期间货物灭失或损坏风险的海上保险。这里要确定的关键问题是，虽然卖方支付了保险费，但他没有承担货物的风险。如果在海运过程中发生事故，买方是受害方，因此如果损害在保险范围内，买方有权向保险公司索赔。另一个值得注意的问题是，卖方只需获得符合协会货物条款第（三）条或任何类似条款规定的最低保险额的货物保险。如果买方需要卖方提供任何其他额外的保险，可能是由于商品的性质，他必须自费这样做，尽管卖方有义务继续进行安排。

在到岸价格下，当货物装船时，卖方也交货。一旦卖方按照合同约定安排并支付了海运费用，购买了海上保险并提交了相关文件，卖方就履行了其义务。他没有责任保证货物到达目的港。

同样，到岸价格和离岸价也有一些不同。它们旨在解决船只抵达目的港时产生的杂项费用。

（1）CFR/CIF Liner Terms 班轮条款该条款遵循班轮惯例，要求运输合同方支付所有卸货费用。本条款下的买方不支付卸货费用。

（2）CFR/CIF Landed 这种变体要求卖方支付必要的装卸费用，直到货物放在码头上。

（3）CFR/CIF Ex Tackle 起重滑车在这一条款下，卖方将支付把货物从船上移到起重机起重滑车范围内的位置的费用。卸载点可以在港口的某个地方，也可以在一个入境的打火机里。任何其他费用将由买方承担。

（4）CFR/CIF Ex Ship's Hold。在这个条件下，货物的移交将在船上进行。买方必须支付从将货物从船舱移走开始的所有费用。

FOB，CFR and CIF 是国际商品交易中最常用的贸易术语。全部只适用于海洋或内陆水路运输。有助于识别三个术语之间的异同，选择最适合具体情况的术语。

3. CPT 支付给（……指定的目的地）

如果双方希望使用与成本加运费价格相同的术语，但不打算在船上交货，则应使用成本加运费价格术语。CPT 适用于各种运输方式。当卖方将货物交给自己选择的第一个承运人时，他就完成了交货义务。但是，他必须支付将货物运至目的地所需的运输费用。在与 FCA 术语进行对比的同时，应该注意到，两种情况下承运人的提名人是不同的。

4. CIP 运费和保险费支付给（……指定的目的地）

CIP 到 CPT 类似于 CIF 到 CFR。这一条款要求卖方签订保险合同，并支付货物运输的保险费，此外还应支付货物运输的其他费用。当卖方将货物交付给他选择的承运人时，风险转移就发生了。

（四）D 组—到达

1. DAP 在地点交付（……指定的目的地）

从成本和义务的定义来看，这个术语非常类似于 CPT。卖方将支付费用，并处理将货物发送到指定目的地所需的操作。然而，与不可抗力条款的一个显著区别是，不可抗力条款要求卖方承担将货物运至指定目的地的所有风险。根据 DAP，在交货时，与卸载货物相关的风险和费用由买方承担。

2. DDP 完税后交货（……指定的目的地）

根据这一条款，卖方在交付货物方面负有最大的义务。从字面上看，他提供“门到门”交货，并承担全部损失风险，直到货物被放置在指定的目的地，通常是买方的房地。进口国的进口清关和其他国内关税的支付都由卖方承担。就像买方在 EXW 的情况一样，除非卖方有资源和能力处理所有程序，否则不建议他使用这个术语。

二、贸易术语应用

在贸易谈判、合同或文件中，如果应使用国际贸易术语解释通则，则必须用三个字母的代码表示，并指定实际交接地点。由于贸易术语的解释存在其他规则，因此明确指出《国际贸易术语解释通则 2020》是定义的参考来源非常重要。正如《国际贸易术语解释通则 2020》所述，除非明确规定合同受《国际贸易术语解释通则 2020》管辖，否则《国际贸易术语解释通则》将不适用。

在适用《国际贸易术语解释通则》时，还有一些其他问题值得一提，特别是当某些义务的履行可能影响货物的交付时。下一节将探讨这些关键问题，并提供一些使用术语的一般准则。

（一）清关

通关问题是国际贸易中的一个重要问题。根据《国际贸易术语解释通则 2010》，与货物通关有关的义务不仅指支付关税，还指履行和支付与清关有关的任何行政事项。显然，以方便的方式办理海关手续是可取的。在《国际贸易术语解释通则 2020》中，除了 EXW 和多哈发展计划条款之外，相关方被赋予了在其当地国家清关的义务。出口商或卖方负责出口清关，进口商或买方负责进口海关手续。EXW 允许卖方承担最小的义务和风险，最小到他甚至不办理出口清关手续。另外，DDP 将最大的义务和风险强加给卖方，义务如此繁重，以至于卖方必须支付进口海关手续以及相关的风险和费用。

（二）质量确认

在履行合同时，双方都关心保证交易货物的质量符合合同规定。卖方和买方可能采取不同的方法来实现相同的目标。《国际贸易术语解释通则 2020》规定，卖方应承担交付货物所需的检查费用。这些可能包括生产阶段的质量控制，以及交货时的测量、称重和计数。为了买方的利益，通常有必要在他同意提货之前检查货物。因此，买方必须支付任何装运前检验的费用。

除了贸易商进行的质量检查之外，出口国或进口国当局还要求进行一些检查。这种检查通常是海关手续的一个组成部分。因此，《国际贸易术语解释通则 2020》规定，负责办理当地清关手续的一方也将承担地方当局授权的任何检查的费用。

（三）装运通知

每当买方负责安排货物运输时，他有义务向其对应方提供与运输有关的充分通知。为此目的所必需的信息可包括承运人的名称、运输方式、交货日期或期限，以及在适用的情况下，交货地点。同样，每当卖方装运货物时，他必须向买方提供运输的全部细节。无法向对方提供充分和及时的装运通知可能导致转移失败或风险提前转移。

成本加运费合同可以很好地证明提供装运通知的重要性。根据成本加运费条款，卖方负责安排海运。如果他在装运后未能向买方提供装运细节，买方将无法获得海运期间货物灭失或损坏风险的保险。在这种情况下，即使货物已经装船，如果发生损失或损坏，卖方仍然必须承担风险，因为他没有履行向买方提供装运通知的义务。然而，根据离岸价合同，如果买方提供关于装运货物的时间、地点或任何其他安排的虚假信息，并给卖方造成额外费用或货物损坏，即使实际交货尚未实现，买方也必须承担所有损失。

（四）装运合同条款与到货合同条款

如果国际贸易术语解释通则表明交货将在装运时或装运前进行，则该术语为装运合同术语。如果该条款规定卖方在货物到达目的地时交货，则为到货合同条款。这种分类进一步强调了识别风险承担问题的重要性。换句话说，从风险承担的角度来看，贸易术语的选择决定了销售合同的性质。例如，如果使用装运合同条款，则在相关销售合同中不应有任何保证货物到达时间的规定或条款。在到货合同中，没有必要规定装运时间。以前的诉讼案例证明，如果有任何合同条款与所采用的国际贸易术语解释通则的定义相冲突，法院可以支持合同条款，而不是条款的含义。因此，交易员必须了解这一分类。

（五）符号交付与实际交付

在大多数情况下，买方将在进口国的目的地接收货物。因此，经常发生的情况是，当卖方交货时，买方没有收到货物。卖方向买方提交运输单据证明交货。这种交付被称为象征性交付。在象征性交货的情况下，特别重要的是要注意，当买方通过接受运输单证接受交货时，这仅意味着买方同意卖方已相应履行了交付货物进行运输的义务。然而，这并不意味着买方接受货物符合销售合同。如果买方在收到货物后发现货物不符合合同规定，他将有权对卖方采取任何补救措施，这已经超出了国际贸易术语解释通则的范围。

另外，如果买方在交货时实际收到货物，这被称为实际交货。实际上，有时买方可能会指定第三方承运人，代表他提货。在这种情况下，第三方将被视为买方本人，交付仍然是实际的。EXW 术语就是这种类型的一个很好的例子。它不同于承运人被明确定义为交货时接收货物的一方的那些术语。

（六）对电子通信的再认识

一个不可否认的事实是，电子通信已经渗透到贸易活动的几乎每个角落。电子数据交换（EDI）广泛应用于海关手续，电子邮件用于大多数商务谈判，大量文件被数字化。国际商会充分意识到了这一趋势，并在制定《国际贸易术语解释通则》时承认了这一趋势。《国际贸易术语解释通则》的早期版本规定了某些可以被电子数据交换信息取代的文件。《2020 年国际贸易术语解释通则》进一步赋予所有电子通信手段与书面通信相同的效力。这一发展促进了新的电子程序在整个国际贸易实践中的发展。

（七）贸易术语选择的决定因素

《国际贸易术语解释通则》的主要目的是给贸易双方一个他们需要履行的义务的指南。在实际交易中，选择哪个条款最终取决于交易者对成本、义务和风险的接受程度。在选择《国际贸易术语解释通则》时，考虑所有可能的方面是非常重要的。交易者不应该接受任何要求超出其能力范围的条款。选择条款的其他标准可能包括：定价目的；交通工具的可用性；运输市场的竞争地位；风险控制能力。

值得注意的是，尽管《国际贸易术语解释通则 2020》对相关问题有详细的定义，但其治理范围非常有限。它不能取代销售合同中规定其管辖范围以外的任何条款。对《国际贸易术语解释通则》的熟悉使交易者能够更容易地交流，但通过长期实践和经验获得的其他技能也是不可或缺的。

本章小结

本章介绍了国际贸易术语的含义、作用和目前常用的、影响较大的三个关于贸易术语的国际惯例，其中以《国际贸易术语解释通则 2020》内容最广、使用最多，也是本章教学的重点，详细介绍了 11 种贸易术语的含义，特别是在各自条件下买卖双方的风险、责任和费用划分问题，同时指出在使用每种贸易术语时的注意事项。在这些贸易术语中要重点掌握装运港交货（FOB、CFR、CIF）和货交承运人（FCA、CPT、CIP）6 种贸易术语，在弄清每个贸易术语含义的基础上能综合选用各种贸易术语。

思考题

1. FOB、CFR、CIF 有什么异同？
2. 关于风险转移的两种贸易术语是什么？
3. CPT 和 CFR 有什么异同？
4. CIP 和 CIF 有什么异同？

第八章 出口价格

学习目标

- 陈述国际贸易中报价的标准格式；
- 确定定价决策的主要因素；
- 计算基本价格；
- 了解佣金和折扣的功能和计算；
- 解释用于解释盈利能力的比率；
- 定义价格沟通的四个阶段。

第一节 出口价格

在上一章中，我们介绍了作为贸易交流基本要素的贸易术语。正如本章中提到的，贸易术语有一个非常具体的治理范围，它们主要用于定义价格术语。在本章中，我们将研究这些术语在出口定价中的应用。出口价格的清晰表述需要恰当的表达。国际贸易中价格的标准格式有四个组成部分：货币代码、表示价格的数字、测量数量的单位和特定的贸易术语。这些组合通常看起来像下面的表达式：

USD225. 30/piece CIF New York or

FOB Guangzhou EUR 12. 80/set

一、价格因素

国外市场的定价通常不同于国内市场。如果不充分研究出口价格的形成以及不可预见的成本构成和意外情况，最初看似有吸引力的交易可能会无利可图或出乎意料地耗费大量资源。下一部分将向您提供决定出口价格的主要组成部分的详细信息。其中一些可能与国内定价相同，但从出口角度对每个组成部分进行分析可能会导致出口价格与国内价格大相径庭。

（一）成本

了解一个产品的成本结构往往是定价的第一步。从工厂车间到目的地进口国的国际贸易产品可能产生四类成本。

1. 生产成本

产品实际生产成本的计算是定价的核心要素。狭义的生产成本通常包括材料成本、人工成本、固定成本分配和包装成本。但更多的时候，在“间接费用”的保护伞下的其他管理成本也作为整体生产成本的一部分。如果出口商不是制造商，那么他就没有必要关心细节。他可以简单地将所有这些成本归纳为出厂价格或产品成本。当然，在结束之前，他还必须增加自己的开销。

2. 销售成本

这是指与国际营销和销售活动相关的所有成本。为了在国际市场上推广产品，出口商经常必须参加国际贸易展览，印刷产品目录，或者建立公司网站。为了进入某些市场，出口商可能愿意向当地中介机构支付合作和援助费用。这些成本可能很高，不应忽视。

3. 交付成本

为了将货物从一个地方运送到另一个地方，特别是跨越国界和海洋，贸易商需要支付当地的海外仓储费用。关税和关税、结关费和申请进出口许可证等必要的文件费用。虽然交货成本的计算可能很繁琐，但忽略它们肯定不是一个好主意，因为它是出口价格的重要组成部分。交货成本的复杂构成是出口价格与国内销售价格差异很大的主要原因之一。

4. 融资成本

出口价格和国内销售价格的另一个差异来自不同的融资安排。出口业务通常涉及长时间生产和海外运输。完成一项交易通常需要三至六个月的时间，有时甚至更长。出口商要保持经营，必须通过各种融资渠道获得资金。这可能导致融资成本，最常见的是支付给银行的利息。另一种与金融相关的成本是国际支付结算时的银行费用。为了尽量减少这种成本，出口商必须考虑付款方式的选择。

出口商对这些成本的了解只能通过经验来发展。然而，从一开始就必须认识到这些成本，并为它们确定一个现实的价值。

（二）预期利润

出口价格的另一个重要部分是预期利润。出口商希望从特定交易中获得多少利润直接影响产品的价格水平。这与公司在国外市场的营销目标有直接关系。例如，一些公司可能试图进入一个新市场；有些人可能会寻求长期的市场增长；有些人只是想为过剩的产品或过时的产品建立一个出口；许多公司将国外市场视为二级市场，因此对市场份额和销售量的期望值较低。所有这些不同的目标自然会影响定价决策。

预期利润的表达式可以是一个绝对数字，也可以是一个百分比。许多公司喜欢将利润视为销售价格的百分比，即利润率。后面将进一步讨论利润率。

（三）目标市场能力

这里的市场能力是指目标市场的消费能力、收入水平、供求关系。定价策略可以根据特定的国外市场进行调整。对于大多数消费品来说，人均收入很好地反映了市场的支付能力。对出口商来说，简化产品以降低其销售价格可能是对大多数低人均收入市场的一种回答。产品质量更高，拥有更多饰品和收取的溢价价格可能是针对发达国家的。公司还应该预测潜在客户的特定部分。例如，如果公司在发展中国家的主要客户是外籍人士或属于上层阶级，即使人均收入较低，较高的价格也是可行的。此外，国外市场的供求关系很值得衡量。有些产品可能会产生强烈的需求，比如像李维斯服装这样的流行商品，即使人均收入很低也不会影响它们的售价。因此，贸易商需要在出口定价中认识到目标市场的消费变化。

（四）付款条件

支付条款的决定影响交易者的融资和风险承担情况。出口商将提供优惠的价格，以鼓励客户接受付款条件，这将导致更少或没有融资压力和很小的风险。相反，他们将收取更高的价格，以抵消与特定支付方式相关的高风险和融资成本。因此，如果双方有足够的资金或准备承担风险，支付条款可以作为双方的一个很好的谈判武器。

（五）其他因素

其他因素，如出口商和进口商之间的竞争和关系，都对公司的定价策略有影响。定价是一项复杂的活动，总是受到许多突发事件的影响。没有固定的规则可以遵循，只有意料之外的因素可以考虑。出口商必须了解市场环境的动态，这样他们就不会错过任何可能影响其定价决策的重要因素。

二、价格计算

（一）成本加成定价

在成本加成计算中，出口商从国内制造成本或工厂采购成本开始，如果他不是制造商的话。然后，他增加了管理、研发和营销的间接成本。此外，运费、经销商利润、海关手续费和利润也将增加。这可能是最基本的方法，但这种定价的影响可能是出口价格变得没有竞争力。然而，成本加成定价仍然是最基本的定价方法。

（二）边际成本定价

这种方法将生产和销售出口产品的费用视为一个下限，低于这个下限就不能在不造成损失的情况下确定价格。它使用生产和销售的直接成本确定基价，固定成本分摊到销售额中。这将包括任何产品改进加上规模经济节约，作为生产额外出口产品的增量成本，并且应低于国内市场的早期平均生产成本。

使用这种方法时，找出盈亏平衡点很重要，出口商在不亏损的情况下以特定价格销售所需的最低数量。

（三）基于买方的定价

这是一个比较心理学的方法。价格是根据目标市场的感知价值设定的。如果要采用这种方法，它需要对市场有很好的了解。

（四）基于竞争的方法

如果竞争激烈，出口商必须提供以竞争对手价格或市场平均价格为基准的价格，以便继续经营。在这种情况下，利润率可能会降低。

一般来说，无论使用什么技术，出口价格必须涵盖成本并贡献一定的利润。否则出口没有意义。基于这一假设，我们将成本加成法作为定价的基本工具。计算需要详细分析发生的成本。使用工作表可以使过程更容易理解。如果采用水路运输，在提供了九个国际贸易术语的示例计算图表。这里只列出一些典型项目。这种工作表的实际应用可能会受到不同交易中特定成本变化的影响，见表 8－1。

表 8－1 成本计算工作表

项目	小计	总数
制造成本		
+出口包装（可选，取决于运输方式）		

续表

项目	小计	总数
+利润率		
+管理开销		
-可能的折扣/回扣/销售佣金		
=出厂销售价格（EXW）		
+从工厂到装货地点的当地运输成本（火车/卡车）		
+出口清关费用（包括必要证书或许可证的申请费，如适用）		
=销售价格自由承运人（FCA）		
+到装运港的当地运输成本		
+当地运输保险至装运港（如适用）		
=船边免费售价（FAS）		
+仓储费、码头处理费、装船费		
=船上免费销售价格（离岸价）		
+到目的港的主要海运		
=销售价格成本和运费（成本加运费）		
+最低海运货物保险费（通常为一切险）		
=售价成本、保险、运费（到岸价）		
+全额运输保险的额外费用（如果适用）		
+码头卸货，码头处理费（如适用）		
=终端交货的销售价格		
+到指定目的地的当地运输费用		
=现场交货的销售价格		
+进口清关费用		
+进口税、任何增值税或进口时应缴纳的其他税款		
=完税交货价格		

在对《国际贸易术语解释通则》中的成本要素有了大致的了解后，建议交易者将注意力集中在最常用的贸易术语的计算细节上：FOB、成本加运费价（CFR）和保险费（CIF）术语。以下部分将探讨与三个条款的价格转换相关的细节。

1. FOB 价格

如果出口商被认为是代理商而不是制造商，那么它的价格通常包括表 8-2 中项目。

表 8-2　　FOB 成本计算工作表

FOB	船上交货价	小计
	工厂采购成本	
+	管理间接费	
+	利润率	

续表

FOB	船上交货价	小计
+	从工厂到装运港的当地运输成本	
+	到装运港的本地运输保险（可选）	
+	仓储费、码头处理费	
+	出口清关费用	
=	FOB 价格（指定装运港）	

通常情况下，价格将以出口商的当地货币计算。如果他决定用外币报价，在计算结束时，他必须对结果应用有效的汇率，并将其转换成外币。整个计算可以表示为：

FOB 价格 =（总成本 + 利润）/汇率

除了这些直接成本之外，出口商还需要时刻牢记本章前一节所讨论的间接成本。接受订单的诱惑会导致忽略或低估一些成本项目，从而导致交易损失。

2. CFR 价格

如果有 FOB 价格，计算成本加运费价格就容易得多。根据《国际贸易术语解释通则2020》中的定义，价格和成本加运费价之间的差异，在成本的意义上，是将货物从装运港运送到目的港的海洋运费。

CFR = FOB 价格 + 海运

海运报价由货运代理提供。有时它们被报为包装价格；因此，除了报价之外，以后不会发生额外费用。但有时海运报价严格指的是使用船只的基本费用。在“额外费用”或“附加费用”的标题下还有一个费用清单。出口商在确认某些运费之前必须进行仔细确认

3. CIF 价格

在类似的模式中，CIF 价格可以根据 FOB 或成本加运费价来计算。

CIF = FOB + 海运 + 保险费或

CIF = CFR + 保险费

这里的关键是要搞清楚保险费的收费。保险公司通常的做法是根据合同的面值来计算保险费。此外，这也是一个标准的行业规范，通常在合同价值的基础上增加 10% 的加价，包括处理索赔的附带成本、调查成本和可能膨胀的替换成本。因此，计算保险费的公式为：

保险费（1）= 投保单金额（1 + 10%）* 保险费率（R）

人们可能会发现计算陷入了一个循环。如果他想要一个到岸价，保险费必须给；但是如果他想计算保险费，就必须知道到岸价格。解决方法很简单。如果这两个公式相结合，结果将是：

CIF = CFR + CIF（1 + 10%）保险费率或 CIF = CFR/(1 − 110% * R)

产品的保险费率可以从任何一家保险公司获得。当有到岸价格时，公式可以直接帮助计算到岸价格。

4. 包含佣金的价格

如果合同中显示的价格直接来自基本成本和利润的计算，则称为“净价”。但偶尔交易者也要对净价做一些调整，以达到促进销售的目的。这些调整包括佣金和折扣。

佣金是对中间商或代理人提供中介服务的奖励。现代国际贸易越来越专业化。因此，任

何可能参与促成交易的一方都可以成为佣金接收者。

包含一定比例佣金的价格称为含佣金的单价，通常在价格末尾注明百分比作为佣金率。例如：

CIF Hamburg USD 100 per metric ton including 3% commission

一种更常用的报价方式，包括佣金，是使用大写的“C”表示贸易术语背后的佣金。例如：

CIFC 3 Hamburg USD100/set or

CIFC 3% Hamburg USD100/set

佣金的计算相对容易。国际惯例是根据交易的发票价值或合同价值进行乘数计算，即：

佣金=合同价值佣金率

例如，如果一笔交易的合同价值为10000美元，佣金率为2%，那么佣金价值将为10000×2%=200。另一种计算佣金的方法是使用FOB或整箱价作为计算的基础，而不考虑其他因素。这意味着，如果交易是以到CIF、CIF价格或任何其他条件完成的，在计算佣金之前，应扣除海运和保险等成本。这种方法似乎更合理，因为最终买方或卖方不需要为运费、保险费或任何类似费用支付佣金，而只需为货物本身的价值支付佣金。然而，这样做的不利之处在于，它在计算上带来了更多的麻烦。采用哪种方式纯粹取决于当事人之间的约定。

有时在谈判过程中，人们需要根据净价计算出包括佣金在内的价格。如果净利润不被侵蚀，公式为：

含佣金价格=净价/(1-佣金率)

比如净价每件100美元，佣金率为5%；包括佣金在内的价格为105.26美元。

一个容易犯的错误是使用净价作为基础，通过在示例问题100×（1+5%）=105中这样做，直接在顶部添加佣金百分比。需要记住的一点是，包括佣金在内的价格由净价和佣金组成。净价只是包括佣金在内的价格的一部分，当佣金被扣除后，它应该保持不变。

在大多数情况下，佣金是公开支付的。它在销售合同中注明，通常在交易完成后支付。要么当进口商通过中间商向出口商付款时直接扣除，要么在出口商收到进口商的全部付款后，从出口商的账户中退还给中间商。然而，有时佣金也可以隐含地支付，特别是当中间方不想让最终交易者（通常是买方）知道这笔付款时。在这种情况下，合同中不会提及佣金，但双方会就佣金达成一致。

5. 含折扣的价格

与佣金相似，它也用于促进交易，但是折扣具有不同的性质。这是从净价中扣除的，而不是加价。提供折扣的原因有多种。最常见的是增加产品在市场上的竞争力。提供有折扣的价格可以被认为是降低产品价格，这是一种常用的增加销售额的方法。进口商可能会利用折扣作为将产品引入新市场的动力。在某些情况下，折扣有助于企业摆脱库存商品，加快现金流。折扣通常被用作解决交易者之间先前争议的补偿。

如果使用折扣，应在合同中明确表示为总价值的百分比或固定金额。例如：

FOB Guangzhou EUR200/M/T less 2% discount

折扣的计算很简单：折扣=合同价格×折扣率

那么产品的实际价格将是：实际价格=合同价格-折扣

=合同价格×(1-折扣率)

6. 价格调整条款

大多数国际贸易合同是固定价格合同。货物交付后，进口商将支付合同上显示的确切金额。在合同签订时间和付款日期之间，售出商品的价格保持不变。然而，仍有一些交易是通过灵活的价格合同处理的，特别是资源密集型商品交易，以及可能需要六个月以上才能完成的面向项目的交易。当宏观经济环境高度波动时，石油、钢铁和橡胶等资源类商品的市场价格可能会经历剧烈的上下波动。如果交易的产品价格是固定的，当材料价格发生较大变化时，卖方或买方都可能遭受损失。为了保护买卖双方的利益，促进公平，合同可以不固定价格，并根据某些变量的市场价格进行调整。合同中这种性质的条款通常被称为价格调整条款。价格调整条款的一个简单版本可以用下面的公式表示：

$$P = P_0(A + BM/M_0 + CW/W_0)$$

在这里，P 代表交货时商品的最终支付价格，P_0 代表合同第一次成立时商定的初始价格。A、B、C 分别代表运营成本和利润，主要材料成本和工资成本占价格的百分比。M 为交货时的材料价格指数，承包时为 M_0。同样 W 是交货时的工资指数，W_0 是承包时的工资指数。假设表明价格结构的比率保持不变，M 和 W 被设定为比较的基准。只要参考指数可用，最终支付价格 P 将很容易计算。

当然，当使用价格调整条款时，双方应就比率的使用达成一致，并确认提供参考指数的来源的权威。这些都应该正式包含在合同中。

第二节　出口成本及效益核算

一、出口利润率

利润率可能是最广为人知和最广泛使用的衡量公司或特定交易盈利能力的比率。通过考虑净利润和销售收入之间的关系，利润率在会计意义上告诉我们，在销售中每单位货币可以产生多少利润。这一比率也适用于有一些货币调整的出口交易。

$$\text{Export profit margin} = \frac{\text{Export revenue (FOB)} - \text{Export cost (FOB)}}{\text{Export revenue (FOB)}}$$

注：所有数字通常以出口商当地货币计算。

如果一个美国出口商有一笔 15% 利润率的交易，它可以被解释为出口商每销售 1 美元就获利 15 美分。需要注意的一点是，出口收入和成本的计算必须排除任何海外运输费用和保险费用，因为如果考虑实际收入和成本，出口商不应从运输费用和保险付款中获利。

有些书可能建议用利润除以出口成本而不是收入来计算利润率。就出口商而言，两种方法都适用。前者表示利润和收入之间的关系，后者表示相对于成本的利润。

二、换汇成本

另一种解释国际交易盈利能力更直接的方法是使用出口换汇成本（ECFFE）。这是一种将外币因素纳入计算的方法。大量订单是以外币进行交易的，这一事实凸显了这一比率的价值。其定义为：

出口换汇成本＝出口总成本（人民币）/出口销售外汇净收入（美元）

因为该比率是本币成本和外币收入之间的关系，它告诉出口商应该支付多少本币单位以便赚取一个单位的外币。假设一笔交易对一家中国公司的 ECFFE 比率为 6，当时的银行汇率为 1 美元＝6.65 元人民币，从这个比例可以清楚地看出，为了赚取 1 美元，出口商必须支付 6 元人民币。换句话说，从每 1 美元的收入中，中国出口商可以获得 0.65 人民币的利润，这是出口创汇比率与银行汇率之间的差额。很明显，比例越小，出口商能赚的利润就越多。

本章小结

本章讲授国际贸易商品价格的构成、商品价格包括单价和总值两项基本内容，其中单价条款是重点。单价通常由计量单位、单位金额、计价货币和贸易术语四部分组成，根据贸易需要还可以包括佣金和折扣。在规定合同价格时要注意商品价格的作价原则、计价货币的选择、价格的换算方法以及出口价格的核算，以保障出口商品“有利可图”。在贸易中，在制定价格条款时要注意结合经营意图、研究市场价格的变动情况并将价格条款正确表示。价格是交易双方谈判的焦点，报价前应对拟交易商品的价格的影响因素进行分析，并对商品的成本和价格进行核算。在分析价格构成的基础上，运用出口换汇成本、出口盈亏率确定谈判时价格减让的底线。计价货币、佣金和折扣也是影响价格的因素。

思考题

1. 简述进出口商品的作价原则及作价方法。
2. 何为佣金？如何计算佣金？
3. 规定价格条款时应注意哪些问题？

第九章　商品与品质

学习目标

- 解释质量规定的不同方式；
- 概述数量测量单位和系统；
- 描述重量计算的方法；
- 了解不同类型出口包装的功能和特点；
- 识别国际销售货物包装上的标记；
- 正确撰写质量、数量和包装条款。

第一节　商品名称

在进行商务谈判和订立合同时，买卖双方应首先就交易的商品或货物达成协议，并在销售合同中准确描述货物。商品描述包括商品名称作为交货的依据，关系到进出口双方的权益。因此，名称应该在销售合同中明确和适当地规定，交付的货物的名称应该与合同完全一致。为避免后续争议，需要考虑以下三个问题：

（一）清晰、具体、精确

商品名称的表达必须具体、准确，避免模糊和歧义。例如，“大米”这个名字太笼统了，因为市场上有不同种类的大米。此外，不同地方生产的同一种大米可能质量不同。因此，对大米等商品的正确描述还应包括类型、原产地名称和一些必要的规格等细节。

（二）务实

商品名称的措辞应避免不必要的修饰，尤其是那些增加合同执行难度的限制性修饰。以“纯棉 T 恤衫”为例。“纯”是一个不必要的修饰语，这可能使卖方极难履行合同，除非他有意图和能力交付100%棉的 T 恤，或者买方和卖方就“纯棉”的定义达成协议。

（三）采用广为接受的名称

有时一种产品在不同的国家和地区会有不同的命名。因此，不同的名称可能指同一种商品，或者同一名称可能意味着不同产品。例如，“可乐”可能指软饮料可口可乐，或可口可乐。为了保护双方的利益，合同中使用的商品名称应由买卖双方共同解释。

在某些情况下，适当选择商品名称可以促进进出口流动，降低交易成本，如降低关税、避免非关税贸易壁垒和降低运输成本。当同一产品以不同的商品名称或类别进口或出口时，可能会适用不同的关税率或运费率和贸易政策。因此，交易者应该考虑商品名称的战术运用，以获得最大的利益。

第二节　商品质量

质量是指商品的内在要素，包括内在属性或成分以及外观。因此，质量描述可以提供与商品或产品的形状、结构、形式、颜色、风味、化学成分、物理和机械性质、生物特征和其他方面相关的信息。质量的重要性不言而喻。是整个业务的核心要素。如果产品质量得不到保证，交易的理由就有了被破坏了。另外，它决定了商品的价格价值。好的质量总是让产品享受溢价。而且，它关系到商品的形象。高质量的产品在世界市场上更有竞争力。因此，在商业合同中定义质量细节的任务变得至关重要，因为它涉及双方的根本利益。卖方依靠它来制定生产或采购标准；买方将其作为接受货物的标准。如果质量要求没有得到适当的表述，就有可能发生争议。

由于国际商品交易的很大一部分是针对通常在签订合同时无法获得的货物进行的，因此出现了两种描述合同中货物质量的主要方法：按描述销售和按样品销售。在一些罕见的情况下，第三种方式也可以用于处理现成的货物，即按实际商品销售或按实际质量销售。在下一节中，将详细讨论质量规定的不同方式（表 9－1）以及合同中有关质量条款的一些问题。

表 9－1　　质量规定

质量规定	
类别	类型
按说明销售	按规格销售
	按等级销售
	按标准销售
	按品牌名称或商标销售
	按产地销售
	通过描述或插图销售
按样品销售	卖方样品销售
	买方样品销售
	对等样品销售
按实际商品销售/按实际质量销售	

一、按描述销售

描述销售是国际贸易中确定大多数商品质量的一种方式，按描述销售可以采取按规格销售的形式；按等级销售；按标准销售；按品牌名称或商标销售；按产地销售和按描述或插图销售。根据商品的属性、性质和特点，可以选择不同的形式。一般来说，描述销售适用于质量可以用一些科学指标来表示的商品。

(一) 按规格销售

商品的规格包括一些重要的指标，如成分、含量、纯度、长度和大小。按规格定义质量简单而准确，因此在国际贸易中被广泛使用。

Examples

- Tetracycline HCL Tablets (Sugar Coated) 250mg. BP 1973 (Note: BP refers to British Pharmacopoeia).
- China Northeast Soybean 2006 New Crop, FAQ:

Moisture	15%	max.
Admixture	1%	max.
Imperfect Granules	7%	max.
Oil Content	17%	min.

Examples

Oil Content	20%	min.
Admixture	2%	max.
Moisture	12%	max.
Imperfect Grains	8%	max.

C708 Chinese Grey Duck Feather Down Content 18%, 1% more or less

(二) 按等级销售

基于一些行业惯例或传统，一些产品被分为不同的等级，如 A 级、B 级、C 级；或一、二、三级。在按等级销售的情况下，产品的质量可以通过简单地说明其等级来表示，想必卖方和买方已经就等级的分类和含义达成了共识。然而，为了避免误解和随后的争议，建议除了等级的使用之外，还应制定一些主要的规范。

(三) 按标准销售

当规范或等级被统一制定时，它们就成为标准。标准由政府或商业组织制定。有些适用于个别国家；其他的在国际上使用。许多各国都有自己的标准，例如英国的英国标准、美国的美国标准、日本的 JIS 标准和中国的英国标准。典型的国际标准是国际标准化组织标准。

由于商品标准会随着时间的推移而发生变化或修订，因此必须标明制定标准的年份，以避免含糊不清。

不同类别的产品有不同的标准。一些特殊的标准是为了特殊的原因而设计的。一般质量(常见问题)和良好的商品质量(GMQ)就是这种类型的好例子。一般来说，很难建立固定的农产品质量标准，因为它们很容易受到各种外部因素的影响。因此，常见问题用于表示产品的质量大约等于同一作物在一定时期(例如 1 年)内的平均质量水平。另外，GMQ 的意思是货物的质量足以满足买卖双方相互理解的使用或消费目的。它有时被用作质量要求的底线。

与按等级销售类似，标准通常由一些详细的规范来补充，以更清晰地呈现信息。

(四) 按品牌名称或商标销售

简单地参考一些产品的品牌名称或商标就可以定义它们的质量。很多消费产品都采用这种方式。典型的例子包括索尼电视、海尔冰箱、老虎头电池和三角轮胎。品牌名称是特定产品或一组产品的公司专有名称，通常用于将该产品与竞争对手的产品区分开来。它通常是包装或广告材料上易于识别的设计的一部分。另外，商标是指一种产品特有的名称或符号，代表一个商业企业。商标通常被正式注册并受到保护。品牌名称和商标都是将产品与同类竞争产品区分开来的标志。

然而，这种方法只能适用于那些被广泛认可的品牌或商标。只有当一个品牌名称或商标在市场上成功确立，才能被认为是某种质量水平的标志。人们还认为，在大多数情况下，同一品牌或商标的货物质量统一稳定。因此，同一家公司的其他产品也可能受益于品牌的溢出效应。品牌的重要性日益凸显，越来越多的企业采取积极措施在国际市场上建立自己的品牌。

在实践中，由于一些品牌产品的多样性和复杂性，一些详细的质量细节也必须在合同中特别和清晰地说明，如松下电视，TH－42PV65C。

（五）按产地销售

原产地销售是指以原产地名称作为质量标志的商品销售。这个比较适合农产品或者副产品。由于一些地区独特和有利的自然条件或传统生产技术，土特产以其特殊性和卓越的质量而闻名。按产地销售通常与其他必要的质量指标（如规格、等级或品牌）一起使用。典型例子为西湖龙井茶，一级，浙江。

（六）通过描述或插图销售

通过描述或插图销售尤其适用于全套设备或仪器。这些商品通常在性质和结构上很复杂。很难用简单的指标如数据或参数来描述质量。此外，此类设备或仪器的安装、使用和维护应遵循一定的程序。因此，具体的描述，有时带有插图，对于说明质量是必要的。

在通过描述或插图销售的情况下，应在合同中规定诸如“与卖方提交的描述相一致的质量和技术数据”等条款，并附上相关的技术手册、说明书、图纸或图表。

二、按样品销售

当商品质量无法描述时，卖方更喜欢样品销售是交付样品所要求质量的货物。样品是指一批货物中的单个项目或整个产品的一部分，可能是从整批货物中挑选出来的，或者是专门设计或加工的。通常的做法是，样品可以被视为待交付的整批货物的代表。在贸易中，样品经常被提供给潜在的买家作为质量的证明。

当买卖双方同意用样品作为待交付货物的质量和状况的参考时，买卖就通过样品来进行。当难以用语言描述商品质量时，就使用这种方法。有些产品包含一些远远超出任何科学或技术描述范围的属性或功能。言语无用时，产品会说话。许多轻工业产品、农业土产、工艺品和服装都依赖样品进行质量确认。在按样品销售的情况下，应注明参考号和取样日期。合同上的典型表述可能是“×××尺寸 15，质量按照样品 X071118A”。

样品可以由卖方或买方提供。根据样品供应商的说法，有三种样品销售情况：卖方样品销售、买方样品销售和对等样品销售。

（一）卖方样品销售

当根据卖方提供的样品进行销售时，这是根据卖方样品进行的销售。在国际贸易中，经常发生的情况是，卖方提交样品，买方做出选择。由于买方的购买决定是基于卖方提供的样品，因此出于质量规格的目的，坚持使用相同的样品是很自然的。这是三种中最常见的一种。

如果使用这种方法，合同中应明确规定质量约等于卖方的样品，实际货物的质量应与样品的质量一致。

（二）买方销售样本

有时买方可能会向卖方提供样品，要求供应相同的货物。在这种情况下，买方的样品被称为质量要求的基准。这是买方样品销售。

在这种情况下，合同中应明确规定“买方样品的质量”，卖方应提供与买方样品质量相同的货物。

如果以买方样品销售，卖方必须彻底研究样品，确保涵盖所有细节。卖家可能经常犯的一个错误是，他们能够识别外部特征，但忽略了样本的内在特征。里料供应、可用的加工技术和设备等因素，设法达到样品的同等质量。考虑到对产品属性理解错误的可能性和当地条件的限制，有时不鼓励卖方使用这种方法。

（三）对等样品销售

回样是由卖方提供的样品的复制品，通常由买方提供。由于卖方通常会向买方发送一份回样以供其质量确认，并且买方也被要求将样品返还给卖方，因此回样也称为退回样品或确认样品。

这种方法是买方样品销售的一种很好的替代方法，因为它消除了卖方在其他方法下必须承担的风险。通过向买方发送复制品，卖方就摆脱了获得正确产品图片的不确定性。如果样品与原样品不一致，买方将不予批准。因此，由于卖方的误解，他将没有机会提供错误的大众产品。另外，计数器样本一旦被买方确认，就会取代原来的样本，成为交易质量的最终标准。卖方根据自己提供的样品准备大量产品会更舒服。即使在最坏的情况下，买方后来发现样品与原件不符，卖方也不会承担任何责任，因为样品已经得到买方的确认。

（四）其他质量条款

除了定义基本质量标准之外，销售合同中的质量条款通常还包括其他一些要素，这些要素构成了应用以前确定的质量标准的条件。其中之一就是质量纬度或质量公差的表述。如果是凭买方样品销售或凭对方样品销售，还应插入保障条款。

1. 质量范围或质量公差

在大多数情况下，质量的绝对等同实际上是不可行的。因此，引入了质量范围或质量公差条款来解决这个问题。

质量范围是指卖方交付的货物质量可以灵活控制的允许范围。质量公差是指认可的质量偏差，它允许交付的货物质量在一定范围内有一定的差异。根据国际惯例，在一定范围内有偏差的质量仍被认为符合合同中的质量规定。

显然，合同中有必要加入质量宽容度条款。它通常通过说明灵活的质量范围或范围、最大或最小要求或某些质量指标的偏差容量来设置。

如果销售是通过样品进行的，卖方也不可能交付与样品质量相同的货物。因此，应该在质量条款中增加诸如“大约”这样的措辞，以允许质量灵活性。

在大多数情况下，除非合同中另有规定，当质量在允许范围内变化时，商品价格保持不变。但是，当质量差异大到足以构成货物质量的根本变化时，价格应相应调整，并应在合同中明确规定。

2. 保护条款

当卖方不能确定他所销售的商品的产权时，建议在销售合同中加入保障条款或保护条款。根据《联合国国际货物销售合同公约》第四十二条，卖方交付的货物必须不含第三方基于工业产权或其他知识产权的任何权利或主张。然而，在通过买方的样品销售或通过反样品销售的情况下，卖方有可能提供被指控侵犯第三方的版权的货物而没有得到第三方的同意。因此，合同中通常会规定保障条款。在某种程度上，它可以保护卖方免受任何不当的责任。

第三节 商品数量

一、单位

数量是国际贸易中商务合同的基本条件之一。卖方有义务交付与合同要求数量相同的货物。根据《销售公约》第五十二条，如果交付的数量超过约定，买方有权拒绝交付多余的数量，或者他可以收取全部或部分多余的数量，他必须按照合同价格支付。

在国际贸易中，商品的数量总是以不同的计量单位（如重量、数量、长度、面积和体积）表示为特定的数量。由于不同的商品有不同的性质和特点，计量单位的采用也不尽相同。常用的测量单位如下：

（一）重量

千克（kg）；吨（t）；公吨（mt）；quintal（q）；克（gm）；磅；盎司；长吨（lt）和短吨是重量单位。这些广泛用于测量原材料和农产品，如矿物、化工原料、煤炭、石油、羊毛、棉花、通信和医药。

（二）容量

容量单位是升；加仑；蒲式耳等。它们适用于小麦、玉米、天然气、汽油和啤酒等产品。

（三）个数

有各种测量单位的方式，如件数（pc）；包装（pkg）；打（doz）；毛（gr）；令（rm）；头；包等。它们用于日常工业和一般产品，如文具、纸张、玩具、成衣、车辆和活体动物。

（四）长度

码（yd）；米（米）；英尺；厘米（cm）等。它们通常用于纺织品、绳索和电线等。

（五）面积

平方码（yd^2）；平方米（m^2）；平方英尺（ft^2）和平方英寸等。这些装置用于皮革制品和塑料制品，如塑料板和地板、皮革和金属丝网。

（六）体积

体积的计量单位为立方码（yd^3）；立方米（m^3）；立方英尺（ft^3）；立方英寸等。它们用于化学气体、木材等。

当采用特定的计量单位来定义数量时，交易者需要意识到系统的一致性。目前，使用的测量系统包括公制、美制、英制和国际单位制，其中公制和国际单位制被大多数国家普遍接受和采用。一个值得注意的事实是，不同系统中的一些单元有相同的名称；它们显示了具有显著差异的测量标准。此外，由于当地的背景和习惯做法，不同的国家采用不同的衡量系统，这是事实。因此，交易者在进行业务沟通时，需要澄清单位和计量系统的使用，以避免不必要的争议。

二、重量定义

交易中定义商品数量的常用单位，它是每批货物信息中不可缺少的一部分，经常被具有不同意图的不同方所要求。此外，当用于各种场合时，数据将被分别处理，导致一系列不同的名称。能够正确解释概念将增加从业者的操作熟练程度。下一部分将重点讲解权重数据在不同场景中的应用。

（一）毛重

毛重是指商品的重量加上包装的重量。毛重适用于价值相对较低的商品。

（二）净重

净重是指商品本身的实际重量，不包括包装重量。根据《销售公约》第五十六条，除非合同中另有规定，否则商品的重量按其净重计算。

然而，有些产品只有在包装时才能称重。如果使用净重，必须减去包装重量，即皮重。因此，净重和毛重之间的关系如下：

净重＝毛重－皮重

在国际贸易中，皮重可以通过实际皮重、平均皮重、习惯皮重或计算皮重来计算。

（1）实际皮重是指商品包装的实际重量。为了得到货物的实际皮重，货物的每个包装都必须称重，以便得到总数。

（2）平均皮重，包装重量是在平均皮重的基础上计算的。平均皮重可以通过称量商品包装的一部分并在包装材料统一和货物规格标准化时计算出平均值来计算。

（3）习惯皮重是指某些商品的包装统一规范时，所认可的包装重量。因此，包装的重量是大家都知道和接受的，可以用来计算净重。

（4）计算皮重是有关各方同意的包装重量。在这种情况下，净重是通过从商品的毛重中扣除先前商定的皮重来计算的。在国际贸易中，重量是一个非常重要的概念。除了作为最有时包装可能成为产品不可分割的一部分，如烟草薄片；或者包装材料与货物的价值几乎相同，如谷物和饲料。如果不方便测量商品的净重，将采用“以毛作净”的做法，货物按其净重定价，但货物的付款是根据毛重而不是净重计算的。

（三）条件重量

一些商品，如羊毛、棉花和生丝，通常不装在真空容器中，容易吸收水分。这些商品的重量很可能会因其实际含水量的波动而不稳定，这种波动因时间和地点而异。当这些产品价值很高时，买方和卖方就重量的概念达成一致就变得很重要。未经事先同意，“干货”（即水分少的货物）和“湿货”（即水分多的货物）之间的差异可能很大，最微小的差异也可能导致相当大的价格差异。在这种情况下，使用条件重量。条件重量等于商品的干燥净重加上标准水分含量。可以先从商品实际净重中扣除实际水分，再加上标准水分来计算。

（四）理论重量

当产品的总重量是通过将总量和单位重量相乘来计算的，而不是实际测量的，重量就是理论重量。理论重量适用于镀锌铁、镀锡板、钢板等商品。这些商品具有相同或标准化的尺寸和规格；每个单位的重量几乎相同，因此可以通过理论计算得出总数。

（五）法定重量

法定重量是货物的重量，包括货物的直接包装、内部包装或直接包装。根据一些国家的海关法规，法定重量通常被用作关税计算的基础。

三、超过或不足条款

在实践中，有时很难严格控制供应的货物数量，特别是大宗货物，如农产品和矿产品，因为货物准备过程中有意外情况。此外，运输设施的差异也可能导致实际可装运数量与合同数量之间的不一致，这可能是估计的结果。为了高效装运和降低合同执行的复杂性，通常允许卖方相应地以一定比例的数量交付货物。合同中的这种规定通常被称为“差不多”条款。

在起草或多或少条款时，应考虑以下问题：允许多多少或少多少；哪一方有权就实际交付的货物数量做出最终决定；商品的多少部分应该如何定价？

没有固定的规则来决定数量差的范围应该是多少。贸易商通常根据习俗或谈判结果做出决定。不同产品系列之间的比例也有所不同。大多数交易者更喜欢用百分比来表示弹性部分；并且该比率的公共范围在3%～10%。例如“1 000公吨，增减5%”。另外，其他交易者希望设定一个绝对数字作为可容忍的数量差异。无论选择什么方式，规定都要明确具体。像“大约”或“大概”这样模糊的术语应该避免，因为它们很容易被不同地解释。

为了减少争议，UCP600第30条规定，与金额或数量或单价相关的词语“大约”或“近似”被解释为允许不超过10%的增减公差。在没有任何或多或少条款规定数量的情况下，如果数量不是由（包装单位或单个项目的）数量规定的，并且货物的总金额不超过信用证的金额，则允许不超过5%或少于5%的公差。

谁应该决定允许多少？这也应该在合同中明确规定，以避免可能的争议。在实践中，实际交付的货物数量可能会受到货物的自然条件、包装方式和实际装运操作的影响。

如果双方当事人担心交货时价格可能发生巨大变化，他们可以在合同中进一步说明，这一部分的结算或多或少是基于货物装船时的市场价格。在此过程中，计算方法也应在合同中详细说明。

销售合同中的数量条款是卖方装运和买方提货并随后付款的法律依据。考虑到各种计量单位和系统，以明确、具体、合理的方式规定数量条款至关重要，以使合同的履行灵活、顺利。

第四节　包装和标记

国际贸易中货物的包装和标记也在贸易商的考虑和讨论之中，因为大多数货物必须长途

运输。在运输过程中，货物容易受到各种意外事件的影响。为了最大限度地保护货物的安全，出口商通常必须采取从包装设计到运输选择的每一个必要步骤。

然而，确实存在一些例外。对于特殊类别的产品，包装既不必要也不可行。这些货物通常具有原始和稳定的性质，因此不容易损坏，除非发生超出正常范围的事故。原材料或工业产品如钢材、铅锭、橡胶和木材都属于这一类。还有另一种货物具有类似的特点，即不易受外部环境的影响，因此不需要包装，这些货物被称为散装货物。矿石、煤、谷物和液体化学品不随单个容器出售，都属于这一类。适当的包装对大多数出口货物仍然很重要。本部分将讨论与出口货物包装相关的一些基本知识和相关操作。

一、包装的功能和决定因素

商品包装在国际贸易中变得越来越重要。市场空间竞争日益激烈，并逐渐多元化和特殊化了巨大的挑战。新产品、新的销售方式必须及时创造，以满足市场需求。在许多情况下，包装已经成为销售产品的重要组成部分。包装的设计、材料和工艺的使用越来越受到重视。现在出口货物包装的功能是多方面的。主要的可以简单总结如下：

（1）保护货物包装可用于保护货物，并使其在流通领域保持完好和完整。通常，坚固的包装可以防止货物被盗或损坏。

（2）方便交货包装便于储存、运输、装卸和清点货物。

（3）降低成本合理的包装可以优化运输空间的使用，从而降低运输成本。

（4）促进销售，销售包装使零售商更容易分销，并为最终客户提供方便的购买和交付。此外，独特而有吸引力的包装可以帮助创造产品形象，建立品牌，并最终促进销售。

为了最大限度地发挥包装的功能，必须仔细考虑不同的因素来做出决定。以下变量是选择包装的关键：

（一）货物属性

不同性质的货物可能需要不同的包装方法。典型特征如性质、价值和易碎性对货物包装有很大影响。例如，苹果可以装在箱子、盒子、纸箱或托盘箱中托运，而水泥可以用五层或六层纸袋、集装箱或散装运输。一般来说，高价值的货物通常比低价值的商品需要更昂贵的包装；货物越易碎，包装要求就越高。

（二）运输方式

各种运输方式的使用可能会对货物的包装产生一些影响。例如，空运鼓励货物在整个运输过程中捆绑在托盘上，并且首选重量轻的包装材料，如纤维板箱。然而，对于海运，坚固耐用的包装总是首选。

（三）海关或法定要求

海关或法定要求是包装的另一个影响因素。在使用某种包装时，出口商必须确保所使用的包装材料和样式严格符合进口国的监管要求。例如，在一些国家，稻草、稻壳和木制品是不可接受的包装材料，因为昆虫被引进的风险。

（四）天气

货物包装时，应考虑运输途中的天气情况。例如，如果在运输过程中预计温度会有很大的变化，包装必须设计成允许货物呼吸并避免过度出水。

（五）易于搬运和装载

形状笨拙的货物通常装在形状规则的容器中，如纸箱、箱子，以方便货物的存放和搬运。

（六）保险

当货物要投保时，对包装有一定的要求。例如，特别易碎或更容易损坏或被盗的货物可能必须符合规定的包装规格。

（七）运输成本

为了最大限度地降低运输成本，尺寸、形状和强度是正确包装的三个主要考虑因素。此外，托运人需要咨询他的货运代理，以确定包装方式，以确保有利的运费率。

从上面的讨论可以看出，对大多数国际贸易的货物来说，适当的包装是很重要的；和包装可以用于不同的目的。仔细看看本章前面几节所述的功能，我们可以得出结论，包装一般可以分为两类：一类用于运输目的，另一类用于营销目的。它们分别被称为运输包装和销售包装。在下一节中，运输包装是讨论的重点，仅涉及国际贸易中与销售包装相关的一些典型问题。

二、运输包装

运输包装，也称为装运包装、外包装或大包装，主要用于方便货物运输。有各种可以用来包装的容器；这些包括箱子、桶、袋、包或板条箱等。

（1）箱子包括木箱、板条箱、纸箱、瓦楞纸箱等。这种包装提供了全面的保护，减少了偷盗，并有助于搬运。它在地面运输中特别突出，用于不能压紧的货物，如机械和其他昂贵设备。然而，随着近年来木材价格的急剧上涨，这种方式越来越不受欢迎多年来，集装箱化减少了某些行业对这种坚固包装的需求。

（2）桶包括木桶、铁桶和塑料桶等。它们用于运输液体或油脂、粉末或颗粒货物。相关的主要问题是，如果装置密封不当，可能会发生泄漏，以及在运输过程中滚筒生锈的可能性。

（3）袋子包括麻袋、布袋和纸袋等。它们是各种粉状、粒状或散装货物的理想选择，如水泥、肥料、面粉、油饼、动物饲料、化学品和许多消费品。袋子可以堆放在托盘上，以便于搬运，但它们容易因水、汗水、泄漏或破损而损坏。

（4）包或捆适用于羊毛、棉花、羽毛、丝绸和单件货物等。这些货物首先要压缩成包，然后用棉布或麻袋布包装，再用金属或塑料绳加固。

（5）板条箱或骨架箱是一种介于捆包和箱子之间的容器。它们是木结构的。体积较大的轻质货物，如机械、家用电器、冰箱、自行车和某些食品，如桔子，适合这种包装形式。

根据包装方式，运输包装可分为单元包装和集合包装。单元包装用于最小的可装运货物单元。它可以是用于包装的不同形式的容器，如箱子、纸箱、桶、袋、包、捆等。集体包装也叫成组运输包装。通过集体包装的方式，一定数量的货物单元被分组在一起以形成一个大的集合。托盘、柔性容器和集装箱是国际贸易中常用的集体包装设备。

（6）托盘是一个大的托盘或平台，允许许多单位的货物组合在一起。托盘可以将货物而不是单件从一辆车转移到另一辆车，例如从卡车转移到火车或船上。

（7）柔性集装箱是一个不同尺寸的大包，便于运输大量货物。

（8）集装箱是一个标准形状和大小的大型金属箱，用于通过专门建造的公路车辆、铁路货车和船只运载货物。一些观点认为，集装箱只是运输工具的一部分，而不是一种集体包装方式。

除了保护货物之外，集中包装还能方便和加快装卸作业。目前，为了提高港口和码头的作业速度和利用率，一些国家实施了规定货物应集体包装运输的条例。

三、标记

标记是指书写、印刷或刷在运输包装外部的不同图表、文字和图形。当货物被包装好，没有线索来识别他们，人们需要某种指标来指导他们沿着物流流程处理货物。标记在运输包装的使用中起着重要的作用。根据其功能，标记可分为四种类型：装运标记、指示标记、警告性标志和补充标记。

1. 唛头（装运标志）

装运标志是装运包装上的一种标志。它加快了货物的识别和运输，并有助于避免运输错误。

因此，装运标志的设计应简单、清晰、易于识别。例如，运输标志的位置应该适当；标记的颜色应该是持久的。此外，装运标志中不允许插入任何广告词和图片。采用标准唛头不仅可以使货物易于识别和运输，还可以简化检查相关文件和证书的过程。

国际标准组织推荐的国际标准运输标志由以下四部分组成：

（1）收货人代码，通常是收货人的首字母或缩写；

（2）目的地：目的港或目的地的名称；

（3）参考号：相关合同、订单、发票等的编号；

（4）包装数量：每个包装的连续数量。

2. 指示标志

指示标志是在装卸、搬运和储存过程中，有关人员处理货物时，用来引起他们注意的图表和简单的文字。必要时，在商品外包装上也要涂上或刷上指示标记。

指示性标志是提示人们在装卸、运输和保管过程中需要注意的事项，一般都是以简单、醒目的图形和文字在包装上标出，有人称其为注意标志。例如在易碎商品的外包装上标以“小心轻放”；在受潮后易变质的商品的外包装上标以“防止潮湿”等文字，并配以图形指示。

3. 警告性标志

警告性标志又称危险货物包装标志，凡在运输包装内装有爆炸品、有毒物品、腐蚀物品、氧化剂和放射性物质等危险货物时，都必须在运输包装上标明用于各种危险品的标志，以示警告，便于装卸、运输和保管人员能够按货物特性采取相应的防护措施，以保护物资和人身的安全。我国进出口贸易中遇见的警告性标志主要有两套：一套是由我国有关部门制定的《危险品货物包装标志》中规定的危险品标志，这是我国政府规定危险品货物包装上必须使用的；另一套是联合国政府间海事协商组织规定的《国际海运危险品标志》，这套规定在国际上已有许多国家采用，有的国家进口危险品时要求在运输包装上标明该组织规定的危险品标志，否则，不准靠岸卸货。因此，在我国危险货物的运输包装上，要标明我国和国际上所规定的两种危险品标志。

4. 补充标记

有时，根据进口国和出口国制定的规则和条例，或有关各方达成的协议，插入一些补充标记，如重量或体积标记和原产地标记。

（1）重量或体积标记。重量或体积标记是表示包装体积或毛重/净重的标记，以方便装卸或预订舱位。

（2）进口商品的产地标记。许多出口国或进口国的海关统计和税收都需要原产地标记。在一些国家，原产地标记对进口货物是强制性的。而其他一些国家可能要求原产地标记，以避免混淆货物的真实原产地。原产地标记必须清晰、不可擦除且清晰可见。此外，每个国家对进口货物的标记方式有相关规定，包括使用的语言和标记，甚至标记字母的大小。因此，标记的方式取决于特定国家的要求。

通常，出口商在包装上标明原产地标记时，应在包装和标记出口货物之前了解进口国的标记规定。

四、销售包装

销售包装也称为内包装，标志包装、即时包装或营销包装的例子。

这种包装的主要目的是促销。为了方便销售，不同的包装被设计成与各种货物相匹配：搬运包装、悬挂包装、易开包装、喷涂包装、起球包装、礼品包装等。销售包装设计的多样性和新颖性可能更适合于市场营销领域，我们将讨论与销售包装相关的几个问题，同时也与国际贸易实践相关。

（一）中性包装

中性包装是一种特殊类型的标志，而不是如其名称所示的包装类型。虽然中性包装是必需的，但在产品、运输包装或销售包装上不应出现产地或制造商名称的标记。

中性包装有两种情况：无指定品牌的中性包装和有指定品牌的中性包装。如果是没有指定品牌的中性包装，包装上既没有标明品牌或标志，也没有标明原产国。有些情况下，出口商被要求使用进口商指定的特定品牌或商标，它就变成了带有指定品牌的中性包装。

中性包装通常被用作促进出口销售的一种手段。通过中性包装，出口商可以打破进口国对进口商品征收的高额关税或不合理的进口配额。然而，近年来，中性包装受到许多国家的限制。例如，如前一节所述，在一些国家，原产地标记对进口货物是强制性的。货物用中性包装，没有原产地标记，不允许进入这些国家。因此，当出口商同意采用中性包装时，必须小心谨慎。

（二）原始设备制造商

OEM 是原始设备制造商的简称。它是指卖方在其制成品上使用买方指定的品牌名称或商标的一种国际贸易惯例。

OEM 在国际上很流行。许多国家的超市、大型百货商店和垄断商品商店采用代工方式销售商品，以确保其声誉和价格的提高。对于大额和定期订单，出口商也愿意接受来样定做。通过代工，卖方可以利用买方、良好的品牌或商标、良好的声誉和地位来扩大销售，提高在世界市场上的竞争力。

如果使用买方或原始设备制造商指定的商标或品牌进行中性标记，应密切关注与第三方侵权相关的问题。通常，买方需要出示证明他们有权使用他们指定的品牌名称或商标的证书。尽管如此，卖方最好在合同中插入一个保障条款或类似的条款。

（三）标签

标签是指商品销售包装上的标签，通常由文字、图表和图形组成。对商品的标签有特殊要求，如准备好的商品、饮料、药品和玩具。

通常，法规要求标签以进口国的语言、重量和测量系统显示制造商的名称和地址、成分列表、内容物的重量或体积以及所有其他相关信息。因此，出口商应确保其出口货物符合进口国的标签要求。

（四）条码

条形码由不同宽度的条和空格组成，以激光扫描仪可读的形式（条和空格）为人类可读的字符提供了一种表达方式。它包含国际贸易中产品的名称、规格、产地和价格等信息。

几个条形码系统同时存在。由通用代码委员会（UCC）编制的通用产品代码（UPC）是通用条形码系统。有其中基本版 A 最常见，常见于店铺物品，其次是 UCP 版，常用于包装。另一个普遍使用的编码系统是由欧洲物品编号协会编制的欧洲物品编号系统（EAN）。有两个主要的 EAN 版本。一种是标准 EAN（也称为 EAN－13），它由 10 个数字字符，两个或三个字符，以及一个校验位组成。另一个是 EAN 8 号。EAN－8 由八位数字组成，实际上是 EAN－13 的缩写，只有当文章对于 EAN－13 来说太小，而 EAN－13 可能使用文章前面 25% 以上的空间时，才使用它。

国际文章编号协会（IANA）后来取代了欧洲文章编号协会（EANA）。国际物品编号系统是一个世界公认的系统，因为许多国家和地区都采用这一系统。1988 年，中国物品编码中心成立，负责条形码技术在中国的推广和管理。1991 年 4 月，中国参加了国际商品编号协会（IANA），并被指定使用数字“690”“691”和“692”。从那以后，任何以这些数字开头的产品都表明它是中国原产的。

五、销售合同中的包装条款

销售合同应明确说明包装方法（如材料、尺寸、每件的重量、使用的填充材料和加固条件等），包装费用和唛头。

包装方法的细节必须在包装条款中明确，并应包括形状、尺寸、所用材料等细节。例如，30cm×40cm×50cm 纸箱，新铁桶净重 190 公斤，或 4 层牛皮纸袋净重 25 公斤。此外，还必须适当规定加固条件或填充材料（如果适用）。例如，用铁箍加固的木桶包装；纸箱装；10 箱装一个塑料托盘；装在铁桶里，80 桶装一个集装箱。合同中应避免诸如“适航包装”“习惯包装”等含糊不清的表述。当买方被要求提供全部或部分包装材料时，卖方还应在合同中规定包装材料到达的期限。

包装条款中必须规定运输成本的划分。包装费用可以包含在商品的价格中；在这种情况下，卖方承担包装费用。但是也可以排除在价格之外，包装费用全部或部分由买方承担。在后一种情况下，卖方应在合同中规定买方应支付的费用以及付款方式。

装运标志可由买方或卖方提供。当买方指定装运标志时，卖方最好在合同中规定标志的到达时间，以确保交货顺利。

在贸易实践中，除非合同中另有规定，包装费用包括在合同价格中，运输标志的设计由卖方选择。

本章小结

本章着重介绍国际货物买卖合同中商品的品名、品质、数量、包装的有关知识和相关合同条款的内容。针对交易商品的特点，既可以用实物表示商品品质，也可以用文字说明表示商品品质。在规定品质条款时，既要具体明确，也要注意灵活性，对某些特定的产品规定品质公差或品质机动幅度。在对商品数量进行约定时，要明确数量的计量方法与计量单位，对一些散装货物还应在数量条款中规定适当的机动幅度，以便合同顺利履行。商品的包装条款也是国际货物买卖合同中的主要条款，包装不仅可以保护商品在流通过程中品质完好，而且会对货物的运输和销售产生影响。这些交易条件都直接关系到双方当事人的权益，因此，都必须在买卖合同中作出明确的规定。

思考题

1. 出口商品质量的两种常用表示方式是什么?
2. 在销售合同中指定质量条款时需要考虑哪些问题?
3. 衡量出口货物重量的常用方法有哪些?
4. 使用净重时，皮重有哪些不同的计算方法?
5. 在销售合同中指定数量条款时需要考虑哪些问题?

第十章　国际贸易货物运输

学习目标

- 掌握国际贸易货物运输的基本方式与特点；
- 掌握装运条款的订立，运输费用的计算；
- 掌握各种运输单据的性质与作用，及主要单据的制作。

第一节　海洋运输

运输是出口过程中最重要的因素之一。没有运输，货物就不能从出口国运输到进口国。随着现代运输技术的发展，运输速度和运输能力大大提高，运输方式也发生了很大变化，这当然大大有助于国际贸易的发展。出口货物常用的运输方式有海运、铁路运输、公路运输、空运、国际多式联运和集装箱运输。

海运由于运费低、运力大，在货物运输中最受青睐。然而，它相对较慢，易受恶劣天气影响，守时效率低。海洋运输有两种主要类型：

班轮运输和租船运输，其中班轮运输在国际贸易中更常用。

一、班轮运输

班轮是定期航行和到达的船只，在固定（定期）航行路线上航行，并在固定（定期）基地港口停靠。它采用相对固定的时间表和相对固定的运费。

（一）班轮运输的特点

（1）“四固定”。班轮公司船舶按照固定的船期表，沿着固定的航线和港口进行运输，并按相对固定的费率收取运费。

（2）管装管卸。由船方负责配载装卸，装卸费包括在运费中，船货双方不计算滞期费和速遣费。

（3）船、货双方权利与义务以船方签发的提单条款为依据。

（4）承运货物的品种和数量都很灵活。班轮有各种各样的船舱结构来适应各种各样的货物。因此，班轮可接受各类货物，货物运输的质量也比较好；一般采取在码头仓库交货，也为货主提供了比较便利的条件。

（二）班轮运费

运费是承运人运输货物的报酬。班轮运费通常包括装卸费用和其他费用，如滞期费或调度费。通常，班轮运输的运费由两部分组成：一部分是基本运费；另一个是附加费用。

从装运港到目的港的货物运输收取基本运费。基本运费构成班轮运输的主要成本。运价中计算班轮基本运费所用的主要标准是 W、M、W/M、A. V. 、W/M 或 A. V. 、单位/头、最低费率和开仓费率。

(1) 对于在税则中标有“W”的项目，运费将按重量吨计算。在国际上，1 吨重等于 1 公吨（1000 公斤），或 1 长吨（1016 公斤）或 1 短吨（907. 18 公斤），这取决于航运公司采用的测量系统。重型货物的运费通常以此为基础收取。

(2) M 对于税则中标有“M”的项目，运费将根据货物的计量吨（MT）计算，即体积。轻型货物的运费通常以此为基础收取，重量吨和计量吨都属于货运吨的名称。

(3) 对于标有“水渍险”的项目，运费将按重量吨或计量吨计算，以较高者为准。当对钨和钼进行比较时，必须遵循 1 WT 等于 1 MT 的概念。

(4) 对于标有“Adval”的项目，运费根据货物的价值收取。这通常表示为装运货物的离岸价格或价值的一定百分比（从 1% ~5%）。这更适合黄金、白银、宝石、昂贵的毛皮和有价值的绘画等高价值的商品。

(5) 对于标有“水渍险”或“广告价值”的项目，运费以重量吨、计量吨或货物价值为基础计算，以最高者为准。

(6) 单位对于税则中标记为“单位”的项目，运费根据所载货物的数量计算，例如每辆卡车 60 美元，每头活畜 15 美元。

(7) 最低费率对于极少量货物的运输，采用最低运费来获得运费。

(8) 未结运价对于运价中标明“未结”的项目，运费将根据承运人和发货人之间达成的临时或特别协议计算。通常，装运数量非常大的货物，如谷物、矿石和煤，都要遵守开仓价。

除了根据上述基础计算的基本运费之外，在某些特殊情况下或对于某些需要特别小心处理的货物，可能需要支付附加费和额外费用。有大量的附加费和附加费用。

【举例】

附加费：

- 燃油附加费（燃油调整系数/曝气生物滤池）
- 货币附加费（货币调整系数/中国货币）
- 港口拥挤附加费
- 转运附加费
- 偏离附加费
- 港口附加费

额外的：

- 额外的重载提升（例如，每单位超过 5 公吨的货物）
- 额外的超长货物（例如，每单位超过 9 米的货物）
- 额外的大件货物（例如，每单位超过 6 立方米的货物）
- 直接附加
- 可选卸货港的附加信息
- 目的地变更附加

二、租船运输

租船运输又称为不定期船运输，是指租船人向船东租赁船舶用于运输货物的业务。对于大量成交的大宗货物．如粮食、矿砂、煤炭、石油等，一般都是用包租整船的方式来完成运输的。

租船运输的特点是没有预订的船期表、航线、港口等；有关船舶的经营须由租船人和船方签订的租船合同来规定；运费或租金由双方进行议定。

（一）租船运输的方式

1. 定程租船

定程租船（Voyage Charter）又称航次租船，即按照航程租赁船舶。它是由船舶所有人提供一艘船舶，在指定港口之间进行一个航次或数个航次，承运指定货物的租船运输。

在定程租船方式下，船方必须按租船合同规定的航程完成货物的运输任务，并负责船舶的经营管理，承担船舶在航行中的一切开支。现在国际上大宗货物的运输多使用程租船，承担的货运量一般比较大。

定程租船的装卸费用的划分，有以下四种方式：

（1）船方负担装和卸，又称“班轮条件”。

（2）船方管装不管卸条件。

（3）船方管卸不管装条件。

（4）船方不负责货物的装卸费用。为进一步明确船舱内货物装载以及散装货平舱的责任和费用划分，就需使用 FIOST（Free In and Out，Stowed and Trimmed）条款，即船方不负责货物的装卸、理舱和平舱。

2. 定期租船

定期租船（Time Charter）又称期租船，即按照期限租赁船舶。它是船舶所有人将船舶出租给承租人，供其使用一定时期的租船运输，承租人可以在此时期内将所租船舶充作班轮或程租船使用。

定期租船方式下，租船人可以根据租船合同规定的航行区域自行使用和调度船舶，在各航次中产生的燃料费、港口费、装卸费等费用，均由租船人负担，船方只负担船员的薪金、伙食等费用以及为保持船舶在租赁期间具有适航价值而产生的有关费用。

（二）定程租船与定期租船的异同点

（1）定程租船是按航程租用船舶，以定程租船合同为准；定期租船是按期限租用船舶，以定期租船合同为准。

（2）定程租船是船方负责船舶的经营管理；定期租船是租船方负责调度和运营。

（3）定程租船是运费按照装运货物的数量计算或按照航次包租总金额计算；定期租船按租期内每月每吨若干金额。

（4）定程租船是由租船合同规定装卸时间和装卸率，凭以计算滞期费和速遣费；定期租船的船租双方不规定滞期费和速遣费。

三、铁路运输

在国际货物运输中，铁路运输（Rail Transport）是一种仅次于海洋运输的主要运输方式，陆地接壤的国家之间大量运用这种方式进行货物的运输，海洋运输的进出口货物，也大多是靠铁路进行货物的集中和分散的。我国在解放初期主要采用铁路运输方式运送外贸的货物，因为当时的贸易对象主要是苏联与东欧国家。铁路运输的特点是不受气候条件影响，运量大，速度快，风险小，手续简单，连续性强。

按运输方式的不同，铁路运输分为国际铁路货物联运和国内铁路货物运输两种。

（一）国际铁路货物联运

凡是使用一份统一的国际联运票据，由铁路负责经过两国或两国以上铁路的全程运送，并由一国铁路向另一国铁路移交货物时，不需要发货人和收货人参加的运输方式，称为国际铁路货物联运。

采用国际铁路货物联运，有关当事国家必须先有书面的约定。1890 年欧洲各国在瑞士首都伯尔尼举行的各国铁路代表大会上制定了《国际铁路货物运送规则》，以后在 1938 年修改为《国际铁路货物运送公约》（简称《国际货约》），又称《伯尔尼货运公约》。1951 年 11 月，苏联和东欧各国签订《国际铁路货物联运协定》，简称《国际货协》。1954 年 1 月，我国参加了《国际货协》，开办了国际间的铁路联运。我国对朝鲜、俄罗斯的大部分进出口货物以及东欧一些国家的小部分进出口货物，都是采用国际铁路联运的方式运送的。1980 年，我国成功地通过西伯利亚大陆桥实行国际铁路联运。1992 年，我国连云港到荷兰鹿特丹的新欧亚大陆桥铁路运输正式运营，为我国开展国际铁路联运创造了更为便利的条件。

（二）国内铁路运输

国内铁路运输是指仅在本国范围内按《国内铁路货物运输规程》的规定办理的货物运输。我国出口货物经铁路运至港口装船及进口货物卸船后经铁路运往各地，均属国内铁路运输的范畴。

供应香港地区货物的铁路运输，由国内段运输和港段铁路运输两部分构成。具体做法是：国内段运输是货物从发货地至深圳北站，收货人为中国对外贸易运输公司深圳分公司。经深圳分公司接货，向深圳铁路局租车后，报关出口，经查验后放行，将货物运输至九龙港。货车过轨后，由深圳外运分公司在香港的代理人——香港中国旅行社向香港九广铁路公司办理港段铁路运输的托运、报关等工作，货车到达九龙目的站后，由香港中国旅行社将货物卸交给香港收货人。对港运输是一种特殊的租车方式的两票运输。

四、航空运输

航空运输（Air Transport）是一种现代化的运输方式，它与海洋运输、铁路运输相比，其有运输速度较快、货运质量高、且不受地面条件的限制等优点。因此，它最适宜运送急需物资、鲜活商品、精密仪器和贵重物品。主要运输方式有下面几种：

（1）班机运输（Scheduled Airline），班机运输是具有固定时间、航线、始发站、途经站和终到站的飞机运输。类似于班轮运输，一般为客货两用的混合型飞机。

（2）包机运输（Chartered Carrier），包机又分为整包机和部分包机两种形式，前者适用于运送数量较大的商品，后者适用于多个发货人，但货物到达站又是同一地点的货物运输。类似于租船运输，可以由一个或几个发货人联合租一架飞机。

（3）集中托运（Consolidation），集中托运使用一份总运单将若干个货主的货物运至目的地后，再由航空公司的代理人办理收货、报关、分拨后交给实际收货人。

（4）航空急件运输方式（Air Express Service），航空急件传送方式是最快捷的运输方式，通过快递公司与航空公司密切合作，实现桌到桌运输（Desk to Desk Service）。

航空运输的承运人分为航空运输公司和航空货运代理公司。航空运输公司是实际承运人，主要负责空中运输；航空货运代理公司是货主和航空公司的代理，主要负责地面的揽货、报关、送货等工作。

航空运价一般按照货物的实际重量（公斤）或体积重量（以6 000立方厘米体积折合一公斤）计算，两者之中以较高者为准。空运货物是按一般货物、特种货物和货物的等级规定运价标准。

五、集装箱运输

（一）集装箱运输的特点

集装箱（Container）又称“货柜”或“货箱”，是一种柜形容器，可以把货物集中装入其内。货物装入集装箱后，以集装箱为单位进行运输，称作集装箱运输。

集装箱运输（Container Transport）是一种先进运输方式，可适用于海洋运输、铁路运输和多式联运等，这种方式产生后迅速得到广泛应用。它的优点是：提高了装卸效率、加快了船舶周转；提高了运输质量，减少货损货差；节省各项费用，降低货运成本；简化货运手续，便利货物运输；把传统单一运输变成连贯的成组运输，促进了国际多式联运的发展。

（二）集装箱运输的货物交接

集装箱托运方式，按货运数量可分为整箱货（Full Container Load，FCL）和拼箱货（Less Than Container Load，LCL）。整箱货是指凡一批货运达到一个或一个以上集装箱内容积的75%以上或集装箱负荷重量的95%以上，即可作为整箱货。整箱货由货方在工厂或仓库进行装箱，货物装箱后直接运交集装箱堆场（Container Yard，CY）等待装运，货到目的地（港）后，收货人直接从目的港（地）集装箱堆场提走；拼箱货是指不足整箱货的容积或重量的货载，需由承运人在集装箱货运站（Container Freight Station，CFS）将不同发货人的少量货物拼在一个集装箱内，货到目的地（港）后，由承运人拆箱分拨给各收货人。

（三）集装箱运输的费用

费用构成包括内陆或装运港市内运输费、拼箱服务费、堆场服务费、海运服务费、集装箱及其设备使用费等。

目前，集装箱货物海上运价体系较内陆运价成熟，基本上分为两个大类。

1. 件杂货基本费率加附加费（俗称散货价）

（1）基本费率是指参照传统件杂货运价，以运费吨为计算单位，多数航线采用等级费率。

（2）附加费是指除传统杂货所收的常规附加费外，还要加收一些与集装箱货物运输有关的附加费。

2. 包箱费率

包箱费率，又称包箱价（Box Rate），这种费率以每个集装箱为计费单位，常见的包箱费率有以下三种表现形式。

（1）FAK包箱费率（Freight for All Kinds）。即对每一集装箱不细分箱内货物种类，不计货量（在重量限额之内）统一收取的运价。

（2）FCS 包箱费率（Flight for Class）。按不同货物等级制定的包箱费率，集装箱普通货物的等级划分与杂货运输分法一样，仍是 1 ~ 20 级，但是集装箱货物的费率级差远小于杂货费率级差。

（3）FCB 包箱费率（Freight for Class and Basis）。这是按不同货物等级或货类以及计算标准制订的费率。

六、国际多式联运

（一）国际多式联运的概念

国际多式联运（International Multimodal Transport）是在集装箱运输的基础上产生和发展起来的一种综合性的连贯运输方式，它一般是以集装箱为媒介，把海、陆、空各种传统的单一运输方式有机地结合起来，组成一种国际间的连贯运输。《联合国国际货物多式联运公约》对国际多式联运所下的定义是："国际多式联运是指按照多式联运合同，以至少两种不同的运输方式，由多式联运经营人把货物从一国境内接运货物的地点运至另一国境内指定交付货物的地点。"

（二）构成多式联运应具备的条件

（1）必须有一个多式联运合同，合同中明确规定多式联运经营人和托运人之间的权利、义务、责任和豁免。

（2）必须是国际间两种或两种以上不同运输方式的连贯运输。

（3）必须是使用一份包括全程的多式联运单据，并由多式联运经营人对全程运输负总的责任。

（4）必须是全程单一运费率，其中包括全程各段运费的总和、经营管理费用和合理利润。

（三）国际多式联运的优点

开展国际多式联运是实现"门到门"运输的有效途径，它简化了手续，减少了中间环节，加快了货运速度，降低了运输成本，并提高了货运质量。

第二节　装运条款

一、装运时间

装运时间（Time of Shipment）又称装运期，是指出口方将合同规定的货物装上运输工具或交给承运人的期限。

在以 FOB、CIF、CFR、FCA、CIP、CPT 成交时，装运与交货同属一个概念。装运时间即为交货时间，装运地点即为交货地点。但是，在其他术语下，装运与交货不是一个概念，如以 D 组术语成交，出口方在目的地或目的港才能完成交货，装运是在出口方所在地或者装运港完成的。

(一) 装运期的规定方法

实际业务中，规定装运期的方法有两类。

1. 规定明确、具体的装运时间

(1) 规定某月或某几个月内装运。

例如：Shipment during March 2010.

Shipment during Feb. /Mar. 2010.

(2) 规定在某月底或某月某日以前装运。

例如：Shipment at or before the end of May 2010.

Shipment on or before July 15th, 2010.

Latest Date of Shipment: July 15th, 2010. Shipment not later than July 31st, 2010.

这种方法在国际贸易中运用得最多最广。

2. 规定在收到信用证后若干天内装运，如 30 天、45 天、60 天、90 天等

例如：Shipment within 45 days after receipt of L/C.

这种方法用在当对进口方资信不了解或进口方资信欠佳时，或为买方特制的商品，或对某些进口管制比较严格的国家或地区出口时，为防止买方不履行合同而造成损失，可采用此种规定方法。注意：在采用这种装运期规定时，必须同时规定有关信用证开到的期限（开证日期）。

(二) 规定装运时间应注意的问题

(1) 买卖合同中对装运时间的规定，应明确具体。应尽量避免采用近期装运的表示方式，例如迅速装运、立即装运、尽快装运等。由于这些术语在各国、各行业中解释不一，故不宜使用。《UCP600》第 3 条规定，采用此种术语，银行将不予置理。

(2) 装运期限应当适度，既不能太长，也不能太短。

(3) 注意货源情况、商品的性质和特点以及交货的季节性等。

(4) 结合考虑装运港、目的港的特殊季节因素。

(5) 为保证按期装运，应考虑装运期是否与开证日期相衔接。

二、装运港和目的港

装运港（Port of Shipment）是指货物起始装船的港口；目的港（Port of Destination）是指最终卸货的港口。

(一) 装运港和目的港的规定方法

(1) 在一般情况下，只规定一个装运港和目的港。

(2) 在大宗交易情况下，可以规定两个或两个以上的装运港和目的港。

(3) 在磋商交易时，如果明确一个或几个装运港或目的港有困难，可以采用选择港的规定方法，即允许收货人在预先提出的两个或两个以上的卸货港中，在货轮驶抵第一个备选港口前，按船公司规定的时间（如提前 48 小时），将最后确定的卸货港通知船公司或其代理人，船方负责按通知的卸货港卸货。按一般航运惯例，如果收货人未在规定时间将选定的卸货港通知船方，船方有权在任何一个备选港口卸货。

采用选择港时，应注意考虑下面的问题：

(1) 合同中规定选择港的数目一般不超过 3 个；

(2) 备选港口在同一条班轮航线上，而且是班轮公司的船只都能停靠的港口；

(3) 核定价格和计算运费时，应按备选港口中最高的费率加上选港附加费计算；

(4) 在合同中应明确规定因选择港而增加的运费、附加费均由买方负担。

选择港实例如下：

CIF London/Hamburg/Rotterdam optional.

CIF London, optional Hamburg/Rotterdam. Optional addition for buyer's account.

(二) 规定国内外装运港时，应注意的问题

1. 规定国外装运港时，应注意的问题

(1) 不能接受我国政策不允许往来的港口为装运港。

(2) 对装运港的规定，应力求明确具体，不能过于笼统。

(3) 不能接受以国名或内陆城市作为装运港的条件。

(4) 要考虑港口装卸等具体条件。

(5) 要注意港口有无重名的问题。

(6) 在我方负责运输的情况下，如果运往目的港无直达班轮或航次较少，合同中应规定允许转运。

2. 规定国内装运港时，应注意的问题

在出口业务中，对国内装运港的规定，一般以接近货源地的港口为宜，同时考虑港口和国内运输的条件和费用水平。在进口业务中，对国内目的港的规定，原则上应选择以接近用货单位或消费地区的港口较为合理。

三、分批装运和转运

(一) 分批装运

分批装运（Partial Shipment）是指一笔成交的货物，分若干批装运。在国际贸易中，有的交易因为成交数量较大，或是由于备货、运输条件、市场需要或资金的限制，有必要分期分批交货时，可在合同中规定允许分批装运的条款，如“Partial Shipment to be allowed”。

按照《UCP600》的规定，运输单据表面注明同一运输工具、同一航次、同一目的地的多次装运，即使其表面上注明不同的装运日期或不同的装运港、接受监管地或发运地，将不视作分批装运。根据《UCP600》，除非信用证明示不准分批装运，卖方即有权分批装运；如果信用证中规定了每批装运的时间和数量，若其中任何一期未按规定的时间或数量装运，则本期及以后各期信用证均告失效。

(二) 转运

转运（Transhipment）是指从装运港（地）至卸货港或目的地的货运过程中进行转装或重装，包括从一运输工具或船只移至另一同类运输工具或船只，或由一种运输方式转为另一种运输方式的行为。对于没有直达船的目的港口，或者对虽有直达船而无固定船期或者每月、每两个月才有一个航次的港口，也应标明“允许转船（Transhipment to be allowed）”。

根据《UCP600》，除非信用证明标示不准转运，卖方即有权转运。另外，《UCP600》中的禁止转运，实际上仅是禁止海运港至港，除集装箱以外的货物运输的转运。但该解释仅适用于信用证业务的处理而不涉及买卖合同条款的解释。

实际业务中，转船会增加货物受损或其他风险，而且还会因为等候换装船舶而延误到货

时间。因此，进口方为了保障自己的利益，一般都争取直达运输，并在合同和信用证内规定“不允许转船”。

四、装卸时间、装卸率、滞期费和速遣费

在使用程租船运输业务中，货物在装卸港口的装卸时间的长短直接关系到船舶的使用周期和船方的利益，因此规定一个许可的装卸时间、装卸率、滞期和速遣条款，作为租船合同的重要条款。

（1）装卸时间（Lay Days/Times）是指租船人承诺在一定期限内完成装卸作业，一般以天数或小时数来表示。它是程租船合同的一项重要内容。装卸时间的规定有各种不同的方法，由于现代化的港口基本都能够昼夜作业，因此我国各进出口公司一般都采用连续为小时晴天工作日计算，目前国际上也普遍采用这种规定方法。采用此方法计算时，只要港口气候条件适于进行正常装卸作业，则昼夜 24 小时都应算作装卸时间。关于装卸时间的起算时间，一般以船长向租船人或其代理人递交了“装卸准备就绪通知书（Notice of Readiness, N/R）”之后，经过一定的规定时间后，开始起算。

（2）装卸率是指每日装卸货物的数量，它一般按照港口习惯的正常速度来确定。因此，规定装卸率时，应从港口实际出发，掌握实事求是的原则。

（3）滞期费（Demurrage）是指在规定的装卸期间内，如果租船人未能完成装卸作业，为了弥补船方的损失，对超过的时间租船人应向船方支付一定的罚款，称为滞期费。

（4）速遣费（Dispatch Money）是指如果租船人在规定的装卸期限内，提前完成装卸作业，缩短了船舶的使用周期，则所节省的时间船方应给租船人一定金额的奖励，称为速遣费。相同的时间下，通常速遣费一般为滞期费的一半。

负责运输的进出口商与船方订立租船合同时，必须注意租船合同与进出口合同有关装运时间的一致性。

第三节　运输单据

运输单据是承运人收到承运货物后签发给托运人的证明文件，它是交接货物、处理索赔与理赔以及向银行结算货款或进行议付的重要单据。

运输单据的种类很多，如海运提单、铁路提单、承运货物收据、航空运输单据、多式联运单据和邮包收据等，其中最重要的是海运提单。

一、海洋运输单据

（一）海运提单

海运提单（Ocean Bill of Lading, B/L），简称提单，是指证明海上运输合同和货物由承运人接管或装船以及承运人据以保证交付货物的凭证。

1. 海运提单的性质与作用

（1）货物收据。它是承运人应托运人的要求所签发的货物收据，表明承运人已按提单

所列内容收到货物。

（2）物权凭证。它是一种货物所有权的凭证。正本提单具有物权凭证的作用。

（3）运输契约的证明。它是承运人与托运人之间订立的运输契约的证明。

2. 海运提单的内容

各个船公司的班轮提单格式有所不同，但是基本内容大致相同，有正面记载事项与背面运输条款，具体有以下的内容。

（1）提单正面的内容。通常包括提单号（B/L NO.）、托运人（Shipper）、收货人（Consignee）、被通知人（Notify Party）、船名（Name of Vessel）、装货港（Port of Lading）、卸货港（Port of Discharge）、唛头（Shipping Marks）、件数和包装种类，货名（Number and Kind of Packages, Description of Goods）、毛重和尺码（Gross Weight and Measurement）运费和其他费用（Freight and Charges）、运费支付地点（Freight Payable at）、签单地点和日期（Place and Date of Issue）、正本提单份数（Number of Original B/Ls）等。正面内容分别由托运人和承运人或其代理人填写。

（2）提单背面内容。提单背面条款主要用于确定承运人与托运人、收货人及提单持有人之间的权利和义务。通常包括定义条款（Definition Clause）、管辖权条款（Jurisdiction Clause）等。

租船提单仅在提单正面列有简单的记载事项，并标明“所有其他条款、条件和例外事项按某年某月某日租船合同办理”，而提单背面则无印就的条款。

3. 海运提单的种类

（1）根据货物是否已经装船，分为已装船提单与备运提单。已装船提单（On Board B/L; Shipped B/L）是指提单上签发装船完毕的日期，并有船名。备运提单（Received for Shipment B/L）是指货物等待装船时，船公司签发的提单。按国际惯例，银行和进口方接受的是已装船提单，对备运提单拒付。事后如果货物装船，并注明上船名和装船日期，可以接受。

（2）根据提单上对货物外表状况有无不良批注，分为清洁提单与不清洁提单。清洁提单（Clean B/L）是指承运人对货物外表状况无不良批注的提单。不清洁提单（Unclean B/L; Foul B/L）是指承运人对货物外表状况有不良批注的提单，如：包装不牢固（Insufficiently Packed），某件损坏（…Packages in damaged condition），某纸箱遭水浸（Cartons wet stained）等。按照国际惯例，银行和进口方一般不接受不清洁提单。

（3）根据提单收货人抬头方式，分为记名提单、不记名提单与指示提单。记名提单（Straight B/L）是指在提单收货人栏内填写具体的收货人名称。它只能由提单上指定的收货人提货，不能转让。此种提单用得较少，一般只有在运送贵重的货物、展览品以及援外物资等场合才使用。不记名提单（Bearer B/L）是指在提单收货人栏内不填写具体的收货人名称，只写“Bearer”字样。这种提单可以转让，不需要背书。但是使用中风险比较大。因此，国际贸易中用的比较少。指示提单（Order B/L）是指在提单收货人栏内填写“凭某人指定（To order of）”或“凭指定（To order）”字样的提单。“凭某人指定”可以是：凭托运人指定（To order of Shipper）；或凭开证行指定（To order of Issuing Bank）；或凭开证人指定（To order of Applicant/Consignee）。指定称为“空白抬头”，同凭托运人指定抬头。指示提单可以通过空白和记名背书方式转让。国际贸易中大量使用指示提单。我国还常用“空白抬头，空白背书”的提单。

(4) 按运输方式分类，可分为直达提单、转船提单和联运提单。直达提单（Direct B/L）是指货物在中途不经过转船，直接运达目的港，此种情况下，船公司签发的提单，称为直达提单。提单上通常出现两个港口名称，即装运港与目的港。转船提单（Transhipment B/L）是指货物在中途经过转船的提单，注明“转船”或“在××港转船”字样，提单上至少出现三个以上港口名称，即装运港、中转港与目的港。联运提单（Through B/L）是指经过海运和其他运输方式联合运输时，由第一承运人签发的包括全程运输的提单，签发提单者只对第一程运输负责。

(5) 按船舶营运方式的不同，可分为班轮提单和租船提单。班轮提单（Liner B/L）是指班轮公司承运货物后所签发给托运人的提单。租船提单（Charter Party B/L）是指承运人根据租船合同而签发的提单。租船提单上注明“一切条件、条款和免责事项按照×年×月×日的租船合同”，或批注“根据××租船合同出立”字样。银行或买方在接受这种提单时，通常要求卖方提供租船合同的副本。

(6) 根据提单内容的繁简，可分为全式提单和略式（或简式）提单。全式提单（Long Form B/L）是指提单背面列有承运人和托运人权利、义务的详细提单。简式提单（Short Form B/L）是指提单上只有全式提单正面的内容，并注明“本提单货物的收受、保管、运输和运费等项，均按本公司提单上的条款办理”字样。

(7) 根据提单使用效力，可分为正本提单和副本提单。正本提单（Original B/L）上必须标明“正本”字样。正本提单一般签发一式两份或三份，凭其中的任何一份提货后，其余的即作废。根据《跟单信用证统一惯例》的规定，银行接受仅有一份的正本提单，如果签发一份以上正本提单时，应包括全套正本提单。买方与银行通常要求卖方提供船公司签发的全部正本提单，即所谓“全套（Full Set）”提单。副本提单（Copy B/L）是指没有承运人、船长或其代理人签字盖章，在副本提单上标明“Copy”或“Non - negotiable（不作流通转让）”字样。

(8) 其他种类提单。集装箱提单（Container B/L）是指包括集装箱联运提单（Combined Transport B/L，CTB/L）及多式联运单据（Multimodal Transport Document，MTD）等。舱面提单（On Deck B/L）是指加批“货装甲板”字样的提单。由于货物放在甲板上，风险比较大，一般向保险公司投保舱面险。过期提单（Stale B/L）是指错过规定的交单日期或者晚于货物到达目的港日期的提单。银行将拒绝接受在运输单据签发日后超过21天才提交的单据。近洋运输容易出现过期提单，此时，信用证应该规定：过期提单可以接受。

（二）海运单

海运单（Sea Waybill，Ocean Waybill）是证明海上运输合同和货物由承运人接管或装船，以及承运人保证据以将货物交付给单证所载明的收货人的一种不可流通的单证，因此又称“不可转让海运单（Non - negotiable Sea Waybill）”。收货人不凭海运单提货，而是凭到货通知提货。这样可以方便进口商及时提货，简化手续，节省费用，还可以在一定程度上减少以假单据进行的诈骗。这种海运单在欧洲、北美和某些远东、中东地区使用得越来越多。1990年国际海事委员会的《1990年国际海事委员会海运单统一规则》更适用于电子数据交换信息。

（三）电子提单

近年来，随着通信技术的发展，国际货物运输领域已开始利用现代化的计算机技术，通过电子数据交换系统，来实现运输途中货物所有权的转移。随着科学技术的进步，船舶航行速度的提高与单证流转相对缓慢的矛盾日益突出。尤其在航程比较短的情况下，单证流转比较缓慢，无法先期寄送到目的港，致使船舶抵岸早于运输单证到达。在这种情况下，诸如凭副本提单、凭保函提货等现象大量存在。如此无正本提单放货引起的纠纷也层出不穷，继而产生~系列的尖锐问题，船公司也常常为此遭受不应有的损失，而应用电子数据交换（Electronic Data Interchange，EDI）技术所产生的电子提单（Electronic Bill of Lading，EBL）为提高提单运转的速度提供了解决方案。

1. 电子提单的含义

电子提单是一种利用 EDI 系统对海运途中的货物支配权进行转让的数据信息。EDI 技术运用到国际贸易以后，有关租船订舱及货物支配权的转让都可以通过计算机网络，使用专用密码将一定的标准信息在有关当事人之间进行传递。

2. 电子提单的运作

电子提单有多种运作模式，其中具有代表性的是 BOLERO（Bill of Lading Electronic Registry Organization）模式电子提单。在该模式下，系统建立名为“登记处”的 EDI 服务中心，其服务是基于 EDI 信息在“登记处”和用户之间或用户之间进行报文传送。每项报文都经数字签名，EDI 服务中心会监控每份电讯并进行记录备查（电讯的摘要最长可以保存 20 年）。假设买卖双方约定一项交易条件为 CIF 和跟单信用证，BOLERO 模式中一份电子提单（简称 EBL）的运转大致可以分为以下几个步骤：

（1）卖方确定承运人后，使用 BOLERO 系统向承运人发出订舱指示，在该指示中对货物进行描述，提供收货人资料；

（2）承运人确认订舱后，通过 BOLERO 向卖方进行确认；

（3）确认货物装船后，承运人向权利注册系统发出一个指令，依据卖方（发货人）提供的资料创建一份 BOLERO 提单，同时指定卖方（发货人）作为提单持有人；

（4）卖方（发货人）将其电子化的单证（如商业发票、装箱单等）发给议付行，同时给权利注册系统发出指令，指定议付行作为提单的质押持有人；

（5）议付行在收到单证后进行审核，确认单证与信用证要求相符后，向卖方付款；

（6）付款后，议付行将单证发给开证行，并指示权利注册系统将开证行指定为提单的新质押持有人；

（7）开证行收到单证后向议付行付款，然后通知买方（收货人）赎单；

（8）买方（收货人）向开证行付款后，开证行指定买方（收货人）为提单持有人；

（9）作为提单持有人和收货人，买方向承运人交回提单，要求提取货物，一份 BOLERO 提单的流程就此结束。此后任何向权利注册系统发出的有关此提单的指令将不被执行。

使用不记名提单或指示提单时，作为提单持有人（不记名提单）或提单持有人的指示人（指示提单）可以用指定新的提单持有人和指示人（仅在指示提单中）的方式转让提单。

3. 电子提单的优点

与传统提单相比，电子提单具有以下优点：

（1）迅速。电子提单可以通过计算机网络进行迅速传递。电子提单的及时到位使承运人可以及时收单放货，不仅可以避免以副本提单加保函提货的风险，而且可以避免由于等待提单的到来在港口长期停泊造成的巨额滞期费。

（2）节省成本。提单无纸化之后最显著的特点是节省了大量的纸张，即节省了投入成本。

（3）增加了贸易的安全性。传统提单的制定、流转、接收过程都需要经过手工完成，该过程中容易产生各种欺诈行为。而电子提单数据电文的传递要经过第三方独立的授权机构认证，如此可以鉴别交易对方的真实身份，并且电子提单都设定密匙，这大大提高了贸易的安全性。

（4）减少了潜在的单证错误。电子提单的采用使得电子数据不需要重复录入，并可以避免单证分次、分散缮制过程中发生不一致的错误。

4. 关于电子提单的国际规则

为了适应信息时代电子资料交换系统的广泛应用，联合国设计制定了《联合国贸易资料指南》（UNTDED）、《联合国行政、商业、运输电子资料交换规则》（UN/EDIFACT）和《电讯贸易资料交换实施统一规则》（UNCID）。国际海事委员会在这些规则的基础上，制定了《国际海事委员会电子提单规则》（Committee Maritime International Rules for Electronic Bills of Landing），并在其第34届大会上通过了《国际海事委员会电子提单规则》（以下简称《电子提单规则》）。

《电子提单规则》的运用基于当事人自愿的原则，规则运用下的电子数据应符合联合国行政、商业、运输电子数据交换规则的有关标准。规则运用中不改变现行的法律适用，其所产生的法律问题将由各国国内立法解决。

《电子提单规则》共11条，主要内容有：适用范围，定义，程序规则，收讯的形式和内容，运输合同条款，适用法律，支配和转让权，密码，交货，要求书面单证的选择，电子数据与书写效力同等。

《电子提单规则》对电子密码的运用，使作为物权凭证的电子提单的转让成为可能。按照规则规定，在采用电子提单时，发货人和承运人必须事先约定，他们将用电子方式进行通讯，并将使用电子提单而不使用书面提单，这是使用该规则的前提条件。当事人通过对电子提单的密码的转让来代替传统提单的背书转让，可以达到同样的目的。

二、铁路运输单据

（一）国际铁路联运运单

国际铁路联运运单是国际铁路联运的主要运输单据，是参加联运的发送国铁路与发货人之间订立的运输契约，是铁路承运货物出具的凭证，也是铁路与货主交接货物、核收运杂费和处理索赔与理赔的依据。收货人凭到货通知提货。

运单正本随货走，在到达站连同货物到达通知单（到货通知）及货物一并交给收货人，作为交接货物和结算费用的依据。

运单副本用于卖方结汇。在运输合同缔结后交给发货人，是卖方凭以向收货人结算货款的主要证件。

（二）承运货物收据（Cargo Receipt）

这是特定运输方式下所使用的一种运输单据。运往港、澳地区的出口货物运输经常使用。当货物装车后，由外运公司签发一份承运货物收据给托运人，作为办理结汇的凭证。它还是收货人凭以提货的凭证。此种单据不仅适用于铁路运输，也可用于其他运输方式。

三、航空运输单据

航空运单（Air Waybill）是承运人与托运人之间签订的运输合同，也是承运人或其代理人签发的货物收据。航空运单还可作为承运人核收运费的依据和海关查验放行的基本单据。但航空运单不是代表货物所有权的凭证，也不能通过背书转让。在航空运单的收货人栏内，必须详细填写收货人的全称和地址。收货人提货不是凭航空运单，而是凭航空公司的提货通知单。

依签发人的不同可分为主运单（Master Air Waybill）和分运单（House Air Waybill）。前者由航空运输公司签发，是航空运输公司与航空货运代理公司之间的货物运输合同；后者由航空货运代理公司签发，是航空货运代理公司与托运人之间的运输合同。货主与航空运输公司之间没有直接的契约关系。

航空运单正本一式三份："Original for the Shipper（应交托运人）""Original for the Issuing Carrier（由航空公司留存）""Original for the Consignee（由航空公司随机带交给收货人）"，其余副本则分别注明"For Airport of Destination"等。签发日期即为装运日期，如信用证则要求实际发运日期（Actual Date of Dispatch）。

四、多式联运单据

多式联运单据（Multimodal Transport Document，MTD）是多式联运合同的证明，也是多式联运经营人收到货物的收据和凭以交付货物的凭证。根据发货人的要求，它可以做成可转让的，也可以做成不可转让的。

多式联运单据如果签发一套一份以上的正本单据，应注明份数，其中一份完成交货后，其余各份正本即失效。

即使信用证禁止转运，银行将接受表明可能转运或将要转运的多式联运的单据，但同一多式联运单据需包括全程运输。

多式联运单据与联运提单在形式上有相同之处，但在性质上不同。

（一）签发人不同

多式联运单据由多式联运经营人签发，全程运输均安排各分承运人负责；而联运提单由承运人或其代理人签发。

（二）签发人责任不同

多式联运单据签发人对所有各个运程负责；而联运提单签发人只对第一运程负责，在后续运程中，提单签发人只是托运人的代理。

（三）运输方式不同

多式联运单据项下的运输可以是各种运输方式的联运；而联运提单是由海运与其他运输方式组成，但是第一程必须是海运。

（四）已装运证明不同

多式联运单据可以不表明货物已装上运输工具；而联运提单必须是已装船提单。

五、邮政运输单据

邮政收据（Parcel Post Receipt）是邮政运输的主要单据，它既是邮局收到寄件人的邮包后所签发的凭证，也是收件人凭以提取邮件的凭证，当邮包发生损坏或丢失时，它还可以作为索赔和理赔的依据，但邮包收据不是物权凭证。

邮寄证明（Certificate of Poking）是邮政局出具的证明文件，据此证实所寄发的单据邮包确已寄出和作为邮寄日期的证明，也作为结汇的一种单据。

专递数据（Courier Receipt）是特快专递机构收到寄件人的邮件后签发的凭证。银行将接受由任何专递或快递机构开立的单据。

本章小结

国际贸易中的运输方式有海洋运输、铁路运输、航空运输、公路、内河、邮政和管道运输、集装箱运输、国际多式运输，其中最重要的是海洋运输方式，由于不同的运输方式各有不同特点，因此在对外贸易中必须合理地选择运输方式。买卖合同中装运条款的订立，包括装运时间、装运港与目的港、分批装运和转船等条款。运输单据是承运人收到承运货物后签发给托运人的证明文件，运输单据的种类很多，如海运提单、铁路提单、承运货物收据、航空运单、多式联运单据和邮包收据等，其中最重要的是海运提单。

思考题

1. 什么是班轮运输？班轮运输的特点是什么？
2. 班轮运输的计费标准有哪些？
3. 什么是分批装运和转运？有哪些具体规定？
4. 海运提单的性质和作用是什么？

第十一章　国际货物运输保险条款

学习目标

- 了解伦敦保险协会现行的《协会货物条款》的基本内容，了解保险单证的种类及其法律效力；
- 熟悉办理投保的手续及基本流程；
- 掌握国际货物运输保险的各种险别的范围与有关保险条款的具体内容。

第一节　国际货物运输保险的基本原则

一、货物运输保险含义

《中华人民共和国保险法》规定，保险（Insurance）是指投保人根据合同约定，向保险人支付保险费，保险人对于合同约定的可能发生的事故所造成的财产损失承担赔偿保险金责任。

货物运输保险就是投保人对某一特定的运输货物，按一定的险别和规定的费率，向保险公司办理投保手续，并缴纳保险费，保险公司依约承保并发给投保人保险单作为凭证。

保险公司对所承保的风险损失承担赔偿责任。

二、货物运输保险的作用

建立保险基金，补偿经济损失，是保险的基本职能，也是国际货物运输保险的基本职能。保险的作用是保险的职能在实际业务中发挥出来的具体效果。在国际货物运输中，保险的作用主要表现在以下几个方面：

（一）转移风险

买保险就是把自己的风险转移出去，而接受风险的机构就是保险公司，它为众多有危险顾虑的人提供保险保障。

（二）均摊损失

转移风险并非灾害事故真正离开了投保人，而是保险人借助众人的财力，给遭受损失的投保人补偿经济损失。自然灾害、意外事故造成的经济损失一般都是巨大的，是受灾个人难以应付和承受的。保险人以收取保险费用和支付赔款的形式，将少数人的巨额损失分散给众多的被保险人，从而使个人难以承受的损失变成多数人可以承担的损失，这实际上是把损失均摊给有相同风险的投保人。

（三）实施补偿

实施补偿要以双方当事人签订的合同为依据，其补偿的范围主要有：投保人因灾害事故所遭受的财产损失；投保人因灾害事故依法对他人应付的经济赔偿；灾害事故发生后，投保人因施救保险标的所发生的一切费用。

三、保险的基本原则

（一）最大诚信原则

最大诚信原则指投保人和保险人在签订保险合同以及在合同有效期内，必须保持最大限度的诚意，双方都要守信用，互不欺骗隐瞒。主要有以下几点要求。

（1）保险人应当向投保人说明保险合同的条款内容，并可以就保险标的或被保险人的有关情况提出询问，投保人应如实告知。

（2）重要事实的申报。我国《中华人民共和国海商法》规定，如果被保险人故意未将重要情况告知保险人的，保险人有权解除合同并不退还保险费。

（3）对有关事项进行保证。被保险人在保险合同中应有对要做或不做某种事情的保证。

（二）可保利益原则

可保利益又称保险权益，即投保人对保险标的具有法律上承认的利益。投保人应该对保险标的具有保险利益。投保人对保险标的不具有保险利益的，保险合同无效。这就是保险利益原则。

对货物运输保险，反映在运输货物上的利益，主要是货物本身的价值，但也包括与此相连的费用，如运费、保险费、关税和预期利润等，当保险标的未能安全到达时，被保险人就受到损害或负有经济责任。但国际货运保险不同于有的保险要求被保险人在投保时便具有保险利益，如人寿保险。它仅要求在保险标的发生损失的时候必须具有保险利益。例如：以FCA、FOB、CFR、CFR等条件交易，货物风险的转移以在装运港越过船舷或在出口国发货地或装运地货交承运人为界。显然，货物在越过船舷或货交承运人风险转移之前，仅卖方有保险利益，而买方并无保险利益，如果硬性规定被保险人在投保时就必须有保险利益，则按这些条件达成合同，买方便无法在货物装船或货交承运人之前及时对该货物办理保险，所以在实际业务中，保险人可视为买方具有预期保险利益而允许承保。

（三）补偿原则

补偿原则是指当保险标的遭受保险责任范围内的损失时，保险人应当依照保险合同约定履行赔偿义务。

保险赔偿不应该使保险人获得额外利益。按照补偿原则，如果发生重复投保行为，即被保险人将同一标的就同一风险在两个或两个以上保险公司多次投保，在保险期限相同的情况下，保险金额之和超过保险标的的价值的行为，则应该由几个保险公司分摊赔偿，按比例分摊或按顺序分摊，赔偿总金额不超过保险标的的损失。

（四）近因原则

近因原则指保险人只对承保风险与保险标的损失之间有直接因果关系的损失负赔偿责任，而对保险责任范围外的风险造成的保险标的的损失，不承担赔偿责任。

例如，包装食品投保水渍险，运输途中遭海水浸泡，外包装受潮后食品发生霉变损失。

这种情况下，食品受损有两个原因，一个是承保范围内的海水浸泡，另外是承保范围外的霉变，因为前者直接导致了后者，所以前者是食品损失的近因，它在承保责任范围内，保险公司应该给予赔偿。

（五）代位追偿原则

代位追偿原则是指当保险标的发生了保险责任范围内的由第三者责任方造成的损失，保险人履行了损失赔偿责任后，有权在其已赔付的金额的限度内取得被保险人在该项损失中的向第三者责任方要求索赔的权利，保险人取得该项权利后，即可在被保险人的地位上向责任方进行追偿。

例如，茶叶与樟脑配载在相邻货位上，茶叶投保了一切险。发货人提货时发现茶叶严重串味，无法饮用而退货。茶叶串味损失属于一切险范围内的损失，又是船方责任。该损失就构成了代位追偿的条件。保险公司赔付后，卖方有权以被保险人的名义要求船方对茶叶损失赔偿。

第二节　海上货物运输保险承保的风险、损失和费用

货物在海上运输过程中，可能遇到各种风险，造成货物的各种损失。海洋运输货物保险承保的范围，包括海上风险、海上损失与费用以及海上风险以外的其他外来原因所造成的风险与损失。正确理解承保范围，对于我们了解保险条款，选择投保险别以及一旦发生事故后如何正确进行索赔和理赔具有重要的意义。

一、风险

海上货物运输保险有特定含义。一方面，它并非包括所有发生在海上的风险；另一方面，也并非局限于海上发生的灾害和事故，那些与海上航行有关的、发生在船上或海陆、海河或与驳船相连接之处的灾害和事故，如地震、海轮与驳船或码头碰撞也属于海上风险。海上运输货物保险所保障的风险主要包括以下两大类：海上风险和外来风险。

（一）海上风险

海上风险又称为基本风险或海难，是运输过程中发生的自然灾害和意外事故。

（1）自然灾害。海上自然灾害是指不以人的意志为转移的自然力量所引起的灾害，如恶劣气候、雷电、海啸、洪水等。

（2）意外事故。意外事故指由于偶然的、难以预料的原因造成的事故，如火灾、爆炸、碰撞、触礁、沉没等。

（二）外来风险

外来风险是指海上风险以外的各种风险。货物运输中的外来风险必须是意外的、事先难以预料的，而不是必然发生的。外来风险包括一般外来风险和特殊外来风险。

（1）一般外来风险。一般外来风险指偷窃、破碎、雨淋、短量、沾污、钩损、提货不着等外来原因引起的风险。

（2）特殊外来风险。特殊外来风险主要是指由于军事、政治及行政法令等原因造成货

物损失的风险，如战争、罢工等。

二、损失

（一）全部损失

全部损失又称全损，是指整批或不可分割的一批被保险货物在运输途中全部受到损失，根据情况不同，又可以分为实际全损和推定全损。

1. 实际全损：

实际全损是指被保险货物在运输过程中全部灭失或等同于全部灭失。构成实际全损的情况有以下几种

（1）保险标的物完全灭失（如沉入海底）；

（2）虽未遭损毁，但被保险人已无法得到（如被海盗劫走，或被敌方扣押等）；

（3）已丧失商业价值或失去原有用途（如茶叶或水泥经水浸泡）；

（4）船舶失踪达半年以上仍无音讯。

2. 推定全损

推定全损是指被保险货物遭遇保险事故后，认为实际全损已不可避免，或者为避免发生实际全损所需支付的费用与继续将货物运抵目的地的费用之和超过保险价值的损失。构成推定全损的情况有以下几种：

（1）保险货物受损后，修理费用已超过货物修复后的价值；

（2）保险货物受损后，整理和续运到目的地的费用超过货物到达目的地的价值；

（3）为避免实际全损需要花费的施救费用将超过获救后保险货物的价值；

（4）被保险人失去所保货物的所有权，而收回这一所有权花费的代价将超过收回后保险货物的价值。

但是要注意，被保险货物发生推定全损时，被保险人可要求保险人按部分损失赔偿，也可要求按全部损失赔偿。如果要求按全部损失赔偿，被保险人必须向保险人发出委付通知。委付指被保险人表示愿意将保险标的的权利和义务转移给保险人，并要求保险人按全部损失赔偿的一种行为。委付必须经保险人同意后才生效，但是保险人应当在合理的时间内将接受委付或不接受委付的决定通知被保险人，委付一旦经被保险人接受不得撤回。

国际上对全损掌握的界限是：一张保险单所保全部货物的完全损失；一张保险单上分类货物的全部损失；装卸时整件货物的全部损失；保险货物如果以驳船驳运时，每条驳船全部货物的完全损失。

（二）部分损失

不属于实际全损和推定全损的损失为部分损失。按照造成损失的原因，部分损失可分为共同海损和单独海损。

1. 共同海损

共同海损是指载货的船舶在海运途中遭到自然灾害或意外事故，船长为解除船与货的共同危险使航程得以继续，有意而合理地作出特殊牺牲，或采取合理救难措施而引起的特殊损失和合理的额外费用。共同海损的损失和费用由受益方按比例分摊。

构成共同海损必须具备以下几个条件：

（1）危险是真实存在，而不是主观臆断的；

（2）危险威胁到船、货及其他各利益方的共同安全；

（3）所采取的措施必须是有意的、合理的；

（4）做出的牺牲必须是共同海损行为的直接结果，支付的费用必须是额外的。

共同海损的牺牲和费用，应由受益的船方、货方和运费收入方按最后获救后的价值比例进行分摊。这种分摊叫共同海损的分摊。

2. 单独海损

单独海损是指运输过程中，由于保险范围内的风险所造成的货物的部分损失。由于单独海损只危害到某个或某些当事人的利益，而对他人利益不构成威胁，所以单独海损应由受损方或其保险人承担。

共同海损与单独海损的区别在于：单独海损是由海上风险直接造成的货物损失，没有人为因素在内，而共同海损则是因采取人为的故意的措施而导致的损失；单独海损的损失由受损方自行承担，而共同海损的损失是由各受益方按获救财产价值的多少按比例共同分摊。

（三）海上费用.

海上费用是指由海上风险造成的由保险人承保的费用损失。海上费用包括施救费用和救助费用。

1. 施救费用

施救费用是指在被保险货物遇到保险范围内的风险时，被保险人或其代理人、雇佣人和受让人为避免或减少损失，采取抢救措施所支出的合理的、直接的、额外的费用。

2. 救助费用

救助费用是指运输过程中，保险标的遭遇保险责任范围内的灾害事故时由保险人和被保险人以外的第三方实施救助行为并获成功，由被救方向救助方支付的劳务报酬。

第三节　我国海洋运输货物保险的险别

保险的险别是确定保险人所承担责任大小和被保险人应缴保险费多少的依据。中国人民保险公司于1981年1月1日修订的《海洋运输货物保险条款》（Ocean, Marine Cargo Clauses），将海运货物保险险别分为基本险和附加险两大类。

一、各险别承保的责任范围

（一）基本险

基本险可以单独投保，被保险人投保时，必须选择一种基本险投保。海洋货运保险的基本险包括平安险、水渍险和一切险。

1. 平安险

平安险（Free from Particular Average, F. P. A.）的承保范围包括除了由自然灾害造成的单独海损以外的海上风险所造成的一切损失和费用。具体包括以下内容：

（1）在运输途中，由于自然灾害造成被保险货物的实际全损或推定全损。

（2）由于运输工具遭搁浅、触礁、沉没、互撞、与其他物体碰撞以及失火、爆炸等意外事故造成被保险货物的部分损失。

（3）只要运输工具曾经发生搁浅、触礁、沉没、焚毁等意外事故，不论这个意外事故发生之前或者以后曾在海上遭恶劣气候、雷电、海啸等自然灾害所造成的被保险货物的部分损失。

（4）在装卸转船过程中，被保险货物一件或数件落海所造成的全部损失或部分损失。

（5）发生了保险责任范围内的危险，被保险人对货物采取抢救、防止或减少损失措施所支付的合理费用。但不能超过这批被救货物的保险金额。

（6）发生共同海损所引起的牺牲、分摊费和救助费用。

（7）运输工具遭自然灾害或意外事故，需要在中途的港口或者在避难海口停靠，因而引起的卸货、装货、存仓以及运送货物所产生的特别费用。

（8）运输契约订有“船舶互撞责任”条款，按该条款规定应由货方偿还船方的损失。

2. 水流险

水渍险（With Particular Average, W. P. A 或 W. A.）的承保范围，包括海上风险所造成的一切费用和损失。即在平安险的基础上，加上自然灾害造成的单独海损。

3. 一切险

一切险（All Risks）除包括平安险和水浸险的各项责任外，还包括货物在运输途中由于一般外来风险所造成的被保险货物的全部或部分损失。

4. 除外责任

除外责任（Exclusions）是指保险公司明确规定不予承保的损失和费用。除外责任中所列的各项致损原因，一般都是非意外的、偶然性的，或者是比较特殊的风险，由保险公司明确作为一种免责规定。除外责任还起到划清保险人、被保险人和发货人各自应负责任的作用。

对于上述基本险，规定了下列除外责任：

（1）被保险人的故意行为或过失所造成的损失；

（2）属于发货人责任所引起的损失；

（3）在保险责任开始前，被保险货物已存在的品质不良或数量短缺所造成的损失；

（4）被保险货物的自然损耗、本质缺陷、特性以及市价跌落、运输延迟所引起的损失或费用；

（5）属于海洋运输货物战争险条款和货物运输罢工险条款规定的责任范围和除外责任。

（二）附加险

附加险是在只有加保了基本险的基础上才能投保的险种，有一般附加险、特殊附加险两类。

1. 一般附加险

一般附加险承保一般外来风险造成的损失，主要有以下几种险别：

（1）交货不到险（Theft, Pilferage and Non - delivery Risk, T. P. N. D.）。包括：保险有效期内，保险货物被偷走或窃走；货物运抵目的地以后，整件未交的损失，都由保险公司负责赔偿。

（2）淡水雨淋险（Fresh Water Rain Damage Risk, F. W. R. D.）。主要承担由于淡水、雨水以至雪融所造成的损失。

(3) 短量险 (Shortage Risk)。负责保险货物数量短少和重量的损失。通常包装货物的短少，保险公司必须要查清外包装是否发生异常现象，如破口、破袋、扯缝等。如果属散装货物，往往以装船和卸船重量之间的差额作为计算短量的依据。

(4) 混杂、沾污险 (Intermixture and Contamination Risk)。保险货物在运输过程中，混进了杂质所造成的损失，例如矿石混进了泥土、草屑等因而使货物质量受到影响。

(5) 渗漏险 (Leakage Risk)。主要负责赔偿流质、半流质货物以及用液体盛装运输的货物，因容器损坏而造成的货物损失。例如以液体装存的湿肠衣，因为液体渗漏而使肠发生腐烂、变质等损失，均由保险公司负责赔偿。

(6) 碰损、破碎险 (Clash and Breakage Risk)。碰损主要是对金属、木质、陶瓷、玻璃器皿等货物来说的，主要承担在运输途中，因为受到震动、颠簸、挤压而造成货物损失。

(7) 串味险 (Taint of Odour Risk)。例如，茶叶、香料等在运输途中受到一起堆储的皮革、樟脑等异味的影响使品质受到损失。

(8) 受热、受潮险 (Heating and Sweating Risk)。船舶在航行途中，由于气温骤变，或者因为船上通风设备失灵等使舱内水汽凌结、发潮、发热引起货物的损失。

(9) 钩损险 (Hook Damage Risk)。保险货物在装卸过程中因为使用手钩、吊钩等工具所造成的损失。

(10) 包装破裂险 (Breakage of Packing Risk)。主要负责包装破裂造成物资的短少、沾污等损失，以及为了续运安全修补、更换包装的费用。

(11) 锈损险 (Rust Risk)。主要负责保险货物在运输过程中因为生锈造成的损失。不过这种生锈必须在保险期内发生，如原装时就已生锈，保险公司不负责任。

由于保险公司对一般附加险的承保责任范围已包括在一切险的责任范围内，因此，如果投保人在投保基本险时选择一切险，就不需要再加保一般附加险。

2. 特殊附加险

特殊附加险 (Special Additional Risk) 承保的是特殊外来风险所造成的损失，承保范围见表 11 - 1。

表 11 - 1　　特殊附加险

特殊附加险	承保范围
战争险 (War Risk)	由于战争、类似战争行为、敌对行为、武装冲突或海盗行为引起 的捕获、拘留、扣留、禁制、扣押等损失；常规武装造成的损失；本险责任范围所引起的共同海损的牺牲、分摊和救助费用
罢工险 (Strikes Risk)	由于罢工、工潮暴动、民众斗争造成的直接损失，包括共同海损 的牺牲、分摊和救助费用
进口关税险 (Import Duty Risk)	货物受损后，仍得在目的港按完好货物交纳进口关税而造成相应部分的关税损失
舱面险 (On Deck Risk)	装载于舱面（船舱甲板上）的货物被抛弃或海浪冲击落水所致的损失

续表

特殊附加险	承保范围
黄曲霉素险 (Aflatoxin Risk)	货物（主要是花生、谷物等易产生黄曲霉素）在进口港或进口地经卫生当局检验证明，其所含黄曲霉素超过进口国限制标准，而被拒绝进口、没收或强制改变用途所造成的损失
拒收险 (Rejetoxin Risk)	因遭受进口国政府及有关当局拒绝进关或没收而发生的损失
交货不到险 (Failure to Deliver Risk)	因政治（如拘留、禁运等）原因，致使货物超出预定到这日期6个月仍未到达时，按全损赔偿
出口货物到香港（包括九龙在内）或澳门存仓火险责任扩展条款（Fire Risk Extension Clause for Storage of Cargo at Destination Hong Kong, including Kowloon, or Macao, F. R. E. Q.）	货物自内地出口运抵香港（包括九龙）或澳门，卸离运输工具，直接存放于保险单载明的过户银行所指定的仓库期间发生火灾所受的损失，承担赔偿责任

3. 战争险的除外责任

战争险对下列原因造成的损失不负责赔偿：由于敌对行为使用原子弹或热核制造的武器导致被保险货物的损失和费用；由于执政者、当权者或其他武装集团的扣押、拘留引起的承保运程的丧失或挫折所致的损失。

罢工险的损失都必须是直接损失，对间接损失不负责赔偿。例如，由于罢工而引起的动力或燃料匮乏，使冷藏机停止工作造成冷藏货物化冻变质的损失，保险公司不负赔偿责任。

其他附加险的除外责任与基本险大致相同。

二、保险责任起讫

（一）基本险的责任起讫

在正常运输的情况下，基本险承保责任的，起讫期限通常采用国际保险业惯用的“仓至仓条款”（Warehouse to Warehouse Clause, W/W）。即保险责任自被保险货物运离保险单所载明的起运地发货人仓库开始，一直到达保险单所载明的目的地收货人仓库为止。但如果在卸货港货物卸离海轮，不进入收货人仓库，只要满60天，其责任也告终止。另外，如果被保险货物在运至保险单所载明的目的地或目的地前的某一仓库被分配分派，则保险责任在分派分配开始即终止。

（二）附加险的责任起讫

战争险的保险责任起讫不采用“仓至仓条款”，而是从货物装上海轮开始至货物运抵目的港卸离海轮为止，即只负责水上风险。如果货物运抵目的港没有卸离海轮，则从海轮到达目的港的当晚凌晨起算，满15天，保险责任终止。

其他附加险的责任起讫与基本险大致相同。

第四节　我国陆空邮运输货物保险的险别

由于陆上货物运输、航空运输以及邮包运输等方式下保险均脱胎于海运货物保险，因此，在很多方面均与海运货物保险相似。

一、陆上运输货物保险

中国人民保险公司《陆上运输货物保险条款》规定：陆上货物的运输险分为陆运险（Overland Transportation Risks）和陆运一切险（Overland Transportation Risks）两种基本险。其责任范围仅限于火车和汽车运输，也采用“仓至仓条款”。

（一）陆运险的保险责任范围

陆运险的保险责任范围与海洋运输保险条款中的“水渍险”相似。

1. 自然灾害

被保险货物在运输过程中遭受暴风、火灾、雷电、地震、洪水等灾害而造成的全部或部分损失时，保险公司负责赔偿。

2. 意外事故

火车或汽车等陆上运输工具发生碰撞、倾覆、出轨、隧道坍塌、崖崩等事故造成被保险货物的全部或部分损失时，保险公司负责赔偿。

陆运险对陆上运输过程中的驳运阶段的损失也有规定。驳运工具（如渡轮）由于搁浅、触礁、沉没、碰撞等造成被保险货物的全部或部分损失时，保险公司也负赔偿责任。

对由于发生在保险责任范围内的事故而采取抢救、防止或减少货损措施支付的合理费用，保险公司也负责赔偿，但以不超过被保险货物的保险金额为限。

（二）陆运一切险的保险责任范围

陆运一切险与海洋运输货物保险条款中的“一切险”相似，陆运一切险比陆运险的责任范围大。它除了上述属于陆运险的责任范围外，还对一切外来原因造成被保险货物的短少、短量、损坏损失以及偷窃、提货不着、破碎、渗漏、碰损、钩损、淡水雨淋、生锈、受潮受热、霉烂、沾污、串味等，也负责赔偿。

（三）陆上货物运输保险的除外责任

陆上货物运输保险条款也规定，如果因被保险人的故意行为、过失行为或属于发货人的责任、被保险货物本质特性以及市价跌落、运输延迟等所引起的损失和费用，保险公司不负责赔偿；对未加投保战争险、罢工险而由战争或罢工所造成的损失也不负责赔偿。

（四）陆上货物运输保险的责任起讫

陆上货物运输保险也采取“仓至仓条款”，保险责任从被保险货物运离保险单所载明的起运地的发货人仓库或贮存处所时开始，包括正常陆运和运输过程中的水上驳运在内，直到被保险货物运交保险单所载明的目的地的收货人仓库或贮存处所为止。被保险货物运抵保险单所载明的目的地后，如果没有及时送交收货人的仓库或贮存处所，则保险责任期限最长不能超过被保险货物到达最后卸载车站全部卸离陆上运输工具后60天。

（五）陆运附加险

陆运附加险包括陆运一般附加险和陆运特殊附加险，需要注意以下问题。

（1）在投保陆运险的基础上可加保一种或若干种一般附加险和特殊附加险。

（2）投保陆运一切险时，如果加保战争险则仅以铁路运输为限，其责任起讫不是“仓至仓条款”，而是以货物是否置于运输工具为限，从货物装上车开始至卸车时为止。如果不卸车，则从货物到站当日午夜起满 48 小时为止；如果路途转车，不论卸车与否，以 10 天为限，装上车续运则继续有效。

（3）运输活家禽时投保陆运一切险，装上运输工具开始至卸离运输工具为止如果不离，则从运输工具抵达目的地起 15 天为限。

（六）陆上运输冷藏货物险

1. 承保责任范围

陆上运输冷藏货物险是陆上运输货物险中的一种专门险。其主要责任范围除负责陆运险所列举的自然灾害和意外事故所造成的全部或部分损失外，还负责赔偿由于冷藏机器或隔温设备在运输途中损坏所造成的被保险货物解冻融化而腐败的损失。但对于因战争、罢工或运输延迟而造成的被保险冷藏货物的腐败或损失以及被保险冷藏货物在保险责任开始时未能保持良好状态，整理、包扎不妥或冷冻不合规格所造成的损失则除外。一般的除外责任条款也适用于本险别。

2. 责任起讫

陆上运输冷藏货物险的责任起讫自被保险货物运离保险单所载起运地点的冷藏仓库装上运送工具开始运输时生效，包括正常陆运和与其有关的水上驳运在内，直到货物到达目的地收货人仓库为止。但是以被保险货物到达目的地车站后 10 天为限。

二、航空运输货物保险

中国人民保险公司《航空运输货物保险条款》规定：航空运输货物保险分为航空运输险（Air Transportation Risks）和航空运输一切险（Air Transportation all Risks）两种基本险别。

（一）航空运输保险责任范围

航空运输险的保险责任范围，包括被保险货物在运输途中遭受雷电、火灾、爆炸，由于飞机遭受恶劣气候或其他危难事故而被抛弃，由于飞机遭受碰撞、倾覆、坠落或失踪等意外事故所造成的全部或部分损失。对发生在保险责任范围内的事故采取抢救、防止或减少货损的措施而支付的合理费用也负责赔偿，但以不超过被救货物的保险金额为限。

航空一切险的责任范围扩大为：被保险货物在运输途中由于自然灾害和意外事故等外来原因如偷窃、短少、破碎、渗漏等所致的全部或部分损失。

（二）保险责任起讫

航空货物运输保险责任起讫期限也采用“仓至仓条款”原则。所不同的是如果货物运达保险单所载明的目的地而货物未进仓，以货物在最后卸载地卸离飞机后满 30 天为止。如果在上述 30 天内，该保险货物需转运到非保险单所载明的目的地，保险责任以该项货物开始转运时终止。

（三）航空运输货物战争险

航空运输货物战争险是航空运输货物险的一种附加险，只有在投保了航空运输险或航空运输一切险的基础上方可加保。

加保航空运输货物战争险后，保险公司承担赔偿在航空运输途中由于战争、敌对行为或武装冲突以及各种常规武器和炸弹所造成的货物损失，但不包括因使用原子或热核制造的武器所造成的损失。

航空运输货物战争险的起讫责任是：从被保险货物装上飞机开始，直到卸离保险单所载明的目的地的飞机时为止。如果不卸机，则以载货飞机到达目的地的当日午夜起计算满 15 天为止。如果被保险货物在路途转机，保险责任以飞机到达转运地当日起满 15 天为止。重新装上飞机，保险责任恢复有效。

三、邮包运输风险

中国人民保险公司《邮包险条款》规定：邮包险分为邮包险（Parcel Post Risks）和邮包一切险（Parcel Post all Risks）两种基本险。

（一）邮包险的保险责任范围

邮包险的保险责任范围是被保险邮包在运输途中由于恶劣气候、雷电、海啸、地震、洪水等自然灾害或由于运输工具遭受搁浅、触礁、沉没、碰撞、倾覆、出轨、坠落、失踪或由于失火、爆炸意外事故所造成的全部或部分损失。另外，还负责被保险人对遭受保险责任范围内风险的货物采取抢救、防止或减少货损的措施而支付的合理费用，但以不超过被救货物的保险金额为限。

（二）邮包一切险的保险责任范围

邮包一切险的保险责任范围是除上述邮包险的各项责任外，还负责被保险邮包在运输途中由于一般外来原因所致的全部或部分损失。

（三）邮政包裹运输险的责任起讫

邮政包裹运输险的责任起讫是从邮包离开保险单所载起运地寄件人处所运往邮局开始，直至被保险邮包运达保险单所载明的目的地邮局，自邮局签发到货通知书当日午夜起算满 15 天终止，但在此期限内邮包一经递交至收件人的处所时，保险责任即行终止。

邮包险、邮包一切险的除外责任与海洋运输货物险条款中基本险的除外责任相同。在附加险方面，除战争险外，海洋运输货物保险中的一般附加险和特殊附加险险别和条款均可适用于陆、空、邮运输货物保险。

第五节　伦敦保险业协会海运货物保险条款

在世界海上保险业务中，英国的海运货物保险是一个具有悠久历史和比较发达的国家。英国所制定的保险法、保险条款、保险单及保险规章制度对世界各国影响很大。目前，世界上大部分国家和地区在海上保险业务中都采用英国伦敦保险协会所制定的《协会货物条款》（Institute Cargo Clause，简称 ICC）。我国在海上保险业务中，虽然一般以中国人民保险公司所制定的保险条款为依据，但是，按照 CIF 或 CIP 条件出口，国外客户要求按伦敦保险业协会货物险条款投保，我出口企业也应酌情接受。因此，了解和掌握有关《协会货物条款》方面的知识是十分必要的。

一、伦敦保险业协会海运货物保险条款的种类

《协会货物条款》是经英国国会确认，由英国伦敦保险业协会制定的，最早制订于 1912 年，后来经过多次修改，于 1982 年 1 月 1 日修订工作完成，并于 1983 年 4 月 1 日起正式实行。修订后的海运货物保险条款与旧的条款相比，无论在名称与条款的结构上都有很大的变化。伦敦保险业协会现行的海运货物保险条款共有以下六种：

（1）协会货物（A）险条款［Institute Cargo Clauses（A），ICC（A）］；

（2）协会货物（B）险条款［Institute Cargo Clauses（B），ICC（B）］；

（3）协会货物（C）险条款［Institute Cargo Clauses（C），ICC（C）］；

（4）协会战争险条款（货物）［Institute War Clauses—cargo］；

（5）协会罢工险条款（货物）［Institute Strikes Clauses—cargo］；

（6）恶意损害险条款［Malicious Damage Clauses］。

上述六种险别条款中，前五种都有独立完整的结构，即按条文的性质统一划分为八个部分。这八个部分是：承保范围、除外责任、保险期限、索赔、保险利益、减少损失、防止延迟和法律惯例。各个险别条款的结构统一，体系完整。其中，ICC（A）、（B）、（C）三种险别都可以单独投保；战争险和罢工险两种险别也可作为独立的险别投保；只有恶意损害险别属于附加险别，故其条款内容比较简单。在险别条款中，最关键的内容是承保风险和除外责任。下面就从这两方面分别介绍。

二、协会货物保险的主要险别

（一）ICC（A）险的承保风险与除外责任

ICC（A）可以独立投保，其责任范围较广，采取“一切风险减除外责任”的方式。ICC（A）承保范围相当于一切险。除外责任包括一般除外责任、不适航和不适货除外责任、战争险除外责任、罢工险除外责任。但其除外责任不包括“海盗行为”和“恶意损害险条款”。

1. ICC（A）的承保风险

ICC（A）的承保范围较广，采用了“一切风险减去除外责任”的规定办法，即除了“除外责任”项下所列风险保险人不予负责外，其他风险均予负责。

2. ICC（A）的除外责任

（1）一般除外责任。一般除外责任包括：①因被保险人故意的不法行为造成的损失和费用；②保险标的的自然渗漏、自然损耗或自然磨损；③因包装或准备的不足或不当所造成的损失或费用；④因保险标的的内在缺陷或特性所造成的损失或费用；⑤直接由于延迟所引起的损失或费用；⑥由于船舶所有人、经理人、租船人或经营破产或不履行债务所造成的损失或费用；⑦由于使用任何原子或热核武器等所造成的损失或费用。

（2）特殊除外责任。特殊除外责任包括三个方面内容。①不适航、不适货除外责任。主要是指被保险人在保险标的装船时，已知船舶不适航，以及船舶、运输工具、集装箱等不

适货。②战争除外责任。由于战争、内战、敌对行为等造成的损失或费用；由于捕获、拘留、扣留等（海盗除外）所造成的损失或费用；由于漂流水雷、鱼雷等造成的损失或费用。③罢工除外责任。由于罢工者、被迫停工工人等造成的损失或费用；罢工、被迫停工造成的损失和费用；任何恐怖主义者或出于政治动机而行动的人所致的损失或费用。

（二）ICC（B）险的承保风险与除外责任

1. ICC（B）险的承保风险

ICC（B）可以独立投保，其责任范围采用“列明风险”的方法，其承保范围相当于水渍险。凡属于下列原因造成货物的灭失或损害都属于该条款的责任范围：①火灾、爆炸；②船舶或驳船触礁或搁浅、沉没、倾覆；③运输工具倾覆或出轨；④船舶、驳船或运输工具同水以外的任何外界物体碰撞；⑤避难港卸货；⑥地震、火山爆发或雷电；⑦共同海损牺牲；⑧抛弃或浪击落海；⑨海水、湖水或河水进入船舶、驳船、运输工具、集装箱或储存处；⑩货物在装卸时落海或跌落造成整体的全损。

2. ICC（B）险的除外责任

ICC（B）险的除外责任与ICC（A）险的规定有所不同。其不同点是：①ICC（A）险仅规定，保险人对归因于被保险人故意的不法行为所致的损失或费用，不负赔偿责任；而ICC（B）则规定保险人对被保险人以外的其他人的故意非法行为所致的风险不负责任。可见，ICC（A）险对恶意损害的风险被列为承保风险；而ICC（B）险中，保险人对此项风险却不负保险责任，被保险人如果想获得此种风险的保险保障，必须加保“恶意损害险”。②ICC（A）险标明“海盗行为”不属除外责任；而ICC（B）险的保险人对此项风险不负保险责任。

（三）ICC（C）险的承保风险与除外责任

ICC（C）险的风险责任规定方法与ICC（B）险一样；都是采用“列明风险”的方式。它只承保“重大意外事故”，而不承保“自然灾害及非重大意外事故”。

1. ICC（C）险的承保范围

灭失或损害合理归因于：①火灾、爆炸；②船舶或驳船触礁、搁浅、沉没或倾覆；③陆上运输工具倾覆或出轨；④在避难港卸货；⑤船舶、驳船或运输工具同水以外的任何外界物体碰撞；⑥共同海损牺牲；⑦抛货。

2. ICC（C）险的除外责任

ICC（C）的除外责任与ICC（B）险完全相同。

从上述介绍可以看出，英国伦敦保险协会海运货物保险条款，与中国人民保险公司的保险条款规定的主要险别的承保责任范围大致是类似的，即ICC（A）险的承保责任范围类似我国的“一切险”；ICC（B）险类似“水渍险”；ICC（C）类似“平安险”，但比平安险的责任范围要小一些。

三、协会保险货物的期限

保险期限亦指保险有限期，是指保险人承担保险责任的起讫期限。英国伦敦保险协会海运货物保险条款（A）、（B）、（C）条款与我国海运货物保险期限的规定大体相同，都订有“仓至仓条款”，但其规定比我国有关条款的规定更为详细。

第六节　我国进出口货物保险实务

在国际货运保险业务中，被保险人通常会碰到选择投保险别、确定保险金额、具体办理保险并交付保险费、审核保险单以及在货损时办理保险索赔等问题。

一、选择保险险别

保险人承担的保险责任，是以保险险别为依据的。在不同险别情况下，保险人承担的责任范围不同，被保险货物在遭受风险损失时可能获得的补偿不同，保险资率也不同，所以，投保时应选择适当的险别，以保证货物获得充分的经济保障，并节省保险费开支。选择保险险别时应考虑以下几个因素：

（一）货物的性质和特点

不同种类的货物，由于其性质和特点不同，在运输时即使遭遇同一风险事故，所致的损失后果往往并不相同。因此，投保人在投保时应充分考虑货物的性质和特点，选择适当的险别。例如粮谷类商品（大米、豆类、玉米等）的特点是含有一定的水分，经过长途运输，可能会因水分蒸发而导致短量损失；如果途中被水浸湿，或是船上通风设备不良，船舱中湿气过大，则可能导致霉烂。因此，对于这类商品，海运时一般需投保一切险，或在水渍险的基础上加保受潮受热险及短量险，陆运时则需投保陆运一切险，或在陆运险的基础上加保短量险。

（二）货物的包装

货物的包装方式会直接影响货物的完好情况。散装货物，例如大宗的矿石、矿砂在装卸时容易发生短量损失，散装的豆类等还可能因混入杂质而受损；裸装物品，例如卡车等容易因碰撞或挤擦而出现表面凹瘪、油漆掉落等损失；包装货物会因包装材料的不同而可能产生不同的损失，例如袋装大米可能因在装卸时使用吊钩而使外包装破裂，大米漏出而致损。因此，投保人应根据不同包装方式的特点选择适当的险别。

（三）货物的用途与价值

货物的用途各有不同。一般而言，食品、化妆品及药品等与人的身体、生命息息相关的商品，由于其用途的特殊性，一旦发生污染或变质损失，就会全部丧失使用价值，因此，在投保时应尽量考虑能得到充分全面的保障。例如，茶叶在运输途中一旦被海水浸湿或吸收异味就无法饮用，失去使用价值，故应当投保一切险。

（四）运输方式、运输工具、运输路线、运输季节和港口（车站）

货物通过不同运输方式、采用不同的运输工具进行运输，途中可能遭遇的风险并不同，可供选择的险别也因运输方式而异。根据我国的货物运输保险条款，货物采用的运输方式不同，其适用的保险险别也不同，例如海运保险的主险包括一切险、水渍险和平安险，陆运保险的主险则包括陆运一切险和陆运险。所以应根据不同的运输方式和运输工具等选择不同的保险险别。

二、出口合同中的保险条款

在国际货运保险中，保险金额一般是以 CIF 或 CIP 的发票价格为基础加成确定的，除应包括商品的价值、运费和保险费外，还应包括被保险人在贸易过程中支付的经营费用，例如开证费、电报费、借款利息、税款和分摊到本笔交易中的日常管理费用等，此外还应包括在正常情况下可以获得的预期利润。

关于保险加成率，在《UCP600》和《2000 年通则》中均规定，最低保险金额应为货物的 CIF 或 CIP 价格加 10% ，如果以其他 4 种贸易术语成交，则应先折算成 CIF 或 CIP 再加成。根据惯例，通常按照 CIF 值的 110% 投保，如果买方要求较高的加成率计算投保金额，在保险公司同意的情况下我方可以接受，但是超出部分的保险金额应由买方负担。投保金额是保险公司所承担的最高赔偿金额，也是计算保险费的基础。可按照以下公式计算：

保险金额 = （CIP） 价 ×(1 + 投保加成率)

如果以 CFR 或 CPT 成交，则：

CIF （CIP） 价 = CFR （CPT） 价 +(1 – 投保加成 ×保险费率)

保险费 = 保险金额 × 保险费率

三、进口合同中的保险条款

签订进口合同时，我国进口货物多由我方自办保险。因此，进口合同中保险条款一般只规定“装船后保险由买方负责”。我国进口一般采用 FOB、CFR、CFR 术语，由买方办理保险，为防止来不及投保，一般采用预约保险方法。可按以下公式投保：

FOB（FCA） 进口合同的保险金额 = FOB （FCA） 价 ×(1 + 平均运费率 + 平均保险费率)

CFR（CPT） 进口合同的保险金额 = CFR （CPT） 价 ×(1 + 平均保险费率)

保险费 = 保险金额 × 平均保险费率

四、保险单据的类别

交付保险费后，保险公司即可对被保险人发放保险单。保险单既是保险公司对被保险人的承保证明，也是双方之间权利和义务关系的契约。

（一） 保险单

保险单（Insurance Policy）俗称大保单，它是保险人和被保险人之间成立保险合同关系的正式凭证。保险单是被保险人索赔或对保险人上诉的正式文件，也是保险人理赔的重要依据。保险单可转让，通常是被保险人向银行进行押汇的单证之一。

（二） 保险凭证

保险凭证（Insurance Certificate）俗称小保单。它是保险人签发给被保险人，证明货物已经投保和保险合同已经生效的文件。保险凭证具有与保险单同等的效力，但在信用证规定提交保险单时，一般不能以保险凭证代替。

（三） 联合凭证

联合凭证（Combined Certificate）是一种将发票和保险单相结合的，比保险凭证更为简化的保险单据。这种单据极少使用，目前仅适用于对港、澳地区客商和少部分东南亚地区的出口业务。

（四）预约保险单

预约保险单（Open Policy）又称预约保险合同，是被保险人与保险人之间订立的总合同。预约保险范围内的进出口货物一经起运即自动按预约保险单所列条件承保。订立预约保险合同的目的是为了简化手续，同时也能避免由于漏保和迟保而造成无法弥补的损失。

在实际业务中，凡属预约保险单规定范围内的进口货物，一经起运，我国保险公司即自动按约定保单所订立的条件承保；但被保险人在获悉每批货物装运时，应及时将装运通知书（含货名、船名、数量等）送交保险公司，并按约定办法缴纳保险费，即完成了投保。事先订立预保合同，可防止因漏保或迟保而造成的损失无法弥补的情况出现。货物未投保前出险，再向保险公司投保，照例不能接受，当损失发生时亦得不到保险赔款。

（五）批单

批单（Endorsement）是指变更保险合同内的一种书面证明。其批改内容如果涉及保险金额增加和保险责任范围扩大，保险公司只有在证实货物未发生出险事故的情况下才同意办理，批单原则上须粘贴在保险单上，并加盖骑缝章，作为保险单不可分割的一部分。

注意货运保险单和保险凭证可以经背书或其他方式转让，保险单据的转让无须取得保险人的同意，也无须通知保险人，即使在保险标的发生损失之后，保险单据也可有效转让。在CIF和CIP条件下，保险单据的形式和内容，必须符合买卖双方约定的要求。特别是在信用证支付条件下，必须符合信用证的有关规定，保险单据的出单日期不得迟于运输单据所列货物装船或发运或承运人接受监督的日期，办理投保手续的日期也不得迟于货物装运日期。

五、保险索赔

保险索赔是指当进出口货物遭受承保责任范围内的损失时，具有保险利益的人应在分清责任的基础上确定索赔对象，备好索赔单证，并在索赔时效内（一般为2年）向相关保险公司提出赔偿要求。在索赔工作中，被保险人必须作好下列工作。

（一）损失通知与残损检验

货物运抵目的港后，被保险人或其代理人应及时查看，发现属于保险责任范围内的损失时，应立即通知保险人在卸货港的检验人或其理赔代理人。这种通知是向保险人请求损失赔偿的必备手续。对于遭受损失的货物应尽可能保留现状，以便保险人及有关各方进行检验，确立责任。检验报告是被保险人向保险公司索赔的重要证件，同时保险人与被保险人均应及时采取施救措施，以防止损失继续扩大。

（二）索赔证据及时效

索赔证据应包含以下内容：

（1）货物残损检验报告；

（2）保险单或保险凭证；

（3）发票、提单、装箱单或重量单和运输单据；

（4）海事报告；

（5）施救费用及检验费用的开支清单；

（6）向承运人或其他第三者索赔的有关文件和来往函电。

索赔时效一般为2年，但被保险人一旦获悉或发现货物遭受损失要立即通知保险公司，只要一旦提出索赔，说明索赔已经开始，从而就不受索赔时效的限制。

（三）代为追偿

在保险业务中，为防止被保险人双重获益，保险人在履行全损赔偿或部分损失赔偿后，在其赔付金额内，要求被保险人转其对造成损失的第三者责任方要求全赔或相应部分赔偿的权利。这种权利称为代位追偿权（Right of Subrogation），或称代位权。

在实际业务中，保险人需首先向被保险人进行赔付，才能取得代位追偿权，具体做法：被保险人在获得赔偿的同时签署一份权益转让书，作为保险人取得代位权的证明。保险人凭此向第三者责任方追偿。

六、合同中的保险条款

保险条款是国际货物买卖合同的重要组成部分之，必须订得明确、合理。保险条款的内容依选用不同的术语而有所区别。

采用不同的贸易术语，办理投保的人就不同。以 FOB、CFR 或 FCA、CFR 条件成交的合同，应订明由买方负责投保；采用 CIF 或 CIP 成交的合同，应订明由卖方负责投保，并明确规定投保险别、保险金额的确定方法以及按什么保险条款，并注明该条款的生效日期。

本章小结

在国际货物运输中，由于自然灾害和意外事故可能会给货方带来风险和损失，为降低风险和损失带来的费用，可根据货物性质、运输方式及线路等具体情况，选择合适的保险险别，向保险公司投保。中国保险条款包括海运基本险（平安险、水渍险、一切险）、陆运基本险、空运基本险、邮包险以及战争险、罢工险等附加险别。保险单是保险索赔的主要依据。保险条款是国际买卖合同的重要组成部分，保险条款的内容包括选择投保险别、办理保险手续、确定保险金额、支付保险费、保险人和被保险人的义务等。

思考题

1. 简述保险的基本原则。
2. 什么是推定全损？构成推定全损的条件是什么？
3. 什么是共同海损？构成共同海损必须具备的条件是什么？
4. 共同海损与单独海损的区别是什么？
5. 简述平安险的承保范围。
6. 什么是仓至仓条款？保险责任起讫及期限是如何规定的？

第十二章　国际货款结算

学习目标

- 熟悉汇票的含义、内容及汇票的票据行为；
- 掌握汇付和托收、方式的支付流程和特点；
- 掌握信用证的概念、特点、种类、支付流程及信用证风险防范。

第一节　支付工具

总的说来，作为支付工具使用的主要是货币和票据。从发展的趋势来看，非现金结算已取代现金结算，即在国际贸易中货款收付主要以各种票据的转让流通来实现。

国际贸易中使用的票据主要包括汇票、本票和支票。其中以汇票的使用为主，本票和支票使用日益减少。

一、汇票

汇票（Bill of Exchange）是国际贸易货款支付中使用最广泛的一种支付工具。

（一）概念

《英国票据法》规定，汇票是由一个人向另一个人签发的，要求即期或于一定日期或在可以确定的将来时间，向某人或其指定人或持票人无条件支付一定金额的书面支付命令。

《中华人民共和国票据法》规定，汇票是由出票人签发的、委托付款人在见票时或在指定日期无条件支付确定的金额给收款人或者持票人的票据。

虽然关于汇票概念的表述不一，但其核心含义一致，汇票就是出票人以书面形式命令受票人立即或在将来的指定日期无条件支付确定金额给指定收款人或持票人的一种凭证。

从以上定义我们可以看出汇票的基本当事人有三个：一是出票人（Drawer），即开立汇票的人，在国际贸易中通常是出口商；二是受票人（Drawee），即汇票付款人（Payer），在国际贸易中通常是进口商或其指定银行；三是收款人（Payee），即受领汇票所规定金额的人，在国际贸易中通常是出口商或其指定银行。

（二）汇票的内容

各国的汇票格式并不完全相同，但其基本栏目和内容是一致的。汇票必须记载以下事项：

（1）必须写明“汇票”字样（Bill of Exchange/Draft）。

（2）书面无条件支付命令（Unconditional Order in Writing）。

（3）确定的金额（Amount）。汇票金额及币种应该写清楚，用数字小写和英文大写分别标明。

（4）出票地点和日期（Place and Date of Issue）。出票地点和日期通常并列于汇票右上方。出票地点关系到汇票的法律适用问题，一般以出票地国家的法律来确定。

出票日期具有法律意义：①确定汇票到期日，如汇票付款期限为出票日后 30 天付款，出票日为 2009 年 1 月 12 日，则汇票付款到期日为 2 月 11 日。②确定汇票提示期限，《日内瓦统一票据法》规定，见票即付的汇票，必须自出票日起 1 年内提示汇票，否则汇票失效，受票人可以拒付。③判定票据行为人能力。如果汇票出票前出票人已经破产，则该汇票不能成立；如果汇票出票以后出票人因故破产，则持票人在受票人拒付后可以持汇票作为一般债权人进入出票人的破产清算。

（5）付款人（受票人）。

（6）收款人，又称为汇票抬头。收款人是汇票第一债权人。英美法系国家准许汇票不记载收款人名称，我国《票据法》规定不记载收款人名称的汇票是无效的。汇票抬头有三种写法：

①限制性抬头（Restrictive Order）。即仅限于收款人，不能转让给他人。例如“仅付××（Pay to ×× only）”“付给××，不得转让（Pay to ××, not transferable 或 Pay to ××, not negotiable）”。使用这种方式多数是因为付款人不愿意将债权债务关系转移给第三者。

②指示性抬头（Demonstrative Order），以某特定人或该特定人指定的人为收款人，这种汇票经背书可以转让。例如“付××或其指定人（Pay to the order of ×× only 或 Pay to the order of ××或 Pay to ×× or order）”。

③出票人或来人抬头（Bearer Order）。这种汇票不记载收款人名称，而只写“付给持票人或来人（Pay to bearer）”“付给××公司或来人（Pay to ××company or bearer）”。这种汇票无需背书，只凭交付即可转让。所以风险较大，极少使用。《日内瓦统一票据法》和我国《票据法》不允许以来人作为收款人，英国则允许，但都不允许留空。

（7）付款期限和地点（Tenor and Place of Payment）。付款期限又称为付款到期日，是付款人履行付款的日期。汇票的付款期限由即期和远期之分。目前我们使用的汇票，大部分已经印上了“At... sight（付款日期）”字样。

（8）出票人签章（Drawer's Signature）。在国际贸易中，出票人就是出口商，通常在汇票的右下方填写出口公司的名称。出票人是签发汇票和交付汇票的人。

另外，汇票在开立时还有其他一些项目内容。例如，有些信用证要求出具一份或三份汇票，无论份数多少，每一份都具有同等效力，并不是正本与副本的关系，其中一份付讫，其余各份自动失效。在国际贸易中，通常开立一式两份，分别寄发，目的是防止遗失。

（三）汇票行为

汇票行为是围绕汇票所发生的，以确立一定权利义务关系为目的的行为。一般包括出票、提示、承兑和付款；汇票如需转让或遭到拒付时，还包括背书、拒付、追索、保证等行为。

1. 出票

出票（Draw）是指出票人在汇票上填写付款人、付款金额、付款日期和地点以及收款人等项目，经签字后交给收款人的行为。一旦出票行为完成，出票人负担汇票到期承兑或付款的责任。

2. 提示

提示（Presentation）指持票人将汇票交付付款人，要求承兑或付款的行为。付款人见到汇票叫作“见票”。提示分为两种：

（1）付款提示（Presentation for Payment）。即持票人将即期汇票或已到期的远期汇票提交付款人，要求付款的行为。

（2）承兑提示（Presentation for Acceptance）。即持票人将远期汇票提交给付款人，要求付款人承诺到期付款的行为。对于远期汇票，一般由持票人先做承兑提示，再于到期日做付款提示。

3. 承兑

承兑（Acceptance）指远期汇票的付款人签章于汇票的正面，明确表示承担到期付款责任的行为。付款人一定要在汇票上签字，并写明“承兑”字样及承兑日期。汇票一经承兑，付款人即成为承兑人（Acceptor），承兑人即成为汇票的主债务人，出票人则从主债务人变成了从债务人。

4. 付款

付款（Payment）指持票人提示即期汇票或已承兑的到期的远期汇票，付款人或承兑人履行付款责任的行为。

5. 背书

背书（Endorsement）指持票人在汇票背面签上自己的名字，或再加上受让人的名字，并将汇票交给受让人的行为。此时，持票人称为背书人（Endorser），接受汇票背书转让的受让人称为被背书人（Endorsee）。

背书行为的适用范围是指示性抬头的汇票，不适用于限制性抬头和持票人或来人抬头汇票。来人抬头汇票只需要交付不需要背书即可转让权利；限制性抬头汇票不能进行汇票权利的转让。背书实际上是转让汇票的一种手续。

汇票经背书可以不断转让下去。收款人将汇票背书转让给他人后成为第一背书人，受让人依次将汇票背书再转让，相应成为第二背书人，第三背书人等。对受让人来说，所有在他以前的背书人及原出票人都是他的“前手”；对于出让人来说，所有在他以后的受让人都是他的“后手”。“前手”对“后手”负有担保汇票必然会被承兑或付款的责任。

背书主要分下面几种：

（1）记名背书（Special Endorsement），又称为完全背书、特别背书。背书人在汇票背面记有背书人的名称并作签章，此外，还有被背书人的名称。

（2）空白背书（Endorsement in Blank），又称不完全背书、无记名背书。背书人在汇票背面只记载背书人名称并作签章，但没有记载被背书人的名称。空白背书在国际上比较盛行，但我国《票据法》规定不允许空白背书。

（3）限制性背书（Restrictive Endorsement）。背书人在汇票背面记载带有限制流通的文义，禁止汇票继续转让的背书。只有限制性背书的被背书人才能向付款人要求付款。

6. 贴现

贴现（Discount）指远期汇票承兑后，持票人如果想在汇票到期前取得票款，可以将未到期的汇票背书转让给银行，银行从票面金额中扣减按照一定贴现率计算的贴现息后，将余款付给持票人。

7. 拒付

拒付（Dishonour）指持票人提示汇票要求承兑或要求付款时遭到拒绝，也称为退票。除了拒绝承兑和拒付货款外，付款人拒不见票、破产或死亡等，也视为拒付。

汇票遭拒付后，持票人立即产生追索权。持票人可以向背书人或出票人追索票款，为了行使追索权，持票人一般需要做出拒付证书，拒付证书是由拒付地点的法定公证人或法院、银行公会做出的证明拒付事实的文件。

汇票的出票人或背书人可以在出票时或背书时加注“不受追索”字样，避免承担被追索的责任。

8. 追索

追索（Recourse）指汇票遭到拒付时，持票人对其前手（背书人、出票人）行使要求偿还汇票金额和费用的权利。

持票人可以向自己的直接前手进行追索，也可以向任何一个背书人或出票人追索，在国际贸易实务中，持票人大多向出票人追索。持票人要行使追索权利需要满足以下条件：①持票人所持有的汇票必须是合格的汇票，即其汇票要式齐全，背书连续性合格；②持票人按照票据法的规定提示汇票，并在规定的时效内做成拒付证书和发出拒付通知，除非汇票上有免做拒付证书的规定。持票人行使追索权必须在法律时效内进行。我国《票据法》规定，自被拒绝承兑或拒绝付款之日起6个月。

9. 保证

保证（Guarantee）指非票据债务人对于出票、背书、承兑及付款等所发生的债务予以担保的票据行为。保证人必须在汇票上或者汇票的粘贴单上记载相应的保证事项。

汇票保证人所负责任与被保证人相同，汇票被拒付时，持票人可以向保证人追索，如保证人偿付汇票金额后，有权向被保证人及承兑人、出票人即前手追索。

（四）汇票的种类

汇票可以按照不同的标准分为很多种。

1. 按出票人不同划分

（1）银行汇票（Banker's Draft），是指由银行签发的汇票，其出票人和付款人都是银行。

（2）商业汇票（Trader Draft），是指由企业或个人签发的汇票，其付款人可以是企业、个人，也可以是银行。

2. 按是否附有货运单据划分

（1）光票（Clean Bill），指不随附货运单据的汇票。银行汇票多为光票。

（2）跟单汇票（Documentary Bill），指附带有货运单据的汇票。商业汇票多为跟单汇票。

3. 按付款时间不同划分

（1）即期汇票（Sight Bill/Demond Draft），指在提示或见票时付款人立即付款的汇票。常见的表述方法有：“At sight pay to the order of...”“On demand pay to the order of …”“On presentation pay to the order of"。

（2）远期汇票（Time Bill/Usance Bill），指在一定期限或特定日期付款的汇票。远期汇票的付款时间有几种规定方法：见票后若干天付款，如“At × ×days after sight pay to the order of...”；出票后若干天付款，如“At × ×days after date pay to the order of”提单签发日期后若干天付款，如“At × ×days after B/L date pay to the order of...”；指定日期付款，如“On 20 AUG. 2009 pay to the older of...”我国《票据法》规定，汇票上没有记载付款日期的，为见票即付。

4. 按承兑人不同划分

（1）银行承兑汇票（Banker's Acceptance Bill），指由企业或个人开立的以银行为付款人并经银行承兑的远期汇票。

（2）商业承兑汇票（Trader's Acceptance Bill），指以企业或个人为付款人并由企业或个人进行承兑的远期汇票。

二、本票

（一）概念

本票（Promissory Note）也称为期票，指一个人向另一个人签发的，保证于见票时（即期）或定期或在可以确定的将来的日期，支付一定金额给某人或某指定人或持票人的无条件的书面承诺。

从定义中可以看出，本票的基本当事人有两个，一个是出票人，本身就是付款人，本票出票后，出票人始终处于主债务人的地位，承担无条件的、绝对的、最终的付款责任；另一个是收款人。

（二）内容

本票应具备的几个必要的项目：写明“本票”字样；书面的无条件支付承诺；收款人或其指定人；出票人签字；出票日期及地点；付款期限（如未记载，则视为见票即付）；付款地点（如未记载，则以出票地或出票人住所为付款地）；一定金额。

（三）票据行为

汇票中关于出票、背书、提示、付款、追索和保证等票据行为，基本上都适用于本票。但本票没有承兑行为。

本票的持票人必须在法定期限内提示票据，我国《票据法》规定，本票自出票日起，付款期限最长不得超过2个月。本票的持票人如果未在规定的期限内提示本票，则丧失对出票人以外的前手的追索权。本票持票人的前手仅指背书人或者保证人，不包括出票人。

（四）种类

1. 按签发人不同分类

（1）商业本票，指由工商企业或个人签发的本票，也称为一般本票。

（2）银行本票，指由银行签发的本票。通常被用于代替现金支付，银行本票多为即期。

2. 按付款期限不同分类

（1）即期本票，指见票即付的本票，银行本票都是即期本票。

（2）远期本票，指在一定期限或特定日期付款的本票。商业本票可以是远期的。

（五）本票与汇票的不同点

本票和汇票都是无条件的支付命令，可转让的流通工具。但它们也有区别。

（1）当事人不同。汇票基本当事人有三个：出票人、付款人和收款人。而本票的基本当事人只有两个：出票人和收款人。其中出票人就是付款人。因此，远期汇票有承兑手续；本票因出票人就是付款人，不必承兑。

（2）出票人债务负担不同。汇票经过承兑以后，确定付款人对汇票的责任，使承兑人处于主债务人的地位，出票人则居于从债务人的地位，而本票的出票人始终处于主债务人的地位。因此，在远期本票的使用过程中无需履行承兑。

（3）签发份数不同。汇票是成套签发，可以一式两份，取得货款后，一份失效。而本票只能单张签发。

三、支票

（一）概念

支票（Cheque）是银行的活期存款账户向银行签发的授权银行对某人或其指定人或持票人即期支付一定金额的无条件书面支付命令。

从支票概念中可以看出支票的当事人有三个：①出票人，必须是在付款银行设有存款的存户；②付款人，通常为银行；③收款人。

（二）支票内容

支票应具备以下几个项目：①写明“支票”字样；②无条件支付一定金额的书面命令；③付款人名称；④付款地点；⑤出票日期及地点；⑥出票人签字。

（三）空头支票

出票人在签发支票时，应在付款银行存有不低于票面金额的存款。除非银行允许透支，否则如果存款不足，支票持有人在向付款银行提示支票，要求付款时，就会遭到拒付，这种支票叫作“空头支票”。

（四）汇票与支票的不同点

支票和汇票都属于无条件的支付命令，是可转让的流通工具。但他们也有区别。

（1）汇票的付款人可以是个人、企业或银行；支票付款人只能是银行。汇票的出票人和付款人之间不必先有资金关系；支票的出票人和付款人之间要有资金关系。

（2）汇票有即期、远期之分，远期汇票有承兑行为；支票只有即期，没有远期，更无需承兑。所以也有人定义支票为“以银行为付款人的即期汇票”。

（3）汇票可以贴现；支票不可以贴现。

（4）支票过期遭到拒付，持票人可以向出票人追索；汇票过期遭到拒付，除持票人及时取得付款地法院作出的拒付证书外，对背书人、出票人都失去追索权。

第二节　支付方式

在国际贸易中常用的支付方式主要有：汇付、托收和信用证。这些方式按资金的流向与支付工具的传递方向是否相同可以分为顺汇方式和逆汇方式两种，汇付属于顺汇方式，托收和信用证属于逆汇方式。如果按照信用形式划分支付方式，又可以分为商业信用和银行信用两种，汇付和托收属于商业信用，信用证属于银行信用。

一、汇付

（一）概念

汇付（Remittance），又称汇款，指付款人按照约定的条件和时间通过银行或其他途径将货款汇交收款人的支付方式。

（二）当事人

在汇款业务中，一般有四个当事人。

1. 汇款人

汇款人（Remitter）指委托银行付出款项的人，是债务人或付款人（预付款），国际贸易中通常是进口商。

2. 收款人

收款人指接受款项的人，是债权人，国际贸易中通常是出口商。

3. 汇出行

汇出行（Remitting Bank）又称为委付行，是受汇款人委托，汇出款项的银行，国际贸易中通常是进口商所在地银行。

4. 汇入行

汇入行（Paying Bank）又称为解付行，是受汇出行委托解付汇款的银行，国际贸易中通常是出口商所在地银行。汇入行的职责是证实汇出行委托付款指示的真实性，通知收款人取款并付款。

（三）汇付的种类及业务流程

以汇出行和汇入行之间委托付款指令的传递方式不同来划分，汇付方式可以分为信汇、电汇和票汇三种形式。

1. 信汇

信汇（Mail Transfer，M/T）指汇款人将款项交给当地银行，由该银行用信件委托收款人所在地银行付款给收款人的支付方式。这种方式的特点在于费用较为低廉，但收款人收到汇款的时间较迟，适用于一些金额不大或收款不急的汇款。

2. 电汇

电汇（Telegraphic Transfer，T/T）指汇款人要求当地银行用电报通知收款人所在地银行付款给收款人。电汇方式收款人可迅速收到汇款，但因银行不能占用资金，所以费用较高。银行与银行之间使用加押电报、电传或SWIFT（环球银行金融电讯协会）等电讯方式直接通讯，快速准确，是目前使用较多的一种汇付方式。

信汇和电汇支付流程基本一致，区别只在于汇出行和汇入行之间通信方式不同。

（四）汇付方式的使用

在国际贸易中，汇款方式既可用于货款的结算，也可用于贸易从属费用的结算，并且绝大部分采用T/T的汇款方式。根据货款交付和货物运送先后的时间不同，汇款可以分为预付货款和货到付款两种情况。

1. 预付货款

预付货款（Payment in Advance）是进口商（付款人）在出口商（收款人）将货物或货运单据交付以前将货款的全部或者一部分通过银行汇给出口商，出口商收到货款后，再根据约定发运货物。

在预付货款的进口业务中，进口商为了减少风险，可以采用“凭单付汇”的方法，即进口商通过银行将款项汇给出口商所在地银行（汇入行），并指示该行凭出口商提供的某些商业单据或某种装运证明即可付款给出口商。

2. 货到付款

货到付款（Payment after Arrival of the Goods）也被称为延期付款（Deferred Payment Transaction）或赊销交易（Open Account Transaction，O/A），这种方式与预付货款相反，它是进口商在收到货物以后，立即或在一定时期以后再付款给出口商的一种结算方式，这种方式对进口商有利。

3. 部分预付货款部分货到付款

进出口商在国际贸易中为创造公平和双赢局面，一般会采用部分预付货款部分货到付款的方式。实践中，较为常见的是“30%预付货款，70%货到付款”。

（五）汇付的特点

1. 汇付属于商业信用

汇付方式虽然涉及银行，但银行并不提供信用，只是提供服务，出口商交货后能否收到货款取决于进口商的信用。

2. 资金负担不平衡

预付货款的情况下，进口商先付款，资金负担较重；货到付款的情况下，出口商要先垫付资金，资金负担较重。

3. 费用低，手续简单

汇款人或收款人不需要有银行账户，也可以汇款，与其他方式相比银行的手续费也最少，银行只收取汇款手续费。

4. 风险大

因为汇付是商业信用，对于预付货款的进口商及货到付款的出口商来说，一旦付了款或发了货就失去了制约对方的手段，他们能否收货或收款，完全依赖对方的信用，如果对方信用不好，则易财货两空。

（六）合同中的汇付条款

在国际贸易中使用汇付方式支付货款时，交易双方应在买卖合同中规定汇款的金额、具体的汇付方式和汇款的时间等项内容。

例如，“买方应不迟于2022年8月10日将100%的货款用电汇预付至卖方”。

二、托收

（一）概念

托收（Collection）指出口商开立汇票连同货运单据委托出口地银行通过进口地代收银行向进口商收款的方式。

（二）当事人

托收方式的当事人一般有4个。

1. 委托人

委托人（Principal）指开出汇票，委托银行向国外付款人收款的客户，即出票人。在国际贸易中通常是出口商。

2. 托收银行

托收银行（Remitting Bank）指接受托收人委托，办理托收业务的银行，在国际贸易中通常是出口商所在地银行。

3. 代收银行

代收银行（Collecting Bank）指接受托收银行的委托向付款人收取票款的银行，在国际贸易中通常是托收行在国外（进口商所在地）的分行或建立有往来代理关系的银行（委托行）。托收行与代收行之间也是委托关系。

4. 付款人

付款人指代收行将托收票据向其提示承兑或付款的人，即见票人。在国际贸易中通常为进口商。

（三）托收的种类及业务流程

根据委托人签发的汇票是否附有单据，托收结算方式主要可以分为两种：光票托收和跟单托收。

1. 光票托收

光票托收（Clean Collection）是指委托人（通常是出口商）仅开具汇票而不随附货运单据，委托银行向付款人代为收取货款。

在国际贸易中，光票托收适用范围较小，通常只用于收取货款的尾数、佣金、代垫费用、索赔款、样品费以及其他贸易从属费用等小额款项。

2. 跟单托收

跟单托收（Documentary Collection）是指委托人在委托银行向付款人收取货款时，除开具汇票外，还随附货运单据。在实务中，跟单托收所附单据主要有提单、保险单、装箱单等。

国际贸易中货款的收取大多采用跟单托收。在跟单托收的情况下，进出口商对于何时转移货运单据的态度不同，一般而言，进口商希望越早取得货运单据越好，这样可以较早提货出售，加速资金周转，把握有利的销售时机。出口商希望在保证收到货款的前提下代收行才交出单据。因此，按照货物单据和货款的支付是否同时进行，即按向进口商交单条件的不同，跟单托收又分为付款交单和承兑交单两种。

（1）付款交单。付款交单（Documents against Payment，D/P），是指出口商的交单是以进口商的付款为条件。出口商发货后，取得装运单据，委托银行办理托收，并指示银行只有在进口商付清货款后才能把货运单据交给进口商。

按付款时间的不同，付款交单又可分为即期付款交单和远期付款交单两种：

①即期付款交单。即期付款交单（D/P at sight）是指出口商发货后开具即期汇票，连同货运单据一并交给银行托收货款，通过代收行向进口商提示，进口商见票后立即付款，在进口商付清货款后，代收行才将货运单据交给进口商。

②远期付款交单。远期付款交单（D/P after sight）是指出口商发货后开具远期汇票，连同货运单据一并交给银行托收货款，通过代收行向进口商提示汇票，进口商审核无误后即在汇票上进行承兑，于汇票到期日进口商付清货款后从代收行取得货运单据。

在国际贸易实务中，有可能出现付款日期晚于到货日期的情况，进口商为了尽快取得货运单据提取货物，可以采取以下措施之一提前拿走单据。

第一种做法是提前付款赎单，即在付款到期日之前付款赎单，扣除提前付款日至原付款到期日之间的利息，作为进口商享受的一种提前付款的现金折扣；

第二种做法是向银行提供抵押品作担保借单，即进口商提供等额或近似额度的抵押品作为担保，借取货运单据，提货，于汇票到期时再付款，取回抵押品；

第三种做法是凭信托收据借单，即代收行对于资信较好的进口商，允许其使用信托收据（Trust Receipt，T/R）向银行借取货运单据，先行提货，于汇票到期时再付清货款。

所谓信托收据，就是进口商借单时提供的用来表示愿意以代收行的委托人身份代为提货、报关、存仓、保险或出售，并承认货物所有权仍属银行，并保证汇票到期日向银行付清货款的一种书面信用担保文件。这是代收行自己向进口商提供的信用便利，而与出口商无关。因此付款交单的性质并未改变。如果代收行借出单据后，到期不能收回货款，则应由代收行对托收行负付款之责。因此，采用这种做法时，必要时还要进口商提供一定的担保或抵押品后，代收行才肯承做。但有时由出口商主动授权银行允许进口商在承兑汇票后凭信托收据先行借单，这是出口商给予进口商的资金融通，即所谓远期付款交单凭信托收据借单（D/P · T/R）方式，日后一旦汇票到期进口商拒付，以至出口商不能收到货款，则银行不负责任，风险应由出口商自己承担。这种做法的性质与承兑交单相差无几。

（2）承兑交单。承兑交单（Documents against Acceptance，D/A），是指出口商的交单是以进口商在汇票上承兑为条件。即出口商在装运货物后开具远期汇票，连同货运单据，通过银行向进口商提示，进口商承兑汇票后，代收银行即将货运单据交给进口商，待汇票到期时，进口商方履行付款义务。

承兑交单方式只适用于远期汇票的托收。承兑交单方式对进出口商的影响不同。对于进口商来说，这种方式非常有利。但对于出口商而言，由于承兑交单是在进口商承兑汇票却并未付款的情况下交出货运单据，即交出了物权凭证，其收款的保障只能取决于进口商的信用，一旦进口商到期不付款，出口商就有可能蒙受货款两空的损失。

（四）托收的特点

1. 托收属于逆汇

在托收方式下，汇票由债权人（出口商）传递给债务人（进口商），与资金流动方向相反，因此，托收方式属于逆汇。

2. 托收是商业信用

托收虽然是通过银行办理，但是银行只是按照出口商的指示办事，不承担付款的责任，不过问单据的完整和真伪，如无特殊约定，对已运到目的地的货物不负提货和看管责任。因此，出口商交货后，能否收回货款，完全取决于进口商的信誉。

3. 风险承担不平衡

托收方式对于进出口商而言都存在一定风险。但总体来说，由于托收方式是先发货后收款，因此，出口商承担的风险大于进口商。

4. 资金承担不平衡

托收方式下，进口商是在货到后才付款的，实际上托收方式向进口商提供了资金的融通；另外，对于资信较好的进口商，在远期付款交单的托收方式下，还可以利用信托收据借单。而出口商是先发货后收款，所以资金负担较重。

（五）出口托收的注意事项

由于托收方式属于商业信用，为保证出口的安全，及时收汇，应该注意以下事项。

1. 积极调查进口商的资信

出口商应该全面了解进口商的资信状况，慎重选择结算方式及成交金额。

2. 了解政策和惯例

出口商应多了解进口国的贸易政策、外汇政策及有关规定和商业惯例。例如，对于贸易管理和外汇管制较严的进口国家和地区不宜使用托收方式，以免货到目的地后，由于不准进口或收不到外汇而造成损失。欧洲大陆国家有不少银行不做远期付款交单，而有些拉美国家的银行，对远期付款交单，按当地的法律和习惯，在进口商承兑远期汇票后立即把商业单据交给进口商，将远期付款交单按承兑交单来处理。中东地区一些国家规定远期付款交单下，因货物已到而付款期限未到存入公仓的进口货物在 60 天内无人提取，允许公开拍卖。

3. 尽量争取以 CIF 条件成交

以 CIF 或 CIP 条件成交，可以由出口商办理货运保险，当发生保险责任范围内的损失而进口商又拒付货款时，出口商掌握有保险单，较之 FOB、CFR 等由进口商办理保险的条件，可以控制货物受损理赔的主动权。必要时，可以办理出口信用保险，一旦遭受损失，可以通过保险获得赔偿。

4. 健全管理制度

采用托收方式收款时，要建立健全的管理制度，定期检查，及时催收清理，发现问题应迅速采取措施，以避免或减少可能发生的损失。所以出口商一定要加强管理，严格按合同的规定要求交货、制单。

（六）托收的国际惯例

在国际贸易中，各国银行办理托收业务时，往往由于当事人各方对权利、义务和责任的解释不同，各个银行的具体业务做法也有差异，因而会导致争议和纠纷。国际商会为调和各有关当事人之间的矛盾，早在 1958 年即草拟了《商业单据托收统一规则》，并建议各国银行采用该规则。此后根据国际贸易形势的变化，该规则几经修订，于 1995 年 4 月公布了《托收统一规则》（UNIFORM RULES FOR COLLECTION），由于该规则是国际商会第 522 号出版物，简称《URC522》，并于 1996 年 1 月 1 日正式生效与实施。《URC522》公布实施后，已成为对托收业务具有一定影响的国际惯例，并已被各国银行采纳和使用。

（七）合同中的托收条款

合同中的托收条款主要内容包括银行交单的条件，买方的付款期限等。举例如下：

1. 即期付款交单

买方凭卖方开具的跟单汇票于见票时立即付款，付款后方可获取运输单据。（Upon first presentation the Buyer shall pay against documentary draft drawn by the Sellers at sight. The shipping documents are to be delivered against payment only.）

2. 远期付款交单

买方对于卖方开具的见票后 30 天付款的跟单汇票，于提示时应立即承兑，并应于汇票到期日即予付款，付款后方可获取运输单据。（The Buyer shall duly accept the documentary draft drawn by the Sellers 30 days after sight upon first presentation and make the payment on its maturity. The shipping documents are to be delivered against payment only.）

3. 承兑交单

买方对于卖方开具的见票后 45 天付款的跟单汇票，于提示时应立即承兑，并应于汇票到期时即予付款，买方在承兑后即可获取运输单据。（The buyer shall duly accept the documentary draft drawn by the Sellers at 45 days' sight upon first presentation and make the payment on its maturity. The shipping documents are to be delivered against acceptance.）

三、信用证

信用证（Letter of Credit，L/C）支付方式产生于 19 世纪后期，在第二次世界大战后随着国际贸易、航运、保险以及国际金融的迅速发展，银行等金融机构参与国际贸易结算而逐渐形成的。该方式利用银行的介入，既保证了出口商安全迅速收到货款，又保证进口商按时收到货运单据，解决进出口商双方互不信任的矛盾，又提供了资金融通便利。具体说来，它是以银行信用为基础，由进口地银行向出口商提供付款保证，使得出口商的收款风险降低；而出口商必须提交与信用证相符的单据，才可以获得付款，进口商的收货风险也相对减少。因此，自信用证出现以来，这种支付方式发展很快，并在国际贸易中被广泛应用。

（一）信用证适用的国际惯例

为了规范信用证业务的运作，国际商会在 1933 年制定了《商业跟单信用证统一惯例》。此后经 1951 年、1962 年、1974 年、1983 年、1993 年和 2007 年多次修订，最新文本是 2007 年 7 月 1 日正式生效的《跟单信用证统一惯例》2007 年修订本（国际商会第 600 号出版物），简称《UCP600》。该惯例被世界各国银行处理信用证业务时采用。

《UCP600》是一套规则，除了介绍信用证的概念、种类、原则外，还包括了银行的权利义务、免责事项以及信用证业务对单据的要求，适用于所有在其文本中明确表示受本惯例约束的跟单信用证（在可适用的范围内，包括备用信用证）。除非信用证明确修改或排除，《UCP600》各条文对信用证所有当事人均具有约束力。《UCP600》正式生效前，《跟单信用证统一惯例》使用的是 1993 年修订本（国际商会第 500 号出版物，简称《UCP500》）。之所以出台《UCP600》，是因为《UCP500》并不完善，不能满足实务的需要。现行版本《UCP600》将《UCP500》的许多补充规则均纳入其中，以便操作。而且国际商会强调该修订本采用平常的语言，并力求条款简明，并容易翻译成世界各国的语言。

（二）概念

国际商会对信用证的一般定义是：信用证是指由银行（开证行）依照客户（申请人）的要求和指示或自己主动，在符合信用证条款的条件下，凭规定单据向第三者（受益人）或其指定的人进行付款，或承兑和（或）支付受益人开立的汇票；或授权另一银行进行该项付款，或承兑和支付汇票；或授权另一银行议付。

《UCP600》关于信用证的定义：信用证是指一项不可撤销的安排，无论其名称或描述如何，该项安排构成开证行对相符交单予以承付的确定承诺。

简言之，在国际贸易实务中，信用证是一种银行开立的有条件的承诺付款的书面文件。银行应其客户（一般是进口商）的请求，开立给出口商保证付款凭证，承担在信用证条款得到完全遵守的情况下，向出口商付款的责任。

（三）当事人

信用证支付方式的基本当事人有4个，即开证申请人、开证行、通知行、受益人。另外还涉及其他关系人，如保兑行、议付行、承兑行、付款行、偿付行、受让人等。

1. 开证人/开证申请人

开证人（Applicant for L/C）指向银行申请开立信用证的人，一般为进口商。

开证人应该在合同规定的期限内开立信用证，并交付开证押金或者提供其他形式的担保、缴纳开证所需费用。

2. 受益人

受益人（Beneficiary）指信用证上所指定的有权使用该证的人，是信用金额的合法享受人。一般为出口商。

受益人收到信用证时，如果发现信用证条款与合同规定不符，可以要求修改信用证或拒绝接受。

3. 开证行

开证行（Issuing Bank）指接受开证人的申请和委托，开立信用证的银行，承担保证付款的责任。一般是进口商所在地的银行。

开证行与开证人之间是以开证申请书的形式建立起来的一种自主的合同关系。开证行与受益人之间是以信用证建立起来的一种关系。

4. 通知行

通知行（Advising Bank）指接受开证行的委托，将信用证通知给受益人的银行，一般是开证行在出口商所在地的代理行。

通知行只审核信用证的表面真实性（核对印鉴或密押），然后根据开证行的要求缮制通知书，通知受益人，不承担其他义务。

通知行与开证行之间是以委托代理合同的形式建立起来的委托－代理关系。

5. 保兑行

保兑行（Confirming Bank）是应开证行或信用证受益人的要求在信用证上加具保兑的银行。保兑行一旦加具保兑，它就要对信用证独立负责，并承担与开证行相同的承诺付款的责任。保兑行通常由通知行兼任，也可以是其他银行承担。

6. 付款行

付款行（Paying Bank）是指开证行在信用证中指定一家银行，并授权其在单据相符时对受益人付款。付款行可以是开证行本身，也可以是开证行指定的另外一家银行。

7. 议付行

议付行（Negotiating Bank）是根据开证行的付款保证和受益人的要求，对受益人交来的符合信用证规定的跟单汇票垫款或办理贴现的银行。

议付行可以是指定的银行，也可以是非指定的，由受益人选择任意一家银行，通常情况下是通知行议付。

由于议付行对受益人的单据进行议付是垫款性质，因此，不论开证行因何种原因不付款，议付行都可以向受益人追索，除非信用证上规定，在汇票上注明“不受追索”字样。

8. 承兑行

承兑行（Accepting Bank）是指在汇票正面签字承诺到期付款的银行。承兑行可以是开证行本身，也可以是信用证所指定的其他银行。

9. 偿付行

偿付行（Reimbursing Bank）接受开证行的委托，代开证行偿还垫款的银行，即开证行指定的对议付行、承兑行或付款行进行偿付的代理人。又称为清算银行。

偿付行通常是第三国银行，此时信用证使用该第三国的货币，或开证行的资金集中在该银行。偿付行只负责替开证行付款，而不负责审单；付款时不凭单据，只凭议付行或付款行交来的索偿书。如果偿付行不能及时偿付，开证行则要赔偿有关垫款行的损失。

如果开证行指定或者授权其他银行付款、承兑、议付或偿付并为其他银行所接受，那么开证行同付款行、承兑行、议付行、偿付行之间就也成立了一种委托代理的合同关系。

10. 受让人

受让人即第二受益人，指接受第一受益人的转让有权使用信用证的人。在可转让信用证下，受益人可以将信用证的全部或一部分转让给第三者，即受让人，也就是第二受益人。

（四）信用证的特点和作用

1. 信用证的特点

（1）信用证的开证行提供银行信用。信用证是开证行用自己的信用代替了商业信用开立的书面保证书。根据信用证的定义，开证行取代进口商承担了作为第一付款人的义务，日后只要出口商提供了符合信用证的单据，即使进口商破产，出口商也能从开证行得到付款保证。这样，开证行提供了远优于进口商个人信誉的银行信用，而且开证行对受益人的责任是一种独立的责任，这一点较之托收或汇付来说，使出口商风险大为减少。

（2）信用证是独立于合同的一种自足的文件。信用证的开立虽然是以国际贸易买卖合同为依据的，但是信用证一经开立，就成为独立的文件，不受买卖合同的约束。信用证的当事人，特别是银行，只受信用证条款的约束，不受合同条款的约束。因此开证行的付款、承兑并支付汇票或议付及/或履行信用证项下的其他义务的承诺，不受开证人与开证行或与受益人之间在已有其他合同关系下所发生的各种争议、纠纷的制约。

（3）信用证交易的标的物是单据。信用证支付方式下实行凭单付款原则。对出口商来说，只要按信用证规定条件提交了表面符合信用证条款的单据，即可从银行得到付款，银行对单据的真实性、完整性、伪造或法律效力及单据所载条件概不负责。如果单据相符，开证人（即进口方）付款后收到货物，却发现货物不符合合同规定要求，只能由进口商根据进出口合同与受益人（即出口商）进行交涉。如果单据与信用证规定不符，即使货物与合同相符，银行也有权拒绝付款。这被称为“单单一致、单证一致”。

对进口商来说，只要在申请开证时，交付押金并保证收到符合信用证规定的单据即行付款，即可从银行取得代表货物所有权的单据。因此，银行开立信用证实际是进行单据的买卖。

2. 信用证的作用

采用信用证支付方式，对出口商来说，可以保证凭单取得货款；对进口商来说，可以保证按时、按质、按量收到货物。对银行来说，可收取各种手续费以及获得利用资金的便利。

（五）信用证的种类

1. 跟单信用证和光票信用证

以信用证项下的汇票是否附有货运单据划分，信用证可分为跟单信用证和光票信用证。

（1）跟单信用证。跟单信用证（Documentary L/C）是开证行凭跟单汇票或仅凭单据付款的信用证。“跟单”中的单据即货运单据。按照国际商会的解释，泛指任何根据信用证规定所提供的，用以纪录或证明某一事实的书面文件，如运输单据（其中海运提单代表货物，而铁路运单、航空运单、邮包收据等证明货物已交运）、商业发票、保险单、商检证书、产地证明书、装箱单等单据。汇票则可有可无。国际贸易所使用的信用证绝大部分是跟单信用证。

（2）光票信用证。光票信用证（Clean L/C）是指开证行仅凭不附单据的汇票付款的信用证。有的信用证要求汇票附有非货运单据，如发票、垫款清单等，也属光票信用证。贸易结算中的预支信用证和非贸易结算中的旅行信用证都属于光票信用证。

2. 不可撤销信用证和可撤销信用证

以开证行所负的责任为标准，信用证可以分为不可撤销信用证和可撤销信用证。

（1）不可撤销信用证。不可撤销信用证（Irrevocable L/C）是指信用证一经开出，在有效期内，未经受益人及有关当事人的同意，开证行不得随意片面修改和撤销信用证，只要受益人提供的单据符合信用证规定，开证行必须履行付款义务。这种信用证对受益人较有保障，在国际贸易中，使用最为广泛。凡是不可撤销信用证，在信用证中应注明“不可撤销”（Irrevocable）字样，并载有开证行保证付款的文句。

（2）可撤销信用证。可撤销信用证（Revocable L/C）是指开证行对所开信用证不必征得受益人或有关当事人的同意就有权随时撤销或修改的信用证。凡是可撤销信用证，应在信用证上注明“可撤销（Revocable）”字样，以资识别。这种信用证对出口商极为不利。因此，出口商一般不接受这种信用证。

按照《UCP600》的规定，如果信用证中没有注明“可撤销”的字样，即使它没有申明“不可撤销”，该信用证也应视为不可撤销信用证。另外要注意的是，有些信用证表面上标注为不可撤销，但另有文句说明，当开证行在某种条件得不到满足时（如未收到对方的汇款、保函等），可随时单方面解除其保证付款责任。这实际上是一种变相的可撤销信用证。

3. 保兑信用证和不保兑信用证

按有没有另一银行加以保证兑付为标准，信用证可分为保兑的和不保兑的信用证。

（1）保兑信用证。保兑信用证（Confirmed L/C）是指开证行开出的信用证，由另一银行保证对符合信用证条款规定的单据履行付款义务。信用证的“不可撤销”是指开证行对信用证的付款责任，而“保兑”则指开证行以外的银行对信用证的付款责任。那么，不可撤销的保兑的信用证，就意味着该信用证不但有开证行不可撤销的付款保证，而且又有保兑行的兑付保证。两者的付款人都是负第一性的付款责任。所以这种有双重保证的信用证对出口商最为有利。但保兑行要收取较高的手续费。所以要慎重考虑是否需要进行保兑。

（2）不保兑信用证。不保兑信用证（Unconfirmed L/C）是指开证行开出的信用证没有经另一家银行保兑。当开证银行资信好和成交金额不大时，一般都使用这种不保兑的信用证。

4. 即期信用证（Sight L/C）信用证和远期信用证

（1）即期信用证。即期信用证（Sight L/C）是指开证行或付款行收到符合信用证条款的跟单汇票，或无须汇票仅凭货运单据，立即履行付款义务的信用证。这种信用证的特点是出口商收汇迅速安全，有利于资金周转。

在即期信用证中，有时还加列电汇索偿条款（T/T Reimbursement Clause），这是指开证行允许议付行用电报或电传通知开证行或指定付款行，说明各种单据与信用证要求相符，开证行或指定付款行接到电报或电传通知后，有义务立即用电汇将货款拨交议付行。

（2）远期信用证。远期信用证（Usance L/C）是指开证行或付款行收到信用证的单据时，在规定期限内履行付款义务的信用证。远期信用证还可分为下列几种：

①银行承兑远期信用证。银行承兑远期信用证（Banker's Acceptance L/C）是指以开证行或付款行作为远期汇票付款人的信用证，开证行或付款行在收到符合信用证条款的汇票和单据后，先办承兑手续，等汇票到期时才履行付款的信用证。这种信用证项下的汇票，在承兑前，银行对出口商的权利义务以信用证为准；在承兑后，银行作为汇票的承兑人，应按票据法规定，对出票人、背书人、持票人承担付款责任。

②延期付款信用证。延期付款信用证（Deferred Payment L/C）是指不需要汇票，仅凭受益人交来单据，指定银行审核相符后即承担延期付款责任，但直至到期日才付款的信用证。一般在这种信用证中，开证行规定货物装船后若干天付款，或开证行收到单据后若干天付款。这种信用证大多用于大型机器、成套设备的交易。延期付款信用证要求出口商不能利用贴现市场的资金，只能自行垫款或向银行借款，往往利用出口国银行中长期信贷来代替短期的贴现作为融资手段，所以一般不要求出口商开立即期汇票。在出口业务中，若使用这种信用证，货价应比银行承兑远期信用证高一些，以拉平利息率与贴现率之间的差额。

③假远期信用证。假远期信用证（Usance L/C Payable at sight），此种信用证虽然是远期，但信用证上订明付款行同意按即期付款或同意贴现，贴现费用由开证人负担。假远期信用证是以即期付款的贸易合同为基础开立信用证的，因此，假远期信用证一方面可以满足受益人即期十足收汇的要求，对出口商来说，与即期信用证无大区别，只负担汇票到期前被追索的风险；另一方面，能适应进口商即期交易远期付款的愿望，实际上是银行为进口商提供资金融通的信用证。所以这种信用证又称为买方（进口商）远期信用证。

5. 可转让信用证和不可转让信用证

根据受益人对信用证的权利可否转让，分为可转让信用证和不可转让信用证。

（1）可转让信用证。可转让信用证（Transferable L/C）是指信用证的受益人（第一受益人）可以要求授权付款、承担延期付款责任，承兑或议付的银行（统称“转让银行”），或当信用证是自由议付时，可以要求信用证中特别授权的转让银行，将信用证全部或部分转让给一个或数个受益人（受让人，即第二受益人）使用的信用证。

（2）不可转让信用证。不可转让信用证（Non - transferable L/C）是指受益人不能将信用证的权利转让给他人的信用证。凡信用证中未注明“可转让”字样者，就是不可转让信用证。

6. 循环信用证

循环信用证（Revolving L/C）是指信用证被全部或部分使用后，其金额又恢复到原金额，可再次使用，直至达到规定的次数或规定的总金额为止。循环信用证与一般信用证的不同之处就在于：一般信用证在使用后即告失效；而循环信用证则可多次循环使用。这种信用证通常在分批均匀交货的情况下采用。

循环信用证可以分为按时间循环的信用证和按金额循环的信用证两种。

（1）按时间循环信用证。按时间循环信用证，是指受益人在规定时间内可多次支取信用证规定金额的信用证，根据金额计算方式的不同分为两种：

①不可积累循环信用证，是指受益人在规定的循环期内，信用证规定可以使用的金额未用完时，金额不可移到下一期再使用的信用证。

②可积累循环信用证，是指受益人在上一循环期未用完的信用证金额，可以移到下一期循环使用的信用证。

（2）按金额循环的信用证。按金额循环的信用证，是指信用证金额议付后，仍恢复到原金额可再使用，直至用完规定的总额为止。用完每期金额再恢复到原金额的具体办法有三种：

①自动循环，受益人按规定时期装运货物议付后，不需要等待开证行的通知，信用证即可自动恢复到原金额再次使用。

②半自动循环，受益人每次装货议付后若干天内，开证行未提出终止循环的通知，信用证即自动恢复到原金额再次使用。

③非自动循环，受益人每次装货议付后必须等待开证行通知到达，信用证才恢复到原金额继续使用。

7. 对开信用证

对开信用证（Reciprocal L/C）是指两张信用证的开证申请人互以对方为受益人而开立的信用证。在易货交易、来料加工和补偿贸易等国际贸易业务中，交易双方同时既为进口商又为出口商，以开证受益人或受益人的身份对开两张信用证，其证金额相等或大体相等，尽管货物交付的品种、时间不一样，但两张信用证是相关的，且第一张信用证开出时暂不生效，待对方开来回头证，经受益人接受后，通知对方银行，两证同时生效。

8. 对背信用证

对背信用证（Back to Back L/C）是指受益人要求原证的通知行或其他银行以原证为基础，另开一张内容相似的新信用证。对背信用证的受益人可以是国外的，也可以是国内的。对背信用证的开证行只能根据不可撤销信用证来开立。对背信用证的开立通常是中间商转售货物，从中图利；或者两国不能直接办理进出口贸易时，通过第三者以此种方法来沟通开展贸易。

9. 预支信用证

预支信用证（Anticipatory L/C）是指开证行授权代付行（通常是通知行）向受益人预付信用证金额的全部或部分，由开证行保证偿还并负担利息。预支信用证与远期信用证相反，它是开证人付款在先，受益人交单在后。预支信用证可分全部预支或部分预支。预支信用证凭出口商的光票付款，或凭出口商出具的负责补交信用证规定单据的声明书付款。如果出口商以后不交单、不交货，开证行和议付行并不承担责任。当货运单据交到 后，议付行在付剩余货款时，将扣除预支货款的利息。为引人注目，这种预支货款的条款，常用红字打成，所以又称为“红条款信用证（Red Clause L/C）”。

10. 备用信用证

备用信用证（Standby L/C），是适用于《UCP600》的一种特殊形式的信用证，它是开证行应开证人的请求对受益人承担一项义务的凭证。在备用信用证中，开证行保证在开证人未能履行其应履行的义务时，受益人只要凭备用信用证的规定向开证行开具汇票，并随附开证人未履行义务声明或证明文件，即可得到开证行偿付。如果开证申请人守信履约时，该信用证自动失效，不再被使用，所以称为备用信用证。此类信用证对受益人来说，是备用于开证人发生毁约情况时取得补偿的一种方式。采用备用信用证时，开证行处理的仅仅是与信用证相关的文件，与合同无关，只要受益人出具的汇票和文件（证明开证申请人未能履约）是符合信用证规定的，开证行即对受益人作无追索付款。这种信用证应用范围较广。只要开证人对受益人承担某项义务，受益人认为开证人的资信不足以为受益人提供足够的履约保障，就可以利用备用信用证。一般用在投标、履约、还款保证、预付、赊销等商品和劳务业务中。

（六）信用证的主要内容

信用证目前尚未有统一格式，但其基本内容大致相同。一般来说，信用证的主要内容就是货物买卖合同条款与要求受益人提交的相关单据，同时再加上银行保证条款。概括起来，信用证主要包括以下几方面：

1. 信用证的当事人

即开证人、开证行、受益人、付款行或议付行等。信用证开立后，开证行负有第一性的付款责任。因此，开证行的资信和付款能力等成为关键性的问题。所以，有的信用证会显示开证行的资信。

2. 对信用证本身的说明

（1）信用证的种类：跟单或光票。

（2）信用证的性质：是否可撤销。

（3）信用证的号码、开证日期、有效期、到期地点、装运期、交单期等。

信用证的号码是指开证行的信用证编号。

信用证中必须明确表明开证日期。信用证的开证日期应当明确、清楚、完整。如果信用证中没有“开证日期”字样，则视开证行的发电日期（电开信用证）或抬头日期（信开信用证）为开证日期。

信用证的有效期是银行承担议付、承兑或付款责任的期限。较普遍的做法是规定到期日。

信用证的到期地点是指信用证有效期在何地终止。信用证到期地点有三种情况：议付到期、承兑到期和付款到期。议付到期地点一般在出口地；承兑和付款到期的地点则为开证行或付款行所在地。在我国出口合同中，一般都规定信用证的到期地点在我国。

一切信用证，都必须规定交单付款、承兑或议付的满期日，开证行有权拒绝接受受益人逾期提交的单据。

3. 信用证的金额和汇票

信用证金额应同时用大小写表示，并使用 ISO（国际标准化组织）规定的货币代号表示。另外依据《UCP600》，当金额前有大约或大致等字样，表示有 10% 的增减幅度。

汇票内容包括金额、到期日、出票人、付款人等，如果信用证无须汇票则没有这些内容。

4. 对货物的要求

这其中包括货物的名称、品种规格、数量、包装、价格等。

5. 对运输的要求

这其中包括装运的最迟期限、起运地和目的地、运输方式，可否分批装运以及可否中途转运等。根据有关惯例，除非信用证另有规定，可准许分批装运。

6. 对单据的要求

说明必须提交的单据的种类，份数，内容要求等。

7. 特殊要求与指示

这可以根据进口国政治经济贸易情况的变化或每一笔具体业务的需要，做出不同规定。

8. 开证行保证付款的责任文句

这其中包括开证行对受益人及汇票持有人保证责任的文句，以及遵守《跟单信用证统一惯例》的文句等。

（七）信用证的业务流程

由于国际贸易中采用的信用证大多数是跟单信用证，因此，本书以跟单信用证为例，来阐述信用证业务的结算程序。

1. 信用证的开立

进出口双方同意采用跟单信用证支付方式后，进口商便有责任开证。首先是填写开证申请书，其格式由开证行提供，它是开证行和开证人之间的合同。开证人申请开立信用证应符合国家有关对外贸和外汇管理的规定，所以，在开证申请时，往往要求提供进口许可证、外汇额度证明等文件。银行接到开证人完整的指示后，必须按该指示开立信用证。但银行也有权要求开证人交存一定数额的资金作为银行保证金。如果开证人在开证行没有账号，开证行可要求开证人在其银行存入一笔资金。信用证的开立方式有两种。

（1）信开信用证。即以信函方式开立信用证。通常缮制一份正本，若干副本；正副本各一份寄送给通知行，转交受益人，开证行和开证人各得副本存档。

（2）电开信用证。即以电报、电传及电讯方式开立信用证。进入 20 世纪 90 年代以后，电报基本上不在国际贸易中使用了，信用证业务主要采用电传和电讯方式传递。

（1）简电本。只列明内容梗概的信用证，开立通知书，只作参考，不能当作正式有效的信用证。但是，人们习惯上仍然沿用“电报”这种称谓，在书面上更是如此。

（2）全电本。内容完整的信用证，是受益人向银行交单以支取款项的依据。

（3）电讯。“环球银行金融电讯协会”（简称为 SWIFT）成立于 1973 年，总部设在比利时的布鲁塞尔，在荷兰的阿姆斯特丹和美国的纽约分别设有交换中心。该协会设有自动化国际电讯网，专门从事传递国际非公开性的金融电讯业务，其成员银行可以通过该电讯网办理信用证的开立及结算、托收、国际间的财务结算、银行间的资金调拨、外汇买卖、证券交易等金融业务。用此方式开立的信用证叫作“全银电协信用证。”

2. 信用证的通知

信用证可以由开证行直接通知受益人，或开证人将信用证交给受益人，这两种都极少见，最常见的是开证行通过其在受益人国家或地区的代理行，即通知行进行转递的。通知行受理国外来证后，应该在 1～2 个工作日对信用证进行信用证表面真实性的合理谨慎地审核，不得随便延误，以便出口商提前备货，在信用证有效期内完成工作。至于信用证的传递方式，可以通过航空邮寄、电报或电传等方式进行传递。但随着国际电信业的发展，为争取时间，加快传递速度，信用证的传递越来越多地以电讯形式进行。

3. 受益人的审证

信用证是依据买卖合同开立的，但在实践中，由于种种原因，往往会出现开立的信用证条款与合同规定不符。为确保收汇安全和合同顺利执行，防止造成不应有的损失，受益人应依据合同进行认真的核对与审查。当发现信用证的内容与合同规定有重大不符，而受益人无法接受时，应该按照合同的规定让对方修改信用证。修改信用证时需要注意以下问题。

(1) 由受益人提出修改要求，应首先征得开证人同意，再由开证人通知开证行，由开证行发出修改通知书通过原通知行转告受益人，经各方接受修改书后，修改方为有效。

(2) 对信用证必须修改的内容条款，应集中起来，一次明确提出，不要断断续续提出以免过多麻烦对方。

(3) 如果对方修改后的信用证仍不符合要求，甚至提出合同以外的新的要求，应立即退回其修改后的信用证，最多不能超过收到修改通知后的 3 天。

(4) 修改的信用证内容包括 2 项以上时，出口商（受益人）接到通知，按国际惯例，或者全部接受，或者全部不接受；不能接受一部分，拒绝另一部分。

(5) 出口商（受益人）收到客户修改信用证通知后，还应等待开证行的修改通知，只有收到开证行的正式修改通知书，才可发货。

4. 受益人交单

在跟单信用证业务中，单据的提交非常重要，因为这是信用证最终结算的关键。受益人必须提交严格符合“单单一致，单证一致”的单据。一般来说，提交单据的期限由信用证的有效期和装运日期后所特定的交单日期来决定。至于交单地点，一般应选择在出口国，以便受益人能在信用证的有效期内提交单据。

5. 银行审核单据

受益人向银行提交单据后，银行有义务认真审核单据，以确保单据表面上显示出符合信用证要求和各单据之间的一致性。《跟单信用证统一惯例》对银行审核单据的标准有以下规定：

(1) 按照指定行事的被指定银行、保兑行（如有）以及开证行，自其收到提示单据的翌日起算，应各自拥有最多不超过五个银行工作日的时间以决定提示是否相符。该期限不因单据提示日适逢信用证有效期或最迟提示期或在其之后而被缩减或受到其他影响。

(2) 提示单据若包含一份或多份正本运输单据，则必须由受益人或其代表按照相关条款在不迟于装运日后的 21 个工作日内提交，但无论如何不得迟于信用证的到期日。

(3) 单据中内容的描述不必与信用证、信用证对该项单据的描述以及国际标准银行实务完全一致，但不得与该项单据中的内容、其他规定的单据或信用证相冲突。

(4) 如果信用证要求提示运输单据、保险单据和商业发票以外的单据，但未规定该单据由何人出具或单据的内容。如果信用证对此未作规定，只要所提交单据的内容看来满足其功能需要且其他方面与信用证并无冲突，银行将对提示的单据予以接受。

(5) 提示信用证中未要求提交的单据，银行将不予置理。如果收到此类单据，可以退还提示人。如果信用证中包含某项条件而未规定需提交与之相符的单据，银行将认为未列明此条件，并对此不予置理。

6. 信用证的结算

当银行审单完毕后，信用证即进入结算阶段。议付行审核单据无误后，按信用证规定的寄单和索汇方式寄出单据。开证行收到单据后，应在合理期限内与信用证条款核对，如果单证相符，应立即付款；如果单证不符，必须在合理期限内向议付行提出异议，否则作为默认接受。开证行对议付行付款之后，马上通知开证人赎单，开证人在接到赎单通知后，必须立即到开证行付款赎单。在付款之前开证人可以审查单据，如果发现存在不符点，可以拒付。不符点是指受益人提交的单据与信用证的规定不符合。其内容包括：单据上填写的内容与信用证规定不一致；单据的种类不全；单据的份数不够；信用证项下的单据与单据之间内容不一致。

（八）信用证的风险及防范

虽然信用证属于银行信用，对进出口商来说有一定的安全保障，但并不是说信用证业务下进出口商完全没有风险。使用信用证方式的进出口商同样面临各种各样的风险。

1. 商业环境风险

信用证的商业环境风险具体可以分为宏观和微观两个方面。宏观商业环境风险是指开证人和开证行以及付款行所在国家或地区因政治原因、经济原因、内乱、战争等造成外汇短缺而采取国家政令性外汇付款管制或禁付，导致出口商面临无法收回货款的风险。微观商业环境性风险是指因信用证当事人之间商务关系的变化，使信用证的付款承诺因素丧失，给出口商带来经济损失的风险。

2. 信用证的欺诈性风险

信用证的欺诈性风险则是指以主观故意为特征、以非法侵害、占有他人利益为目的，非善意的开证人伪造信用证、故意在信用证中设置陷阱条款诱使出口商发货造成损失的风险。

（1）伪造信用证风险。进口商利用伪造信用证进行欺诈主要表现为欺诈人以开证人名义用伪造的信用证欺骗议付行和出口商，使议付行和出口商相信欺诈者的开证人的合法身份，骗取货物。伪造信用证通常有三种表现形式：以根本不存在的银行为名开立假信用证；冒用银行名义开立伪造的信用证；先通过银行开立真实合法的信用证，但其中含有某些尚待修改不确定的条款，尔后开证人绕过原开证行，向通知行或受益人直接发出信用证修改书，盗用银行密押或借用原信用证密码进行欺诈。

（2）软条款风险。信用证软条款又称陷阱条款，是指不可撤销信用证中规定的开证行或开证申请人可以单方面解除其付款责任的条款。例如，要求提交受益人无法或不易获得的单据，或要求某个进口商指定的人签字的单据，又或者明确要求 FOB/CFR 条件下凭保险公司回执申请议付等，这些对受益人来说根本无法履行或无法控制。又如，信用证规定必须在货物运至目的地后，货物经检验合格后获经外汇管理当局核准后才付款，或规定以进口商承兑汇票为付款条件，如果进口商不承兑，开证行就不负责任。从这些条款看已经不是信用证结算，出口商没有获得货款的保障。

3. 单据不符的风险

在信用证实务中，因为单据细小差错遭到拒付的案例仍有发生。进口商由于其他原因而不想要货时，可能要求开证行以一些非实质性不符的错误对议付行提出拒付。另外，信用证中含有与合同条款不一致的条款也会引起拒付。

（九）合同中的信用证条款

合同中的信用证条款举例如下：

1. 即期信用证支付条款

“买方应于装运月份前××天通过卖方可接受的银行开立并送达卖方不可撤销的即期信用证，有效期至装运月份后第15天在中国议付。”（The buyers shall open through a bank acceptable to the sellers an Irrevocable Sight Letter of Credit to reach the sellers xx days before the month of shipment, valid for negotiation in China until the 15th day after the month of shipment）。

2. 远期信用证支付条款

“买方应于××年×月×日前（或接到卖方通知后×天内或签约后×天内）通过××银行开立以卖方为受益人的不可撤销（可转让）的见票后××天（或装船日后××天）付款的银行承兑信用证，信用证议付有效期延至上述装运期后第15天在中国到期。”

本章小结

支付条款是国际贸易合同的核心条款，直接关系买卖双方的经济利益。国际贸易实务中基本采用票据作为支付工具，主要使用汇票。国际贸易的基本支付方式包括汇付、托收和信用证。不同的支付方式有不同的特点和支付流程。其中，汇付和托收属于商业信用，信用证属于银行信用；汇付属于顺汇支付方式，托收和信用证属于逆汇支付方式。随着国际贸易结算方式的不断进步，银行保函和国际保理等方式在国际贸易中的应用逐步广泛。

思考题

1. 汇票和本票的区别是什么？
2. 托收的含义和特点是什么？托收分为哪几种？付款交单与承兑交单有何异同？
3. 说明信用证的含义、性质与特点。
4. 信用证的支付流程是什么？

第十三章　检验、索赔、不可抗力与仲裁

学习目标

- 掌握进出口商品检验、索赔、不可抗力与仲裁的相关基本概念；
- 掌握检验条款、异议与索赔和罚金条款、不可抗力条款与仲裁条款的订立方法；
- 理解订立进出口商品检验、索赔、不可抗力与仲裁条款应注意的问题。

第一节　进出口商品检验

一、商品检验的重要性

检验是合同中不可缺少的条款，其目的是保护买方和卖方的利益。因此，它在国际贸易中具有重要意义。各国的法律法规以及国际公约都规定了买卖双方的检验责任。检验失败和不利的检验结果可能导致买卖双方之间的纠纷一方对另一方提出的索赔。

在出口贸易中，尽管销售合同双方在履行合同时都非常谨慎，但买卖双方之间的纠纷随时都可能发生。在这种情况下，为了保持良好的关系，通常建议争端双方依靠友好谈判和调解。然而，如果这些方法不可行，争议可能会上升到仲裁甚至诉讼。

二、进出口商品检验的一般程序

进出口商品检验程序一般由报验、抽样、检验和签证四个环节组成。

（一）报验

报验是对外贸易关系人（包括出口商品的生产者、供货部门、进口商品的收货人、用货部门、运输和保险契约的有关部门）向商检部门提出的检验申请。具体有 3 种做法：

1. 出口检验申请

由报验人填写“出口报验申请单”，提供相关的买卖合同、信用证、来往函电等证件和资料。报验时间一般是在发运前 7 ~ 10 天；如果报验单位不在商检部门所在地，则报验时间需在发运前 10 ~ 15 天。

2. 进口检验申请

由报验人填写“进口报验申请单”，并附上买卖合同、发票、海运提单（或铁路、航空、邮政等运单）、品质证书、装箱单、外运通知单；货物由用货部门验收的，应附验收记录等资料；进口货物有残损、短缺的，应附理货公司与轮船大副共同签署的货物残损报告

单、大副批注或铁路商务记录等证明材料。报验时间最晚不得少于对外索赔有效期时间的1/3。

3. 委托检验

由报验人填写“委托检验申请单”，并应自送样品。委托检验的结果，一般不能用于作为对外成交或索赔的依据。

（二）抽样

抽样是检验的基础。除委托检验外，一般不得由报验人送样，而是在商检部门接受报验后，随即派抽样员赴存货现场自行抽样。抽样完毕，由抽样员当场发给“抽样收据”。

（三）检验

检验是商检部门的中心工作，必须做到准确、迅速，否则会影响检验结果的准确性、有效性。因此，商检部门在接受报验后，要认真研究申报的检验项目，确定检验内容，按照检验的依据和合同（含信用证）对品质、规格、包装的规定以及其规定的检验标准和检验方法，对商品进行检验。

（四）签证

商检证书是商检机构对进出口商品检验、鉴定的结果所出具的证书。它是买卖双方交接货物的依据，也是买卖双方收付货款、处理索赔和理赔的依据。因此，要求它必须所载事实清楚，论证准确、严谨、周密。

三、商品检验条款的主要内容

国际货物买卖合同中的商品检验条款的主要内容包括：检验的时间和地点，检验的机构、标准、方法和证书、复验的期限、机构和地点等。

（一）商品检验的时间和地点

虽然国际上一般都承认买方在接受货物前有权检验货物，但在何时何地进行检验，各国法律并无统一规定，因此，买卖双方通常在合同中明确规定买方是否行使以及如何行使检验权等问题，而其中的核心就是检验的时间和地点。其具体做法有以下四种。

1. 在出口国检验

（1）在产地检验。在货物离开生产地点（如工厂、矿山、农场等产地）之前，由卖方或者其委托的商检机构人员，或买方的验收人员或买方委托的检验机构对货物进行检验或验收，由买卖合同中规定的检验机构出具检验证书，作为卖方所交货物的品质、数量等项内容的最后依据。在这种情况下，卖方只承担商品在离厂前的责任，至于运输途中的品质、数量变化的风险，均由买方承担。

（2）装运港（地）检验。装运港（地）检验又称为“离岸品质、重量为准”（Shipping Quality and Weight as final）。卖方出口的货物在装运港或装运地交货前，由买卖双方约定的检验机构检验后所出具的品质、重（数）量、包装等检验证书，作为卖方交货的品质、重（数）量的最后依据。货物抵达目的港（地）后，买方也可自行复验，但原则上不得向卖方提出品质、重（数）量方面的任何异议或索赔，除非买方能证明，商品到达目的地时变质或短量是由于卖方没有严格履行合同规定商品的品质、数量或包装等义务，或是由于商品在装运时由一般检验无法发现的瑕疵引起的。

这种检验方法，一般意味着买方无复验权，对买方极为不利。

2. 在进口国检验

（1）目的港（地）检验。目的港（地）检验又称为“到岸品质、重量为准”（Landed Quality and Weight as final），是指货物到达目的港（地）时，由双方约定的目的港（地）商检机构检验商品，并以其出具的检验证书作为卖方交货的品质、重（数）量的最后依据。有些商品（如密封包装的商品，规格复杂、精密度高的商品），不便在装运港（地）检验，而要在抵达目的港（地）后才能检验。如果发现商品的品质、重（数）量与合同不符而责任又在卖方时，买方可向卖方提出索赔或按双方事先的约定处理。

（2）买方营业处所或最终用户所在地检验。对于一些不便于在目的港（地）卸货检验的货物，如密封包装或大型机械设备等，一般不能在目的港（地）卸货时进行检验，需要将检验时间和地点延至用户所在地，由合同规定的检验机构在规定的时间内进行检验。采用这种检验方法时，商品的品质和重（数）量以用户所在地检验机构出具的检验证书为准。

这种检验方法，实际上是卖方要承担到货品质、重（数）量的责任，对卖方不利。

3. 出口国检验、进口国复验

出口国检验、进口国复验这种做法是指卖方在出口国装运货物时，以合同规定的装运港（地）商检机构检验后所出具的检验证书作为卖方交货和议付货款的凭证之一，同时又允许货物运抵目的港（地）后由双方约定的商检机构在约定的地点和时间内进行复验。经过复验，如果发现商品的品质、重（数）量与合同不符而责任在卖方，买方可凭目的港（地）商检机构出具的复验证书向卖方提出异议或索赔。

这种做法兼顾了买卖双方的利益，在一般情况下对买卖双方较为公平合理，符合国际贸易惯例和规则，因而在国际贸易中广泛应用，在我国进出口业务中也常被采用。

4. 装运港（地）检验重量、目的港（地）检验品质

装运港（地）检验重量、目的港（地）检验品质这种做法，也称之为“离岸重量、到岸品质（Shipping Weight and Landed Quality）”。即以装运港（地）验货后检验机构出具的重量检验证书，作为卖方所交商品重量的最后依据；以目的港（地）检验机构出具的品质检验证书，作为商品品质的最后依据。商品到达目的港（地）后，如果商品在品质方面与合同，不符，而且该不符点属于卖方的责任，买方可凭品质检验证书，对商品的品质向卖方提出索赔，但买方无权对商品的重量提出异议。

（二）检验机构

检验机构，一般是接受委托对商品进行检验和公证鉴定工作的专业性机构。

1. 国际上商品检验机构

在国际贸易中，从事商品检验的机构种类繁多，名称各异，有的称作公证行（Authentic Surveyor）、宣誓衡量人（Sworn Measurer），也有的称为实验室（Laboratory）。从检验机构的类型上看，大致分为三类。

（1）官方检验机构。官方检验机构是由国家或地方政府投资，按照国家有关法律法规对进出口商品实施强制性检验、检疫和监督管理的机构。

（2）半官方检验机构。半官方检验机构是指一些有一定权威的、由国家政府授权、代表政府行使某项商品检验或某一方面检验管理工作的民间机构。

（3）非官方机构。非官方机构是由私人或同业公会、协会开设的公证行或检验公司。

2. 我国的商品检验机构

我国的商检机构由中华人民共和国国家市场监督管理总局及其设在各地的直属出入境检验检疫机构（以下简称“地方出入境检验检疫机构”）组成。根据《商检法》的规定，国家质检总局主管全国质量、计量、出入境商品检验、出入境卫生检疫、出入境动植物检疫和认证认可、标准化等工作，并行使行政执法职能。

（三）检验证书

检验证书（Inspection Certificate）是商检机构签发的，证明检验结果的书面文件。

1. 检验证书的种类

在国际贸易中，检验证书的种类繁多，常见的商检证书有下面几种：

（1）品质检验证书（Inspection Certificate of Quality）。

（2）重量检验证书（Inspection Certificate of Weight）。

（3）数量检验证书（Inspection Certificate of Quantity）。

（4）兽医检验证书（Veterinary Inspection Certificate）。它是证明动物产品（如皮张、毛类、绒类、猪鬃、肠衣、冻畜肉等）在出口前经兽医检验、符合检疫要求的证书。

（5）卫生（健康）检验证书（Sanitary Inspection Certificate Inspection Certificate of Health）。它是证明出口食品、食用动物产品（如罐头食品、蛋品、乳制品、冻鱼、肠衣等）未受传染疾病感染的证书。

（6）消毒检验证书（Inspection Certificate of Disinfection）。它是证明动物产品（如猪鬃、马尾、羽毛、山羊毛、人发等）经过消毒处理的证书。

（7）产地检验证书（Inspection Certificate of Origin）。它是证明出口商品产地的证书，或应给惠国要求而为出口产品所出具的产地证书。

（8）价值检验证书（Inspection Certificate of Value）。它是证明出口商品价值或发货人提供的发票上价值完全正确的证书。

（9）验残检验证书（Inspection Certificate of Damaged Cargo）。它是证明进口商品残损情况、估定残损贬值程度、判断致损原因的证书，以供索赔时使用。

2. 检验证书的作用

（1）检验证书是证明卖方所交货物符合合同规定的依据。合同或信用证中通常都规定，卖方交货时必须提交规定的检验证书，以证明所交货物是否与合同规定一致。

（2）检验证书是海关验关放行的有效证件。检验证书是进出口国家海关和卫生、检疫部门准予进出口的有效证书。例如，我国规定凡属法定检验范围的商品，在办理进出口清关手续时，必须向海关提供商检证书。

（3）检验证书是买卖双方结算货款的依据。检验证书是卖方向银行议付货款的一种单据，如果检验证书所列检验结果与合同或信用证中的规定不符，银行有权拒绝议付。

（4）检验证书是处理索赔和理赔的依据。当合同或信用证中规定在进口国检验，或规定买方有复验权时，如果买方所收到的货物经指定的商检机构检验与合同规定不符，买方必须在合同规定的索赔有效期内，凭指定的商检机构签发的检验证书向有关责任方提出索赔或要求解除合同，有关责任方也需根据商检机构出具的检验证书办理理赔。

此外，检验证书还是计算关税及运输、仓储等费用的依据。

（四）检验标准与检验方法

1. 检验标准

商品检验的标准很多，如生产国标准、进口国标准、国际通用标准以及买卖双方协议的标准等。商品检验一般按合同和信用证规定的标准作为检验的依据。合同中约定的检验依据和检验标准不能同国家有关法律、行政法规等相冲突。

2. 检验方法

检验的方法主要有感官检验法、理化检验法、微生物学检验法等。检验方法不同，其结果不一，容易引起争议。为了避免争议，必要时应在合同中订明检验方法。在我国，检验方法的标准，由国家质检总局的相关部门制定。

（五）复验

复验是指买方对到货有复验权。复验权是指货物应在装运前检验，但装运港（地）检验机构出具的检验证书不能作为确定货物品质及重量的最后依据，而只作为卖方向银行议付货款的凭证。货物运抵目的港（地）卸货后，买方仍有再检验的权利，即复验权。如果合同中规定复验，应明确规定复验期限、复验机构和复验地点等。

四、我国商品检验条款的规定方法

（一）出口合同中检验条款的规定方法

在我国出口贸易中，一般采用在出口国检验、进口国复验的办法。具体规定方法是：买卖双方同意以装运港（地）中国出入境检验检疫总局签发的品质和重（数）量检验证书作为信用证项下议付所提交的单据的一部分。买方有权对货物的品质和重（数）量进行复验。复验费由买方负担。如果发现质量或重（数）量与合同规定不符，买方有权向卖方索赔，并提供经卖方同意的公证机构出具的检验报告。

有些出口合同，如来料加工、来件装配合同的检验条款，除规定以装运港（地）商检机构出具的证明书作为议付单据外，还经常规定买方派人到生产工厂进行检验，以买方代表签署的验收合格证书作为议付的单据之一。这种规定一般取消了商品到达目的地复验后对卖方责任的异议索赔权。

（二）进口合同中检验条款的规定方法

我方进口时，合同条款的订立应持谨慎态度。其规定方法是：“双方同意以制造厂（或某公证行）出具的品质及数量/重量检验证书作为有关在信用证项下付款的单据之一。货到目的港（地）卸货后××天内经中国出入境检验检疫局复验，如果发现品质或数量（重量）与本合同规定不符时，除属保险公司或承运人负责外，买方凭中国出入境检验检疫局出具的检验证书，向卖方提出退货或索赔。所有因退货或索赔引起的一切费用（包括 检验费）及损失，均由卖方负担。”

第二节　索赔

在国际贸易中，买卖双方往往因为彼此的责任和权利问题引起争议，导致索赔和理赔。

而这种索赔，有涉及商品买卖的，有涉及运输的，也有涉及保险方面的。下面主要探讨涉及商品买卖方面的索赔。

一、约定索赔条款的意义

索赔（Claim）是受损方向违约方提出损害赔偿的要求。违约方对受损方所提出的赔偿要求予以受理并进行处理，称为理赔（Settlement of Claim）。可见，索赔与理赔是一个问题的两个方面。索赔事件多发生在交货期、交货品质、数量等问题上，一般来说，买方向卖方提出索赔的情况较多。为了便于处理这类问题，买卖双方商订合同时，一般都应订立索赔条款。

二、索赔条款的主要内容

国际货物买卖合同中的索赔条款，通常有两种规定办法：一种是异议与索赔条款，多数合同采用这种办法，有的还与检验条款合订在一起；另一种是罚金条款，多用于大宗商品和机器设备的买卖。

（一）异议与索赔条款

关于异议与索赔条款（Discrepancy and Claim Clause）的内容，除规定一方如果违反合同，另一方有权索赔外，还包括索赔的依据、索赔期限和索赔金额等内容。

1. 索赔依据

索赔依据包括法律依据和事实依据两个方面。法律依据是买卖合同和适用的法律规定；事实依据是违约的事实、情节及其书面证明。索赔条款中的索赔依据，主要规定提出索赔必须具备的证据和出证的机构。

2. 索赔期限

索赔期限是索赔方向违约方提出索赔的有效时限，逾期提出索赔，违约方可不予受理。

索赔期限有约定的索赔期限和法定的索赔期限。约定的索赔期限是指买卖双方在合同中明确规定的索赔期限；法定的索赔期限是指根据有关法律受损方有权向违约方要求损害赔偿的期限。约定的索赔期限长短有多种规定方法，主要是依据商品的不同特性做出不同的规定。法定索赔期限一般较长，如《联合国国际货物销售合同公约》规定：自买方实际收到货物之日起两年内。我国法律也规定：买方自标的物收到之日起 2 年内。

3. 索赔金额

如果买卖合同中有约定的损害赔偿金额或损害赔偿金额的计算方法，应按约定的损害赔偿金额或约定的计算方法计算出的损害赔偿金额提出索赔；如果合同中未做出约定，确定损害赔偿金额的一般原则是：赔偿金额应与因违约而遭受的包括利润在内的损失额一致；赔偿金额应以违约方在签订合同时可预料到的合理损失为限；因受损害一方未采取合理措施而遭受不必要的损失，应在赔偿金额中扣除。

4. 索赔方法

异议和索赔条款主要包括索赔依据、索赔期限，有的还规定索赔的处理方法。具体内容可以规定为："买方对于装运货物的任何索赔，必须于货物到达提单及/或运输单据所规定的目的港（地）之日起 × × 天内提出，并须提供经卖方同意的公证机构出具的检验报告。卖方收到异议后，× × 天内答复。属于保险公司、轮船公司或其他有关运输机构责任范围内的索赔，卖方不予受理。”

需要注意的是，该条款所规定的买方索赔期限也就是检验条款中的买方对商品进行复验的有效期限。由于该条款与检验条款联系密切，因此，有的进出口商品买卖合同将这两种条款合并订立，称为“检验与索赔条款”。

（二）罚金条款

罚金条款（Penalty Clause）中的罚金，是指合同的一方未履行合同规定的义务而应向对方支付约定的违约金，以补偿给对方造成的损失。

罚金条款一般适用于卖方延期交货，或买方延迟开立信用证和延期接货等情况。罚金的多少视违约情况而定，并规定其最高限额。按一般惯例，罚金数额以不超过总金额的5%为宜。

确定违约金数额时，一般以一方违约给对方造成的损失数额为标准。违反合同的一方当事人支付违约金后，还应当履行合同义务。

关于罚金起算日期的计算方法，应在合同中订明。计算罚金起算日期的方法有两种：一种是以约定的交货期或开证期终止后立即起算；另一种是规定优惠期，即在约定的有关期限终止后再宽限一定时期，在此优惠期内仍可免于罚款，待优惠期届满后再起算罚金。

需要注意的是，各国法律对合同的罚金条款有不同的解释。法国、德国等大陆法系国家的法律承认并保护合同中的罚金条款，而英国、美国、澳大利亚、新西兰等英美法系国家的法律对此则有不同的解释。例如，英国的法律把合同中订立的固定赔偿金额条款从其性质上分为两种：一种是“预定损害赔偿金额（Liquidated Damage）”，它是指双方当事人根据对可能发生违约所造成的损害的估计，事先在合同中规定的赔偿比例，法院不管实际 损害程度如何，一律按合同规定的赔偿比例办理；另一种是“罚金”，即当事人为了保证履行合同，而对违约方收取的罚款，但法院对合同规定的固定罚金不予承认，而是根据受损方所提出损失金额的证明另行确定。至于双方当事人事先约定的赔偿金额是属于预定的损害赔偿还是罚金，完全由法院来认定，而不在于双方当事人在合同中采用了哪一种说法。

我国《民法典》规定：“当事人可以约定一方违约时应当根据违约情况向对方支付一定数额的违约金，也可以约定因违约产生的损失赔偿额的计算方法。约定的违约金低于造成损失的，当事人可以请求人民法院或者仲裁机构予以增加；约定的违约金过分高于造成损失的，当事人可以请求人民法院或者仲裁机构予以适当减少。当事人迟延履行约定违约金的，违约方支付违约金后，还应当履行债务。”

第三节　不可抗力

国际货物买卖合同签订后，有时客观情况发生了当事人不能控制的变化，使合同失去了原有履行的基础，对此，法律可以免除未履行或未完全履行合同一方对另一方的责任。但在国际贸易实践中，有时难以判断哪些事件可以使当事人免除责任。为了维护当事人的利益，需要在合同条款中订立不可抗力条款。

一、不可抗力的含义

不可抗力（Force Majeure），又称人力不可抗拒，是指买卖合同签订之后，不是由于订约当事人的任何一方的过失或疏忽，而是发生了订约当事人既不能预见、也无法预防或控制的意外事故，致使合同不能履行或不能如期履行，遭受意外事故的一方可根据合同或法律的规定免除合同履行之责或延期履行合同，另一方无权要求损失赔偿。因此，合同中订立的不可抗力条款也可称为免责条款。

国际上对不可抗力的含义与称谓并不统一。英美法系国家的法律将不可抗力事故称为“合同落空”。大陆法系国家的法律则将不可抗力事故称为“情势变迁原则”或“契约失效原则”。按《公约》第 79 条第 1 款规定：“当事人对不履行义务，不负责任，如果他能证明此种不履行义务，是由于某种非他所能控制的障碍，而且对于这种障碍，没有理由预期他在订立合同时能考虑到或能避免或克服它或它的后果。”我国法律认为，不可抗力是指不能预见，不能避免并不能克服的客观情况。

二、合同中的不可抗力条款

合同中的不可抗力条款是买卖双方就不可抗力的有关内容所作的合同约定。通常包括不可抗力事故的范围、不可抗力事故的法律后果、事故发生后通知对方的期限以及出具事故证明文件的机构等内容。

（一）不可抗力事故的范围

不可抗力事故的范围在合同中大体有 3 种规定方法。

1. 概括式规定

对不可抗力事故不作明确规定，而只是笼统地规定，“由于公认的不可抗力的原因造成卖方不能交货或延期交货，卖方不承担责任”，至于具体内容和范围并未具体说明。这种方法含义模糊，解释伸缩大，难以作为解决问题的依据，因为容易被对方曲解利用，也容易被法院置之不理，从而制约了整个合同的效力。

2. 列举式规定

对不可抗力事故做出具体的规定，例如“由于战争、洪水、火灾、雪灾、暴风、地震等原因造成卖方不能按时交货或延期交货，则可推迟交货时间，或者撤销部分或全部合同”。此种规定方式虽然有具体、明确的特点，但由于不可抗力事故种类很多，难免出现遗漏情况，一旦发生未列明的不可抗力事故，势必产生争执，因此，也不是最好的方法。

3. 综合式规定

这是将概括式和列举式结合采用的规定方式，例如“由于战争、洪水、火灾、雪灾、暴风、地震以及其他人力不可抗拒的原因，卖方或买方不能在本合同规定的有效期内履行合同，则本合同未交货部分即被视为取消。买卖双方的任何一方不负任何责任”。此种规定方法既明确具体，又涵盖无遗，比较灵活，科学实用。在我国进出口合同中多采用这种规定方法。

（二）不可抗力事故的法律后果

发生不可抗力事件后，应按约定的处理原则和办法及时进行处理。不可抗力的后果有两种：一是解除合同；二是延期履行合同。应该如何处理，应视事故的原因、性质、规模及其对履行合同所产生的实际影响程度而定。

(三) 事故发生后通知对方的期限

按照国际惯例，不可抗力发生后，影响到合同的履行时，不能按规定履约的一方要取得免责的权利，必须立即通知对方。在通知中应提出处理意见，并在一定期限内（一般要求在15天内）提供不可抗力事故的证明文件。对方接到通知后应及时答复，如有异议也应及时提出。为明确责任，一般在不可抗力条款中还规定发生事故后通知对方的期限和方式。

(四) 出具不可抗力事故证明的机构

在国外，不可抗力出具证明的机构，一般由事故发生地的当地商会或合法的公证机构出具；在我国，该证明文件由中国国际经济贸易促进委员会（即中国国际商会）出具。必要时，出证机构也可以在合同中作出规定。

(五) 我国进出口合同中常用的不可抗力条款

我国进出口合同中常用的不可抗力条款一般是："如因战争、地震、水灾、火灾、暴风雨、雪灾或其他不可抗力的原因，致使卖方不能全部或部分装运或延迟装运合同货物，卖方对于这种不能装运或延迟装运合同货物不负有责任。但卖方须用××方式在××天内通知买方，并须在中国国际经济贸易促进委员会（中国国际商会）出具证明此类事件的证明书。"

三、援引不可抗力条款处理事故应注意的事项

当不可抗力事故发生后，合同当事人在援引不可抗力条款和处理不可抗力事故时，应注意以下事项：

(1) 发生不可抗力事故的一方应立即按约定的期限和方式，及时通知对方，并提供相应的有效的事故证明文件，而对方在接到通知后应及时答复，不得长期拖延不理，否则要违约责任；

(2) 双方当事人要认真分析事故的性质，确定是否属于不可抗力事故所约定的范围，如果事故超出了合同约定的范围，一般不应按不可抗力事故处理；

(3) 根据事故的性质、影响合同履行的程度，提出并协商双方当事人都可接受的处理意见，或解除合同，或延期履行合同。

第四节　仲裁

在国际贸易中，解决交易双方所发生的争议的方式很多，既可以由当事人双方自行协商处理，也可以由第三者出面调解，还可以通过仲裁或交司法机关审理。友好协商与调解方式的运用有一定的局限性；诉讼方式带有强制性，程序复杂，费用高；而仲裁方式具有其他方式不具有的优点，成为了解决国际贸易争议所广泛采用的一种重要方式。

一、仲裁的含义和特点

仲裁（Arbitration）又称公断，是买卖双方在争议发生之前或发生之后，签订书面协议，自愿将争议提交双方所同意的第三者予以裁决，以解决争议的一种方式。与诉讼相比，仲裁

具有以下特点：

(1) 仲裁机构是属于社会性民间团体所设立的组织，不是国家政权机关，不具有强制管辖权，对争议案件的受理，以当事人自愿为基础；

(2) 当事人双方通过仲裁解决争议时，必须先签订仲裁协议，双方均有在仲裁机构中推选仲裁员以裁定争议的自由；

(3) 仲裁比诉讼的程序简单，处理问题比较迅速及时，而且费用也较为低廉，同时仲裁比诉讼的专业权威性更强；

(4) 仲裁机构之间互不隶属，各自独立，实行一裁终局，所以仲裁机构的裁决一般是终局性的，已生效的仲裁裁决对双方当事人均有约束力。

二、仲裁协议

仲裁协议是争议双方愿意将争议交付仲裁解决的书面文件，是申请仲裁的必备材料。

(一) 仲裁协议的形式

仲裁协议有两种形式：一种是在争议发生前，由买卖双方在合同中订立仲裁条款（Arbitration Clause）；另一种是争议发生后，争议双方同意，将已发生的争议交付仲裁解决的协议，称为“提交仲裁协议（Submission Arbitration Agreement）”，该仲裁协议是单独订立的，独立于合同之外。这两种仲裁协议的法律作用与效力是相同的。

(二) 仲裁协议的作用

(1) 它是争议双方凭以仲裁方式解决争议的依据，双方须受仲裁协议的约束。

(2) 它是仲裁机构取得对争议案件的管辖权的依据，这是一项基本原则。这表明，没有仲裁协议的争议案件，任何仲裁机构都不会受理。

(3) 只要争议双方提交了仲裁协议，即可排除法院对有关争议案件的管辖权，争议双方中的任何一方不得再向法院起诉，否则，另一方可根据仲裁协议要求法院不予受理。

三、合同中的仲裁条款

合同中的仲裁条款一般包括仲裁地点、仲裁机构、仲裁规则、仲裁裁决的效力等内容。

(一) 仲裁地点

地点是仲裁条款的主要内容。在哪个国家仲裁，一般就适用哪个国家的法律，仲裁适用的法律不同，就可能对争议双方的权利与义务做出不同的解释和裁决。因此，买卖双方对于仲裁地点的确定都很关注，都力争在自己比较了解和信任的地方，尤其是在本国仲裁。我国进出口合同中的仲裁地点，视贸易对象的情况，一般有三种规定方法：①争取在我国仲裁；②在被申请人的国家仲裁；③在双方同意的第三国仲裁。

在规定第三国作为仲裁地点时，应注意选择对我国比较友好的国家，并且该国的仲裁机构业务能力较强，办事公道，该国的仲裁法和仲裁程序我们也比较了解。对于与我国签有贸易协定的国家，仲裁地点按贸易协定的规定处理。

(二) 仲裁机构

国际贸易中的仲裁，一种是由常设的仲裁机构受理；另一种是由临时仲裁机构受理。

常设的仲裁机构分为三类：①一些国际组织设立的仲裁机构，如国际商会仲裁院；②一些国家常设的仲裁机构，如瑞典斯德哥尔摩商会仲裁院，美国仲裁协会等；③一些工商行业组织设立的仲裁机构，如伦敦谷物商业协会。我国的仲裁机构是设在北京的中国国际经济贸易仲裁委员会及其分别设在深圳和上海的分会，以及个别省市和地区根据实际需要设立的若干地区性的仲裁机构等。

临时性的仲裁机构，即为解决特定的争议案件而组成的仲裁庭，一起争议案件审理完毕，即告解散。

（三）仲裁规则

仲裁规则主要是规定仲裁的程序和做法，如仲裁的申请、仲裁员的选定、仲裁案件的审理、仲裁裁决的效力、仲裁费用的负担等。很多国家都制定本国的仲裁程序规则。国际仲裁的一般做法是，在哪个国家仲裁，就采用哪个国家的仲裁规则，当然，也有采用仲裁地点以外其他国家的仲裁规则的，前提是争议双方当事人已有约定。

（四）仲裁裁决的效力

仲裁裁决的效力主要是指由仲裁机构做出的裁决，对双方当事人是否具有约束力，是否为终局性的，能否向法院起诉要求变更裁决。国际上普遍的做法是仲裁裁决具有终局性，对争议双方当事人均有约束力，任何一方当事人不得向法院起诉，也不得向其他任何机构提出变更裁决的请求。我国规定，凡由我国国际经济贸易仲裁委员会做出的仲裁裁决均属终局性的，争议双方都不得向法院起诉要求变更。

（五）仲裁费用的负担

一般规定，仲裁费用由败诉方负担，也有规定按仲裁裁决处理的。

（六）我国进出口合同中的仲裁条款

1. 规定在我国仲裁的条款

“凡因执行本合同所发生的或与本合同有关的一切争议，双方应通过友好协商解决；如果协商不能解决，应提交北京中国国际贸易促进委员会中国国际经济贸易仲裁委员会，根据该会的仲裁程序规定进行仲裁。仲裁裁决是终局的，对双方都有约束力。”

2. 规定在被申请人国家仲裁的条款

“凡因执行本合同所发生的或与本合同有关的一切争议，由合同双方友好协商解决；如果双方经协商不能解决时，需提交仲裁。仲裁在被申请人所在国进行。如在中国，由中国国际贸易促进委员会中国国际经济贸易仲裁委员会根据该委员会的仲裁程序规则进行仲裁。如在××（国家），由××（仲裁机构）根据该××（仲裁机构）的仲裁程序规则进行仲裁。仲裁裁决是终局的，对双方都有约束力。”

3. 规定在双方同意的第三国仲裁的条款

“凡因执行本合同所发生的或与本合同有关的一切争议，双方应通过友好协商解决；如果协商不能解决，需提交××（国家）××（地）××（仲裁机构），根据该仲裁机构的仲裁规则进行仲裁。仲裁裁决是终局的，对双方都有约束力。”

本章小结

本章主要讲述了国际货物买卖合同中有关争议的预防和处理的各个条款，包括检验、索赔、仲裁与不可抗力条款的相关知识。商品检验条款的主要内容包括：检验的时间和地点，检验的机构、标准、方法和证书，复验的期限、机构和地点等。索赔条款，通常有两种规定办法：一种是异议与索赔条款；另一种是罚金条款。不可抗力合同签订之后，发生了订约当事人既不能预见、也无法预防或控制的意外事故，致使合同不能履行或不能如期履行，不可抗力的后果有两种：一是解除合同；二是延期履行合同。合同中的仲裁条款一般包括仲裁地点、仲裁机构、仲裁规则、仲裁裁决的效力等内容。

思考题

1. 简述商品检验的重要性。
2. 进出口商品检验的一般程序是什么？
3. 商品检验的时间和地点是如何规定的？

第十四章　进出口合同的履行

学习目标

- 掌握交易磋商的一般程序及其内容；
- 掌握发盘和接受的概念及构成有效发盘和接受的条件；
- 掌握贸易合同的概念以及形式；
- 熟悉进口合同履行的程序；
- 熟悉出口合同履行的程序。

第一节　国际贸易合同的磋商

一、出口交易前的准备工作

在国际贸易中，国际市场变化莫测，为了尽可能保证交易成功，充分的准备工作非常重要。出口交易前的准备工作主要包括以下几个方面：

（一）进行国际市场调研，选择理想的目标市场

在交易洽商前，应对国际市场进行调研，做到心中有数。由于各国的政治、文化风俗差异较大，消费者对商品的品质、规格和包装等也有不同的要求，应通过多种途径，广泛搜集与出口市场有关的资料，了解国外市场的容量、供求关系、商品结构、市场消费特点、消费偏好、商品价格动态、垄断程度以及市场所在国进口商品政策等，根据市场的具体情况和经营意图，择优选择出口目标市场。

（二）选择交易对象，建立客户关系

为了保证交易顺利，做到知己知彼，应对客户的情况进行全面调查，了解国外进口商的政治背景、支付能力、资信、经营范围和经营能力等方面的状况，从中选择资信良好、经营能力较强的客户作为交易对象。在积极扩大市场的同时，也要巩固和发展与老客户的业务关系。

了解客户的途径多种多样，可通过与客户的直接接触，或通过驻外商务机构、领事馆的有关人员了解、有关国家的商会、往来银行或咨询公司进行调查。

（三）制定出口商品经营方案

在确定了目标市场交易对象的基础上，必须制定出口商品经营方案。出口商品经营方案是根据市场需求和企业的经营意图，在一定时期对外推销某种或某类商品的具体安排，是对

外商洽的依据。出口商品经营方案主要包括：

(1) 组织出口货源。充分考虑国内生产和供应能力，注意出口商品的品质、规格、包装等情况。

(2) 关注目标市场的情况。主要是了解目标市场对商品的需求情况和该商品价格变化。

(3) 制订销售计划和措施。主要包括销售数量和金额，采取的贸易方式，对价格和商品交易条件的掌握，对佣金和折扣的掌握等。

(4) 经济效益分析。制订合理的价格，是保证卖方利益的关键，一般可通过对出口商品盈亏率、出口商品换汇和外汇增殖率等指标的核算来分析出口贸易经济效益的好坏。

(四) 做好国际广告宣传

广告宣传是传递信息，加速商品流通，刺激需求，扩大商品销售的主要手段。随着国际市场的竞争日益激烈，成功的国际广告宣传可以增进消费者对出口商品的了解，增加国外消费者对出口商品的可信度，特别是新地区、新市场，它对国际贸易的发展起着重要的促进作用。

二、进口交易前的准备工作

进口与出口相比，由于当事人所处立场不同，因此所进行的准备工作也有所不同，很大程度地而言，进口交易前应做好以下几方面的准备工作。

(一) 选择采购市场和供应商

根据用货单位对商品的要求，结合各国和地区的贸易政策，充分调研产品的价格趋势，选择适合的采购国家或地区。在选择供应商方面，应着重了解供应商的资信情况、经营能力与经营作风以及售前和售后服务水平。

(二) 制定进口商品经营方案

在正式商洽之前，要制定完善的进口商品经营方案。进口商品经营方案的内容主要包括：订货数量和时间；结合进口货物的特点、采购市场、供应商的选择，进行贸易方式与交易条件的安排；对进口商品的成本进行核算，做好经济效益分析。

根据需要还要做好向国家有关部门报批进口货单，申请进口许可证等有关事宜。

三、交易磋商的内容与程序

在做好交易前的准备工作后，就可以进行交易磋商了。交易磋商（Business Negotiation），又称为贸易谈判，是买卖双方就买卖商品的各项交易条件进行协商，最终达成一致并签订合同的过程。交易磋商是国际贸易合同订立的前提，是交易过程的关键。

(一) 磋商的形式

交易磋商可分为口头和书面两种形式。口头磋商是通过参加展览会、代表团访问等形式，买卖双方在谈判桌上面对面地就买卖商品的各项贸易条件进行协商，最终达成协议。此外，通过国际长途电话进行磋商也属于口头磋商。口头磋商的特点在于能直接了解交易对手的态度和策略，以便及时调整对策，同时也能向对方表明我方的观点和立场，在大宗交易中，特别是涉及问题较多的交易，常采用口头磋商方式。

书面磋商是买卖双方通过信件、电报、电传、传真和电子邮件等通讯方式就买卖商品的各项贸易条件进行协商，最终达成协议。随着通讯技术的发展，书面磋商简便易行，费用低廉，是日常业务中交易磋商的主要形式。

(二) 交易磋商的程序

买卖双方的交易磋商一般包括询盘、发盘、还盘和接受四个环节。其中发盘和接受是达成交易不可缺少的环节。两者构成合同的要约与承诺，缺一不可。

1. 询盘

询盘（Inquiry）是指交易的一方打算购买或出售某种商品，向对方询问买卖该项商品的有关交易条件。询盘的内容可涉及价格、品质、数量等方面，询盘可以由买方提出，也可以由卖方提出，但通常由买方主动提出询盘的较多。

由买方提出询盘，称为“邀请发盘（Invitation to make an offer)”。纽约某买家向长虹彩电公司发来询盘：Please quote lowest price CFR NewYork for 500 PCS Chang - hong brand colour TV may shipment cable promptly.（请报 500 台长虹牌彩电成本加运费至纽约的最低价，5 月装运，尽速电告）。由卖方提出询盘，称为“邀请递盘（Invitation to make an bid)”。例如，某农产品进出口向国外某买主发出询盘：“Can supply northeast soybean October shipment Please cable if interested（可供应东北大豆 10 月装运如有兴趣请电告)”。

询盘是一般不宜接用询盘的术语，而通用下列词句：“请告（Please Advise)”“请报价(Please quote)”“请发盘（Please offer)”等。

询盘对于询盘人和被询盘人均无法律上的约束力，有时询盘人提出询盘只是为了了解市场行情，有时是为了表达与对方成交的一种愿望。因此，一项同样的询盘可以同时向几个对象提出，有时也可未经对方询盘直接向对方发盘。但询盘往往是交易的起点，应予以重视并予以及时回复。

2. 发盘

发盘（Offer）又称为发价或报价，是指交易的一方向另一方提出购买或出售某种商品的各项交易条件，并愿意按照这些条件达成交易、订立合同的行为。发盘在法律上称为要约。在进出口业务中，发盘可以由卖方提出，也可以由买方提出，由卖方向买方发盘称为销货发盘（Selling Offer)，由买方向卖方发盘成为购货发盘（Buying Offer)。

(1) 构成发盘的条件。根据《公约》第十四条（1）款：“凡向一个或一个以上的特定人提出的订立合同的建议，如果内容十分确定并且表明发盘人在得到接受承认受约束的意旨，即构成发盘。”构成一项有效的发盘必须具备以下几项条件：

①发盘应向一个或一个以上特定的人提出。所谓“特定的人”是指在发盘中指明个人姓名或企业名称的受盘人。提出此项要求的目的是为了把发盘同普通商业广告及商品目录及价目单区分开来。《公约》第十四条规定“非向一个或一个以上特定的人提出建议，仅视为邀请发盘，除非提出建议的人明确地表示相反的意向，根据此项规定，商业广告本身并不是一项发盘，通常只能视为邀请对方发盘。但是，如商业广告的内容符合发盘的要求，也可视作一项发盘。”

②发盘内容必须十分确定。根据《公约》规定：“一项订立合同的建议至少应包括以下三项内容：货物名称；明示或默示地规定货物的数量，或规定如何确定数量的方法；明示或默认地规定货物的价格，或确定价格的方法。”按照《公约》的解释，发盘只要具有商品的品质、数量和价格三项主要交易条件，即可被认为内容十分确定，构成一项有效的发盘。至于企业没有列明的主要交易条件，可根据法律或惯例来进行处理。

在实际业务中，我国将品质、数量、包装、价格、装运、支付六项作为发盘应列明的主要贸易条件。因为，这六项条件是确定买卖双方权利义务和履行合同必不可少的重要条件。

③表明发盘人受其约束。发盘的目的是与对方订立合同，一项发盘必须表明，当受盘人做出接受时，发盘人承担按照发盘条件与受盘人订立合同的责任。

④发盘必须传达到受盘人。按照《公约》第十五条规定："发盘无论是口头还是书面的，只有到达受盘人时才生效。"例如用信件或电报向受盘人发盘，如果该信件或电报在传递过程中遗失，导致受盘人未能收到，则该发盘无效。

（2）发盘的有效期。发盘的有效期（Time of Validity）是指受盘人可对发盘做出接受的期限，也是发盘人承受约束的期限。发盘通常都规定一个有效期，如果受盘人在有效期内对发盘做出接受并通知发盘人，交易即告成立，如果超过有效期，则发盘人不受约束。

在实际业务中对有效期的规定方法主要有两种，一种是规定最迟接受的期限。为了明确截止期限，在规定最迟接受期限时，还要注意以哪一方的时间为准。例如，"Offer Subject reply reaching here, our time, September 15th（发盘以 9 月 15 号我方时间复到有效）"。另一种是规定一段接受的时间。例如，"Offer reply in 8 days（发盘 8 天内复）"或"Offer valid 4 days（发盘有效期 4 天）"。《公约》的第二十条对此有如下规定："发盘人 在电报或信件内规定的接受期间，从电报交发时刻或信件上载明的发信日期起算，如信上未载明发信日期，则从信封上所载明日期起算。发盘人以电话、电传或其他快速通信方法规定的接受期间，从发盘送达被发价人时起算。在计算接受期间，接受期间内的正式假日或非营业日应计算在内。但是如果接受通知在接受期间的最后一天因为那天在发盘人营业 地市正式假日或非营业日而未能送达发盘人地址，则接受期间应顺延到下一个营业日。"

采用口头发盘的，除非另有规定，受盘人只能当场接受，才能有效。

（3）发盘的撤回和撤销。发盘的撤回是指在发盘送达受盘人之前，发盘人将其撤回，阻止它生效。《公约》第十五条规定："一项发盘即使是不可撤销的，也可以撤回。"撤回的前提条件是发盘人必须以更快的方式将撤回通知先于发盘或同时与发盘到达受盘人。

在实际业务中，如果发现发盘中内容有误或行情有变，可在发盘到达受盘人之前采取快速的通信方式撤回该发盘。

发盘的撤销是指发盘达到受盘人后，即发盘已经生效，发盘人取消该项发盘的行为。对于发盘能否撤销，各国法律解释不一。英美法系国家认为，在发盘人收到接受通知前，即使规定了有效期，发盘人也可以随时撤销。大陆法系如德国等认为，发盘达到生效后，就对发盘人有法律效力，在有效期内不能随意撤销。

《公约》对上述的不同解释进行了折中，第十六条规定："在未成立合同之前，发盘可以撤销。如果撤销通知于受盘人发出接受通知之前到达受盘人，但在下列情况下，发盘不得撤销：①发盘注明接受的有效期或以其他方式表示发盘是不可撤销；②受盘人有理由信赖该发盘是不可撤销的，并已本着对该发盘的信赖行事。"

（4）发盘的终止。发盘的终止（Termination）是指发盘法律效力的消失。一项发盘失效后，发盘人将不再受发盘约束。一般而言，发盘在以下几种情况下失效：

①发盘规定的有效期届满。一项发盘都明确规定了有效期，在有效期内发盘未被接受，发盘自动失效。

②受盘人拒绝。一项发盘，当受盘人对发盘口头或书面明确表示拒绝，该项发盘立即失效。如果受盘人在拒绝后又表示接受原发盘，即使是在原发盘的有效期内做出，发盘人也不

再受其约束。

③受盘人做出还盘。在国际贸易中，还盘是对原发盘的拒绝，所以，当对方做出还盘时，原发盘则失去效力。

④发盘依法撤销或撤回。

⑤人力不可抗力造成发盘失效。即使受盘人已表示了接受，但发生了如政府颁布进口禁令等不可控因素，使发盘人与受盘人无法签订合同，也将导致发盘无效。

⑥当事人在发盘被接受前，丧失行为能力或死亡或破产。发盘人作为自然人，在发盘被接受前丧失行为能力（如死亡或精神失常）；作为法人，宣告破产，发盘依据法律将无效。

3. 还盘

还盘（Counter - offer）又称为还价，是指受盘人在接到发盘后，不同意或不完全同意发盘中提出的条件，以口头或书面形式提出的变更或修改意见。在法律上称为反要约。

还盘实质上是受盘人对原发盘拒绝后做出的一项新的发盘，还盘一旦做出，原发盘即失去效力，还盘的一方与原发盘的发盘人也在地位上发生了变化，还盘人成为新发盘的发盘人，而原发盘人成为新发盘的受盘人。同样，一方还盘，对方对还盘内容不同意，还可以再还盘。从法律上讲，还盘并非交易磋商的必经环节，但在实际业务中，一笔交易往往要经过多次还盘和再还盘才能达成交易。

4. 接受

接受（Acceptance）是指交易一方在接到对方的发盘或还盘后，在规定的时间内，以声明或行动向对方表示按这些条件与对方达成交易、订立合同的行为，法律上称为承诺。

（1）构成接受的条件。《公约》第十八条规定："被发盘人声明或做出其他行动表示同意一项发盘，即是接受；缄默或不行动本身不等于接受。"因此，构成一项有效的接受，须具备以下条件：

①接受必须由指定的受盘人做出。发盘是向特定的受盘人做出的，因此，只能由指定的受盘人对发盘做出接受，其他第三者对发盘做出的接受都不是有效的接受。

②必须用一定的方式明确表示出来。声明可以采取口头或书面的方式，也可以采取一些行动来表示，例如卖方直接发货，买方预付货款或开立信用证等表示接受。在用行为表示接受时，必须注意这种接受方式是根据发盘人的要求或双方间确立的商业习惯行事的，并且该行为必须在有效期内做出。

③接受必须在发盘的有效期内达到发盘人。书面形式的接受必须在到达到发盘人时才能生效，口头发盘必须立即接受。如果接受时间迟于发盘规定的有效期，就是"逾期接受（Late Acceptance）"，又称为"迟到的接受"。

逾期接受在一般情况视为无效，但有两种情况逾期接受仍然有效。《公约》第二十一条规定："如果发盘人毫不延迟地用口头或书面形式通知受盘人，确认该接受有效；如果载有逾期接受的信件或其他书面文件是在正常传递的情况下寄发的，除非发盘人立即以口头或书面方式通知受盘人该发盘失效，否则，仍被视为有效接受。"

④接受的内容必须与发盘的内容相符。接受必须是无条件的全部同意发盘的内容。英美法采取"镜像原则"，认为接受应当像镜子一样照出发盘的内容。因此，附有限制、修改或增加新条件的接受，不能构成对发盘的有效接受，而是对发盘的拒绝或构成还盘。

在国际贸易实务中，为了尽量促成交易，还应看发盘所提出的条件属于实质性变更还是非实质性变更。凡对货物的价格、数量、质量、付款方式、交货地点和时间、赔偿责任或争端解决的限制、修改或添加，均视为实质性变更。非实质性变更是指所提出的限制、修改或添加条件在实质上不改变发盘的条件，对于非实质性变更的接受，除非发盘人不反对，仍然可视为有效接受。

(2) 接受的生效。接受的生效至今尚未有统一的认定。英美法系采取投邮生效，即如果接受是采用信件或电报的形式发送，当信件投递或电报交发，接受即告生效，因此，即使接受的函电在邮递途中延误或遗失，发盘人在有效期没有及时收到或甚至不能收到，接受同样生效。除非发盘人明确规定接受必须在有效期内到达发盘人。

大陆法系采取到达生效，即接受的函电必须在发盘的有效期内到达发盘人，接受才能生效，如果由于邮递中的延误或遗失，接受的函电不能再达到发盘人，接受则无效。

《公约》采纳了“达到生效”原则，其中规定：第一，双方以书面形式进行发盘和接受时，“接受发盘于表示同意的通知送达发盘人时生效”；第二，双方以口头方式进行磋商时，“对口头发盘必须立即接受，但情况有别者不在此限”；第三，如果受盘人以行为表示接受，“接受于该项行为做出时生效，但该项行为必须在发盘人规定的期限内或合理的时间内做出”。

(3) 接受的撤回。接受一经达到发盘人时生效，也意味着合同宣告成立，因此已经送达的接受不能撤销。在实际业务中，在接受通知还未到达发盘人之前，如果受盘人发现行情有变，可以将接受撤回。根据《公约》第二十二条的规定，接受的撤回有一定的条件，即“接受得予撤回，如果撤回通知于接受原发盘应生效之前或同时，送到发盘人”。

需要注意的是，在接受撤回上，英美法系和大陆法系有一定的分歧，《公约》与大陆法系的规定一致，而英美法系认为接受于投邮生效，因此，接受已经发出就不能撤回。

第二节 国际贸易合同的签订

经过交易磋商，买卖双方达成交易后，一般需要签订合同。根据《公约》，销售合同既可以采用书面形式，也可以采取口头合同形式，但在国际贸易实践中，通常买卖双方将各自的权利和义务以书面合同的方式加以确定。我国《涉外经济合同法》规定，合同必须采取书面形式才有效。

一、订立书面合同的意义

在国际贸易中，订立书面合同对买卖双方具有很重要的意义，这主要表现在以下几个方面：

(一) 书面合同是合同成立的证据

当双方发生争议提交仲裁或诉讼时，仲裁庭和法庭首先要确定双方是否已建立合同关系。按照各国法律的要求，要证明合同关系的成立，必须提供证据。在用信件、电报或电信进行磋商，书面证据自然不成问题。但通过口头谈判达成的交易，由于“口说无凭”，不能被证明而难以受到法律保护。因此，通过订立书面合同是证明买卖双方合同关系的最有效的方法。

（二）书面合同是履行合同的重要依据

进出口贸易的达成涉及包括企业、银行、商检、海关等多个部门和单位，经过的中间环节复杂，如果仅凭口头协议或分散于往来函电的协议履行合同，将很难保证合同顺利完成。因此，在实际业务中，双方会将商定的条件、各自应享受的权利和承担的义务，全部以书面合同形式确定下来，以作为履行合同的依据。

（三）作为合同生效的条件

一般情况下，只要接受生效，合同就宣告成立。但在以下情况，书面合同是合同成立的必备条件。

（1）在交易磋商中，买卖双方中一方曾声明并经另一方同意以书面合同的最终签署作为合同生效的条件。即使双方已就各项贸易条件协商一致，在书面合同签订前，在法律上仍不能作为有效合同。

（2）根据国家法律或政府政策规定必须经政府部门审核的合同，也必须是正式书面合同。

二、合同有效成立的条件

买卖双方就各项交易条件达成协议后，并不意味着此项合同一定有效。根据《民法典》的规定，要成为一项具有法律效力的合同，除买卖双方就交易条件通过发盘和接受达成协议外，还应具有以下条件：

（一）当事人的意思表示必须真实、自愿

各国法律都认为，合同当事人的意思表示必须是真实的才能成为一项有约束力的合同，任何一方采取欺诈、威胁或暴力行为与对方订立的合同均无效。

（二）当事人必须具有订立合同的行为能力

签订合同的当事人主要为自然人或法人。按各国的法律规定，具有订立合同的能力的自然人是指精神正常的成年人，未成年人、精神病人、酗酒者订立合同必须受到限制。关于法人，必须通过其代理人，在法人的经营范围内签订合同。

（三）合同必须要有对价和约因

英美法认为，对价是指当事人为了取得合同利益所付出的代价。法国法认为，约因是指当事人签订合同所追求的直接目的。按英美法和法国法的解释，合同只有在有约因和对价时，才是法律上有效的合同，无对价或无约因的合同，是得不到法律保护的。

（四）合同内容必须合法

许多国家对合同内容的合法性，往往从广义上解释，包括不得违反法律、公共秩序或公共政策以及不得违反善良风俗或道德等。

（五）合同的形式必须符合法律规定

世界上大多数国家，只对少数合同的形式在法律上进行了要求，而对大多数合同，一般不从法律上规定相应的格式。《公约》对国际货物买卖合同的形式，原则上不加限制，既可以采用书面方式，也可采用口头方式，均不影响合同效力。

三、书面合同的形式和内容

（一）书面合同的形式

国际货物销售合同的书面形式没有特定的限制，一般采用正式合同（Contract）、确认书（Confirmation）、协议（Agreement）、备忘录（Memorandum）等形式，此外，订购单（Order）和委托订购单（Indent）也可以作为合同使用。目前，在我国的进出口业务中主要采用合同和确认书两种形式。

1. 合同

合同是一种条款完备、内容全面的法律契约。合同中除了商品的名称、规格、包装、数量、单价、运输、付款、商品检验等条款，还有索赔、仲裁、不可抗力等条款。由出口商草拟的合同，称为“销售合同”，由进口商草拟的合同成为“购货合同”。由于合同对双方的权利、义务以及争议处理均有详细规定，适用于大宗货物和金额较大的交易。

2. 确认书

确认书是合同的简化形式。确认书中只列明主要交易条件，一般包括：货物名称、规格、数量、包装、单价、总值、交货期、运输、付款、商品检验等。对于索赔、仲裁等一般交易条款都予以省略。由卖方出具的确认书称为“销售确认书”，由买方出具的确认书称为“购货确认书”。确认书和合同具有同等法律效力，这种格式的合同，适用于成交金额不大，批次较多的土特产和轻工产品，或已订有包销、代理等长期协议的交易。

在实际业务中，我国的进出口公司通常都印有固定格式的书面合同或确认书，在与外商协商一致后，将磋商内容填写在合同中。

（二）书面合同的内容

书面合同的内容一般包括约首、正文和约尾三个部分。

1. 约首

约首即合同的首部，包括合同的序言、合同的名称、合同编号、签约日期、签约地点、买卖双方的名称和地址等内容。其中，当事人双方的名称应该采用全称，地址也要详细列明。

2. 正文

正文是合同的主体和核心。这部分详细列明交易的各项条款，包括：商品名称、规格、数量、包装、单价和总值、装运、付款方式、保险、商品检验、索赔、仲裁和不可抗力等。

3. 约尾

约尾是合同的结尾部分，包括文字效力、份数、附件的效力、订约日期和双方签字等。

第三节　进出口合同的履行

在国际贸易中，履行合同既是一种“经济行为”，又是一种“法律行为”，买卖合同一经成立，买卖双方就必须履行合同规定的义务。按时、按质、按量履行合同的规定，不仅关系到买卖双方行使各自的权利和履行相应的义务，而且关系到一国的对外信誉。《公约》规定，卖方的基本义务是交付符合合同规定的货物，提交单据，移交货物所有权。买方的基本义务是接收货物和支付货物。本节将分别介绍出口合同的履行程序和进口合同的履行程序。

一、出口合同的履行程序

在我国的出口业务中，不同的贸易条件所包括的工作环节和手续是不一样的。我国的出口贸易除大宗交易有时采用 FOB 术语外，大多数采用 CIF 和 CFR 条件成交，凭信用证支付方式付款。在履行此类合同时，必须做好备货、催证、审证、改证、租船订舱、报验、报关、投保、装船和制单结汇等环节的工作。这些环节，以货、证、船、款最为重要，只有这些环节紧密衔接，才能避免有货无证、有证无货、有船无货、有货无船等问题的发生。

（一）备货

备货是出口合同履行的关键。备货是卖方根据合同和信用证的规定，准备好应交的出口货物，以保证按时出运。备货工作包括：向生产厂家或供货单位安排供货时间或催交货物，核实应收货物的品质、规格、数量、包装，按要求进行加工、整理，刷印“唛头”以及货物申报检验和领证等手续。

在备货工作中，应注意以下几个问题：

（1）认真按照合同要求核实货物的名称、品质、规格、包装，保证与合同及信用证要求一致，如果发现不符应及时更换。

（2）要保证与合同以及信用证要求的数量一致，备货数量应当适当留有余地，这样，当在装船时如果货物发生短缺或损坏，出口商可以及时补足或更换货物，以避免少装的现象。

（3）备货时间应根据信用证中有关装运期的规定，进行合理安排，货物的装运不能晚于信用证规定的期限。

（4）货物的包装和唛头必须符合合同和信用证的规定。货物包装要适应运输方式要求。

（二）报验

凡属国家规定要进行法定商检的商品，或合同中规定必须经中国进出口商品检验检疫局检验出证的商品，在货物备齐后，应及时向商品检验局申请检验，只有取得合格的检验证书，海关才予以放行，凡未经检验或检验不合格的商品，一律不得出口。

在报验时，出口企业要正确填写出口报验申请单，同时提供合同、信用证、往来函电等相关凭证作为参考，经检验部门对货物检验合格后发给检验证书。

值得注意的是，当货物经检验合格，发货人务必在检验证书规定的有效期限内及时出口。如果超过有效期，货物应该在装运前申请复验，复验合格后才能出口。

（三）催证、审证、改证

在采用以信用证支付方式收汇时，对信用证的掌握、管理和使用，对卖方至关重要。在实际业务中，卖方经常会遇到催证、审证、改证的问题。

1. 催证

虽然按合同规定及时开立信用证是买方应当履行的义务，但是在实际业务中，由于市场行情不景气或资金周转困难等原因，买方往往拖延开证甚至不开证。对此，我方应结合备货情况催促对方迅速办理开证手续，必要时可请有关机构和银行协助催证。

2. 审证

信用证是银行依据合同开立的有条件的付款保证，信用证的内容应该与合同内容保持一致。在实践中，由于种种原因，如工作的疏忽、电文传递的错误、贸易习惯的不同等，往往出现买方开来的信用证与合同条款不符。为了确保收汇安全，必须认真对信用证进行 审核。

审证工作由银行和卖方共同负责，但是二者各有侧重，审核依据为《UCP600》。银行着重审查开证银行的政治背景、资信能力、信用证的真伪、付款责任和索汇路线等内容。出口方着重审核信用证的内容与合同规定是否一致，包括商品的品名、品质、规格、数量、包装、计价货币、单价和总值、贸易术语、开证人与受益人名称、地址是否与合同一致，审核装运期、交单期、有效期与到期地点、保险险别等是否与合同条款一致，有无加列其他特殊条款等。

3. 改证

经过审证，如果发现有与合同规定不符并影响合同顺利履行和安全收汇的内容，应及时向开证人提出修改要求。对于信用证，如果有多处需要修改，原则上应一次提出，以节约时间和费用。对于国外开证行发来的信用证修改通知书如果包括两项或两项以上的内容，经审核后，要么全部接受，要么全部拒绝，部分接受无效。如果出口企业没有明确表示接受修改通知的内容，也没有按修改通知的规定向银行交单，可认为原信用证对出口方仍然有效。

（四）租船订舱

出口方在备货的同时，还应做好租船订舱的工作，办理报关、投保等手续。

出口货物的租船订舱，可以由出口方自己完成，也可以委托货运代理机构办理。订舱的基本程序基本如下。

1. 出口企业填写海运出口托运单

出口企业在备妥货物、落实信用证后，根据信用证的规定以及船公司公布的船期表，选择适合的船期，并填写出口货物托运单，列明货物的名称、件数、毛重、尺码、装运港、目的港和最后的装运期等内容，作为订舱的依据，并交送船公司。

2. 外轮代理公司签发装货单

外运公司接到托运单后，会同船公司或外轮代理公司，根据托运单内容、货物的性质与数量、船舶配载情况，结合船期等条件考虑，安排船只和舱位，然后由外轮代理公司签发装货单，作为船方收货装运的依据。

（五）报关

根据我国海关法的规定，进出口货物都必须向海关申请报验，经海关检验同意放行后，才能进出口。

出口企业在报关时，通常包括申报、查验、征税、放行四个环节。出口企业在货物装运前必须办理报关手续，填写出口货物报关单，同时提供出口许可证、商检证书、装货单、发票、装箱单或重量单等必要单证，海关以出口报关单为依据，在海关监管区域对出口货物进行查验，货物、单证核查无误后，在装箱单上加盖放行章后才能装船。

目前，我国出口企业办理报关，可以自行办理报关手续，也可委托专业报关行或国际货运代理来办理。

（六）投买保险

按 CIF 条件成交的合同，出口方必须按合同和信用证要求的保险金额和险别投买保险。

投保人先填制投保单，内容包括投保人名称、货物名称、运输标志、船名、装运地（港）、目的地（港）、开航日期、投保金额、投保险别、投保日期、赔款地点等。保险公司接受投保后，即签发保险单或保险凭证。

（七）装船

货物装船时，凭海关加盖放行章的装货单验收货物。货物装完后，由船长或大副签发大副收据，作为船方收妥货物签发给托运人的临时收据。托运人凭大副收据向其代理换取正本提单并交付运费。如果收货单对装运货物无任何不良批注，船公司即签发清洁已装船提单（Clean on Board B/L），外包装如有缺陷，则大副收据会被加注批注，在换取提单时，则为不清洁提单（Unclean on Board B/L）。

（八）制单结汇

货物装运后，出口方应立即按照信用证的规定，正确缮制各种票据，在信用证规定的交单期和有效期内递交银行办理议付结汇手续。

《UCP600》规定，银行必须合理小心地审核信用证规定的一切单据，以确定是否表面与信用证条款相符，如果单据表面与信用证条款不符，银行可以拒绝接受。

1. 对出口单据的要求

出口结汇单据要求做到“准确、完整、及时、简明、整洁”。

（1）准确。单据必须做到“单单一致，单证一致”，即单据与单据一致，信用证与单据之间一致。只有制作的单据正确，才能保证及时收汇。

（2）完整。必须按信用证规定提供种类齐全和份数符合要求的单据。同时，单据本身的内容，也必须完整，不能短缺或遗漏。

（3）及时。制单必须及时，应在信用证的到期日和交单期内送交银行办理付款、承兑或议付手续，争取早日收汇。

（4）简明。单据内容，应按信用证和国际惯例填写，力求简洁。

（5）整洁。单据表面要洁净，缮制或打印的字迹要清晰，对于重要项目，如提单、汇票等的金额、数量等主要项目，不宜更改。

2. 出口结汇的做法

在我国的出口业务中，采用信用证支付方式进行结汇的做法一般有三种。

（1）收妥结汇。又称为收妥付款，是指议付行收到出口企业的单据后，经审核无误，将单据寄交国外的付款行索偿，待收到付款行将款项划入议付行的贷记通知书时，即按当日外汇牌价折成人民币付给出口企业。

（2）买单结汇。又称为出口押汇，是指议付行在审单无误后，按信用证条款买入出口企业的汇票和单据，从票面金额中扣除从议付日到估计收到票款的利息，将余额按议付日外汇牌价折成人民币，付给出口企业。这种做法是为了给企业提供资金融通，加速企业的资金周转，如果议付行遭到拒付，可以向受益人行使追索权。

（3）定期结汇。议付行根据向国外付款行索偿所需时间，预先确定一个固定结汇期限，到期后主动将票款折成人民币拨付给出口公司。

（九）出口收汇核销和出口退税

根据我国现行的贸易政策，我国出口企业在办理货物装运出口以及制单结汇后，还应及时办理出口收汇核销和出口退税手续。

1. 出口收汇核销

出口收汇核销是国家为了加强出口收汇管理，保证国家的外汇收入，防止外汇流失，指定外汇管理部门对出口企业贸易项上的外汇收入情况进行事后监督检查的一种制度。

出口企业在货物出口前在外汇管理局领取出口核销单，在办理报关后，由海关在核销单上加盖验讫章，并与出口货物报关单退还出口企业，由出口企业在规定时限，将报关单、核销单存根和发票交外汇管理局备案。待银行结汇后，将在收汇水单或收账通知上填写有关核销单编号，出口企业凭出口收汇核销单、出口收汇核销专用联的收汇水单或收账通知及其他单据到国家外汇管理部门办理核销手续。具体填制方法可见附录四。

2. 出口退税

为了增强我国产品的国际竞争力，鼓励出口，我国对出口产品实行退税制度。我国采取出口退税与出口收汇核销挂钩的办法，即出口单位填写退税申请表申请出口退税，并向国家税务机关提交出口货物报关单退税专用联、出口收汇核销单退税专用联、出口销售发票、出口货物收购增值税发票及结汇水单等相关材料，经国家税务机关审核无误后办理出口退税。

（十）索赔与理赔

在履行合同过程中，任何一方未能按规定履行义务，即构成违约，从而产生索赔和理赔。在实际业务中，索赔多因商品和单据而起，如货物品质不符、数量短缺、装运延误、单据不符等而遭到国外客户的索赔。理赔时，出口公司应本着实事求是的原则，以合同及相关法律为依据，认真处理，给予对方合理的赔偿。

二、进口合同的履行程序

在我国的进口交易中，多数以 FOB 价格成交，用信用证方式付款，在这种条件下，进口合同履行的一般程序为：开立信用证、租船订舱、保险、审单付款、报关接货、商检、索赔等环节。

（一）开立信用证

进口合同签订后，进口商应按照合同规定填写开证申请书，办理开证手续。开证申请书包括信用证内容以及申请人对开证银行的申明，信用证的内容应与合同条款一致，并以合同为依据，根据进口商品的特征和进口方的实际需要规定相应单据条款。

卖方收到信用证后，如需对信用证进行修改，必须经进口方同意后及时通知开证行办理修改手续；如果进口方不同意修改，也应及时通知出口方，要求其按原条款履行。最常见的修改内容包括展延装运期、信用证有效期、变更装运港口等。

（二）租船订舱和催装

按 FOB 条件签订进口合同时，应由买方租船订舱，到指定港口接货。一般情况下，租船订舱工作可委托外运公司代办。按合同规定，卖方在交货前一定时期内将预计的装船日期通知进口方，进口方接到通知后，及时办理租船订舱手续，并将船名、船期通知卖方，以便对方备货，做好装船准备。同时，买方还应随时了解和掌握卖方备货和装船的进度，监督并催促对方按时装运，避免货船脱节或船等货等类似情况发生。

（三）投保

FOB 条件下，卖方需自己办理保险。海运进口货物的保险一般有两种形式。

1. 预约保险

进口公司与保险公司签订预约保险合同（Open Policy），其中对进口商品投保的险别、保险费率、适用条款及赔偿办法都做了具体规定。在预约保险合同规定范围内的货物，一经启运，保险公司即负有自动承保责任。因此，每批进口货物，进口方在收到国外装船通知后，只需将船名、开船日期、商品名称、商品数量、装运港、目的港等内容通知保险公司，即完成投保。在实际进口贸易业务中，通常采用预约保险。

2. 逐笔办理保险

逐笔办理投保方式是指收货人在接到国外出口商发来的装船通知后，应立即填写投保单或装货通知单。内容包括货物名称、数量、保险金额、投保险别以及船名、船期、启运日期、到达日期、装运港和目的港等。保险公司接受承保后出具保险单。

（四）审单付款

通常，银行收到国外寄来的汇票和单据后，应根据信用证规定，按“单证一致、单单一致”的要求，对单据的种类、份数和内容进行审核，如果内容无误，即付款赎单。在我国，进口单据的审核工作由银行与进口企业共同完成，银行初审认为单据无误后，再交送进口方复审，如果进口方在接受审单的3个工作日内没有提出异议，则开证行即可对外付汇，同时通知进口企业按国家规定的外汇牌价向银行买汇赎单。

（五）报关

货到目的港后，进口企业或委托货运代理公司必须填写进口货物报关单，向进口入境口岸海关进口，并随附商业发票、提单、装箱单、保险单等必要文件，海关根据申报人的申报，对进口货物及单据查核，进口货物经海关查验并纳税后，由海关在报关单和货运单据上签字和加盖“验讫”章，进口企业或代理公司凭单提货。

（六）验收货物

货物到达港口卸货时，港务局要进行卸货核对，如果发现短少，应及时填制“短卸报告”交船方确认，并根据短缺情况向船方保留索偿权的书面声明。如果发现残损，则应将货物存放于指定仓库，由保险公司会同商检机构检验后作出处理。

对于法定检验的商品，必须向商检机构报验，不经商检机构的检验不得销售和使用。同时，为了避免错过索赔期限，凡合同规定索赔期较短、或检验后付款、或属于法定检验或合同规定在卸货港检验、或卸货时已发现残损、或有异物、或提货不着的商品，均应在卸货港进行检验。

（七）拨交

进口货物办理完报关、报验等手续后，进口方即可办理提货拨交手续。如果订货或用货单位就在卸货港所在地，则就近转交货物；如果订货或用货单位不在卸货地区，则委托代理机构将货物转运至用货单位。

（八）索赔

在进口业务中，如果进口企业不能收到或不能按时收到货物、或收到货物在品质、数量、包装等方面与合同不符，则需向有关方面提出索赔。在办理索赔时，应注意以下几点：

1. 索赔证据

对外提出索赔必须提供有效的文件，作为证据。索赔时应提交索赔清单和有关单据，如发票、提单、装箱单等。同时，对不同的索赔对象应加附其他相关证件。向卖方索赔，须加附商检机构出具的商检证书；在向承运人索赔时，须加附船长及港务理货员签署的理货报告及有船长签证残（破）损证明；向保险公司索赔时，须加附保险公司的检验报告。

2. 索赔期限

索赔必须在合同规定的有效期内提出，逾期无效。如果商检工作需要较长时间，可在合同规定的索赔有效期内向对方要求延长索赔期限或在合同规定的索赔有效期内向对方提出保留索赔权。《公约》规定，如果买卖合同没有规定索赔期限，而到货检验中又不易发现货物缺陷的，则买方行使索赔权的最长期限是自收到货物起不超过 2 年。

3. 索赔对象

索赔时应根据损失原因，分清责任，向有关当事人索赔。如果是由于卖方责任造成货物品质与合同规定不符、原装货物数量短少、不按期交货，进口方应向卖方索赔；如果是货物数量少于提单所载数量、提单为清洁提单而货物有残损，应向船方提出索赔；如果是由于自然灾害、意外事故等造成货物在保险人承保范围内的损失，或在承保范围内船方公司不予赔偿或赔偿不足抵补损失的部分，可向保险公司索赔。

4. 索赔金额

《公约》的七十四条规定："当一方当事人违反合同应负的损害赔偿额，应与另一方当事人因他违反合同而遭受的包括利润在内的损失额相等。"在确定索赔金额时，既要对货损做出补偿，也要对相关费用，如检验费、装卸费、利息和合理的预期利润等做出补偿。

本章小结

交易磋商是买卖双方就买卖商品的各项交易条件进行协商，最终达成一致并签订合同的过程。交易磋商可分为口头和书面两种形式。交易磋商通常包括询盘、发盘、还盘和接，受四个环节，其中，发盘和接受是交易成立和订立合同必不可少的环节。

合同签订后，买卖双方必须按合同规定履行自身的义务。一般来说，出口合同的履行要做好备货、报验、催证、审证、改证、租船订舱、报关、投保、装船、制单结汇和收汇核销以及出口退税等环节。进口合同的履行要做好开证、租船订舱、投保、审单付款、报关、验收货物、拨付、索赔等环节。

思考题

1. 什么是发盘？一项有效的发盘具备的条件是什么？
2. 什么是接受？构成接受的条件主要有哪些？
3. 出口合同的履行要做好哪些工作？
4. 进口合同的履行要做好哪些工作？
5. 出口方审核信用证重点在哪些方面？

附录一　外销合同（样式）

<table>
<tr><td colspan="7">SALES CONFIRMATION</td></tr>
<tr><td colspan="7">Liaoning Lili Import And Export Co, Ltd</td></tr>
<tr><td colspan="7">54 Lianhe Road, Taochang District, Liaoning, P. R. China</td></tr>
<tr><td rowspan="3">Messrs:</td><td colspan="3" rowspan="3">Thailand Ming Import And Export Co, Ltd
52Lianhe Road, Shenda District, Bangkok, Thailand</td><td>No.</td><td colspan="2">Contract H</td></tr>
<tr><td>Date</td><td colspan="2">2022 - 5 - 3</td></tr>
<tr><td colspan="3"></td></tr>
<tr><td colspan="7">Dear Ming,
We are pleased to confirm our sale of the following goods on the terms and conditions set forth.
Below:</td></tr>
<tr><td>Choice</td><td>Product No.</td><td>Description</td><td>Quantity</td><td>Unit</td><td>Unit Price</td><td>Amount</td></tr>
<tr><td colspan="7">[FOB] [Liaoning]</td></tr>
<tr><td></td><td>95660</td><td>Material: cotton 100%
Size: XS, S, M, L
Packing: paper bag 20cm * 20cm</td><td>10000</td><td>Shirt</td><td>30 $</td><td>USD300000</td></tr>
<tr><td></td><td></td><td></td><td></td><td></td><td></td><td></td></tr>
<tr><td colspan="7"></td></tr>
<tr><td colspan="3">Total:</td><td>10000</td><td>Shirt</td><td></td><td>USD300000</td></tr>
<tr><td colspan="2">Say Total:</td><td colspan="5">THREE HUNDERD THOUSAND DOLLARS ONLY</td></tr>
<tr><td colspan="2">Payment:</td><td colspan="5">L/C</td></tr>
<tr><td colspan="2">Packing:</td><td colspan="5">paper bag 20cm * 20cm/Each
Each of the paper bag should be indicated Item No. Name of the Table, G, W and C/No.</td></tr>
<tr><td colspan="2">Port of Shipment:</td><td colspan="5">Liaoning</td></tr>
<tr><td colspan="2">Port of Destination:</td><td colspan="5">Bangkok</td></tr>
<tr><td colspan="2">Shipment:</td><td colspan="5">Al of the goods will be shipped from Liaoning to Bangkok before August 15, 2022 subject to T/T reaching the SELLER by the early of September, 2022. Partial shipments and tanshipment are not allowed.</td></tr>
<tr><td colspan="2">Shopping Mark:</td><td colspan="5">Man's Shirt
Thailand
C/NO. 1 - 1500
MADE IN CHINA</td></tr>
<tr><td colspan="2">Quality:</td><td colspan="5">As per sample submitted by seller</td></tr>
<tr><td colspan="2">Insurance:</td><td colspan="5">Insurance effected by buyer</td></tr>
</table>

续表

<table>
<tr><td>Remarks：</td><td colspan="2">The buyeris requested to sigh and return one copy Confirmation immediately after receipt of the same.</td></tr>
<tr><td colspan="2">BUYERS</td><td>SELLERS</td></tr>
<tr><td colspan="2">Thailand Ming Import And Export Co，Ltd
Ming
（Manager Signature）</td><td>Liaoning Lili Import And Export Co，Ltd
Lili
（Manager Signature）</td></tr>
</table>

附录二

中华人民共和国进口货物许可证
IMPORT LICENCE OF THE PEOPLE'S REPUBLIC OF CHINA

<table>
<tr><td colspan="3">1. 我国货物成交单位
Importer</td><td colspan="3">3. 进口许可证编号
Licence No.</td></tr>
<tr><td colspan="3">2. 收货单位 Consignee</td><td colspan="3">4. 许可证有效期 Validity</td></tr>
<tr><td colspan="3">6. 贸易方式 Terms of trade</td><td colspan="3">8. 进口国家（地区）Country of destination</td></tr>
<tr><td colspan="3">6. 外汇来源 Terms of foreign exchange</td><td colspan="3">9. 商品原产地 Country of origin</td></tr>
<tr><td colspan="3">7. 到货口岸 Port of destination</td><td colspan="3">10. 商品用途 Use of commodity</td></tr>
<tr><td colspan="3">商品名称
Description of commodity</td><td colspan="3">商品编码
Commodity No.</td></tr>
<tr><td>13. 商品规格、型号
Specification</td><td>单位
Unit</td><td>14. 数量
Quantity</td><td>15. 单价（USD）
Unit price</td><td>16. 总值（USD）
Amount</td><td>17. 总值折美元
Amount in USD</td></tr>
<tr><td></td><td></td><td></td><td></td><td></td><td></td></tr>
<tr><td>18. 总计 Total</td><td></td><td></td><td></td><td></td><td></td></tr>
<tr><td>19. 备注
Supplementary details</td><td></td><td colspan="4">20. 发证机关盖章
ISSUING authorities stamp - & signature
21. 发证日期
Licence date</td></tr>
</table>

附录三

中华人民共和国海关出口货物报关单

预录入编号： **海关编号：**

出口口岸	备案号		出口日期	申报日期
经营单位	运输方式		运输工具名称	提运单号
发货单位	贸易方式		征免性质	结汇方式
许可证号	运抵国（地区）		指运港	境内货源地
批准文号	成交方式	运费	保费	杂费
合同协议号	件数	包装种类	毛重（公斤）	净重（公斤）
集装箱号	随附单据			生产厂家
标记唛码及备注				
商品编号　商品名称、规格型号　数量及单位　最终目的国（地区）　单价　总价　币制　征免				
税费征收情况				
录入员　录入单位	兹声明以上申报无讹并承担法律责任		海关审单批注及放行日期（签章）	
报关员 单位地址　申报单位（签章）				
邮编　电话　填制日期				

附录四

中华人民共和国出入境检验检疫

出境货物报检单

报检单位（加盖公章）： *编　号

报检单位登记号：　联系人：　电话：　报检日期：　年　月　日

<table>
<tr><td rowspan="2">发货人</td><td colspan="6">（中文）XXXXXX有限公司</td></tr>
<tr><td colspan="6">（外文）XXXXXXCO.，LTD.</td></tr>
<tr><td rowspan="2">收货人</td><td colspan="6">（中文）</td></tr>
<tr><td colspan="6">（外文）XXXXXXCO. LTD</td></tr>
<tr><td colspan="7">货物名称（中/外文）H. S. 编码 产地数/重量货物总值包装种类及数量</td></tr>
<tr><td colspan="3">运输工具名称号码</td><td>贸易方式</td><td colspan="2">一般贸易货物存放地点</td><td>工厂仓库</td></tr>
<tr><td>合同号</td><td colspan="2"></td><td>信用证号</td><td></td><td>用途</td><td></td></tr>
<tr><td>发货日期</td><td></td><td>输往国家（地区）</td><td></td><td>许可证/审批号</td><td colspan="2"></td></tr>
<tr><td>启运地</td><td></td><td>到达口岸</td><td></td><td>生产单位注册号</td><td colspan="2"></td></tr>
<tr><td colspan="2">集装箱规格、数景及号码</td><td colspan="5"></td></tr>
<tr><td colspan="2">合同、信用证订立的检验检疫条款或特殊要求</td><td colspan="2">标记及号码</td><td colspan="3">随附单据（划或补填）</td></tr>
<tr><td colspan="2"></td><td colspan="2">N/M</td><td colspan="2">□合同
□信用证
□发票
□换证凭单
□装箱单
□厂检单</td><td>□包装性能结果单
□许可/审批文件</td></tr>
</table>

<table>
<tr><td colspan="2">需要证单名称（划√或补填）</td><td colspan="2">*检验检疫费</td></tr>
<tr><td rowspan="3">□品质证书　_正_副
□重量证书　_正_副
□数量证书　_正_副
□兽医卫生证书　_正_副
□健康证书　_正_副
□卫生证书　_正_副
□动物卫生证书　_正_副</td><td rowspan="3">□植物检疫证书　_正_副
□熏蒸/消毒证书　_正_副
□出境货物换证凭单　_正_副
□
□
□
□</td><td>总金额
（人民币元）</td><td></td></tr>
<tr><td>计费人</td><td></td></tr>
<tr><td>收费人</td><td></td></tr>
</table>

<table>
<tr><td rowspan="3">报检人郑重声明：
1. 本人被授权报检。
2. 上列填写内容正确属实，货物无伪造或冒用他人的厂名、标志、认证标志，并承担货物质量责任。</td><td colspan="2">领取证单</td></tr>
<tr><td>日期</td><td></td></tr>
<tr><td>签名</td><td></td></tr>
</table>

注：有“”号栏由出入境检验检疫机关填写

参考文献

[1] 毕甫清．国际贸易实务与案例．北京：清华大学出版社，2006.

[2] 保罗・克鲁格曼．国际经济学．第七版．北京：中国人民大学出版社，2016.

[3] 彼得・林德特．国际经济学．北京：经济科学出版社，2006.

[4] 陈百助，晏维龙．国际贸易理论政策与应用．北京：高等教育出版社，2006.

[5] 陈宝领．国际贸易实务．北京：经济管理出版社，2007.

[6] 程德均．国际贸易争议与仲裁．北京：对外经济贸易大学出版社，2002.

[7] 陈平．国际贸易实务．武汉：华中科技大学出版社，2009.

[8] 陈岩．国际一体化经济学．北京：商务印书馆，2001.

[9] 陈岩．国际贸易理论与实务．北京：清华大学出版社，2007.

[10] 陈岩．国际贸易术语惯例与案例分析．北京：对外经济贸易大学出版社，2007.

[11] 大卫・格林纳韦．国际贸易前沿问题．北京：中国税务出版社，2000.

[12] 董瑾．国际贸易理论与实务．第三版．北京：北京理工大学出版社，2005.

[13] 杜学森．国际贸易概论．北京：对外经济贸易大学出版社，2007.

[14] 多米尼克・萨尔瓦多．国际经济学．第九版．北京：清华大学出版社，2006.

[15] 杜奇华，冷柏军．国际技术贸易．第三版．北京：高等教育出版社，2016.

[16] 冯世崇．国际贸易实务教程（修订版）．第二版．广州：华南理工大学出版社，2005.

[17] 傅龙海．国际贸易实务．北京：对外经济贸易大学出版社，2008.

[18] 耿伟．出口贸易单证实务．北京：首都经济贸易大学出版社，2003.

[19] 高成兴，朱立南，黄卫平．国际贸易教程．第三版．北京：中国人民大学出版社，2007.

[20] 韩玉军．国际贸易实务，北京：中国人民大学出版社，2006.

[21] 胡丹婷．国际贸易实务．北京：机械工业出版社，2008.

[22] 胡俊文．戴瑾．国际贸易实务操作．北京：机械工业出版社，2007.

[23] 胡日东．外汇一点通．北京：清华大学出版社，2008.

[24] 华欣，张雪莹．新编国际贸易实务．北京：清华大学出版社，2006.

[25] 黄东黎．国际贸易法．北京：法律出版社，2003.

[26] 黄静波．中国对外贸易政策改革．广州：广东人民出版社，2003.

[27] 贾建华．国际贸易理论与实务．第四版．北京：首都经济贸易大学出版社，2008.

[28] 贾建华，阚宏．新编国际贸易理论与实务．北京：首都经济贸易大学出版社，2004.

[29] 姜洪．进出口报关实务．重庆：重庆大学出版社，2007.

[30] 冷柏军．国际贸易实务．北京：高等教育出版社，2006.

[31] 冷柏军．国际贸易实务．北京：中国人民大学出版社，2008.

[32] 李慧中，程大中．国际服务贸易．北京：高等教育出版社，2007.

[33] 李平．国际贸易规则与进出口业务操作实务．第二版．北京：北京大学出版社，2011.

[34] 李坤望．国际经济学．第二版．北京：高等教育出版社，2005.

[35] 李双元，李先波．世界贸易组织法律问题专题研究．北京：中国方正出版社，2003.

[36] 李秀华．国际贸易实务实训与练习．北京：对外经济贸易大学出版社，2006.

[37] 李左东．国际贸易理论、政策与实务．第二版．北京：高等教育出版社，2006.

[38] 黎孝先．国际贸易实务．第四版．北京：对外经济贸易大学出版社，2007.

[39] 缪东玲．国际贸易理论与实务．第三版．北京：北京大学出版社，2019.

[40] 刘静华．国际货物贸易实务．北京：对外经济贸易大学出版社，2005.

[41] 刘立平．国际贸易：理论与政策．合肥：中国科学技术大学出版社，2007.

[42] 刘文广，张晓明．国际贸易实务．北京：高等教育出版社，2006.

[43] 刘重力．国际贸易实务．第二版．天津：南开大学出版社，2003.

[44] 毛加强．国际贸易实务．西安：西北工业大学出版社，2005.

[45] 曲如晓．中国对外贸易概论．北京：机械工业出版社，2005.

[46] 任先行，周林彬．比较商法导论．北京：北京大学出版社，2000.

[47] 石广生．中国加入世界贸易组织知识读本．北京：人民出版社，2001.

[48] 帅建林．国际贸易实务．北京：对外经济贸易大学出版社，2007.

[49] 田运银．国际贸易实务教程．第二版．北京：北京大学出版社，2005.

[50] 童宏祥．新编国际贸易实务．上海：华东理工大学出版社，2006.

[51] 王绍媛．中国对外贸易．大连：东北财经大学出版社，2002.

[52] 王兰芳．国际贸易理论与实务．武汉：武汉工业大学出版社，2006.

[53] 王永昆．西方国际贸易理论讲座．北京：中国对外经济贸易出版社，1990.

[54] 吴百福．进出口贸易实务教程．第四版．上海：上海人民出版社，2003.

[55] 吴国新，郭凤艳．国际贸易实务．北京：机械工业出版社，2007.

[56] 吴汉嵩，栾晔，梁树新．国际贸易理论政策实务．北京：北京工业大学出版社，2006.

[57] 吴薇．国际贸易实务．北京：对外经济贸易大学出版社，2007.

[58] 夏合群，周英芬．国际贸易实务．第二版．北京：北京大学出版社，2012.

[59] 肖慈方．国际贸易学．成都：四川大学出版社，2006.

[60] 幸理．国际贸易实务案例与分析．武汉：华中科技大学出版社，2006.

[61] 熊良福．国际贸易实务．武汉：武汉大学出版社，2006.

[62] 徐复．中国对外贸易．北京：清华大学出版社，2006.

[63] 薛荣久．国际贸易．北京：对外经济贸易大学出版社，2008.

[64] 尤盛东．国际贸易业务教程．北京：北京师范大学出版社，2008.

[65] 杨逢珉．中国对外贸易．北京：北京大学出版社，2015.
[66] 杨荣珍．世界贸易组织规则精解．北京：人民出版社，2001.
[67] 姚新超．国际贸易实务．北京：对外经济贸易大学出版社．2007.
[68] 尹翔硕．国际贸易教程．第三版．上海：复旦大学出版社，2005.
[69] 余劲松．国际经济法．北京：北京大学出版社，2000.
[70] 张二震，马野青．国际贸易学．第五版．南京：南京大学出版社，2021.
[71] 张卿．进出口贸易实务．北京：对外经济贸易大学出版社，2005.
[72] 张玮．国际贸易．北京：高等教育出版社，2006.
[73] 张晓明．国际贸易实务与操作．北京：高等教育出版社，2008.
[74] 张亚芬．国际贸易实务与案例．北京：高等教育出版社，2002.
[75] 赵春明．国际贸易．第二版．北京：高等教育出版社，2007.
[76] 朱廷珺．国际贸易．第三版．北京：北京大学出版社，2016.
[77] 卓骏．国际贸易理论与实务．北京：机械工业出版社，2008.
[78] 喻淑兰．国际贸易理论与实务．北京：北京大学出版社，2015.